WANDERN MIT VERGNÜGEN

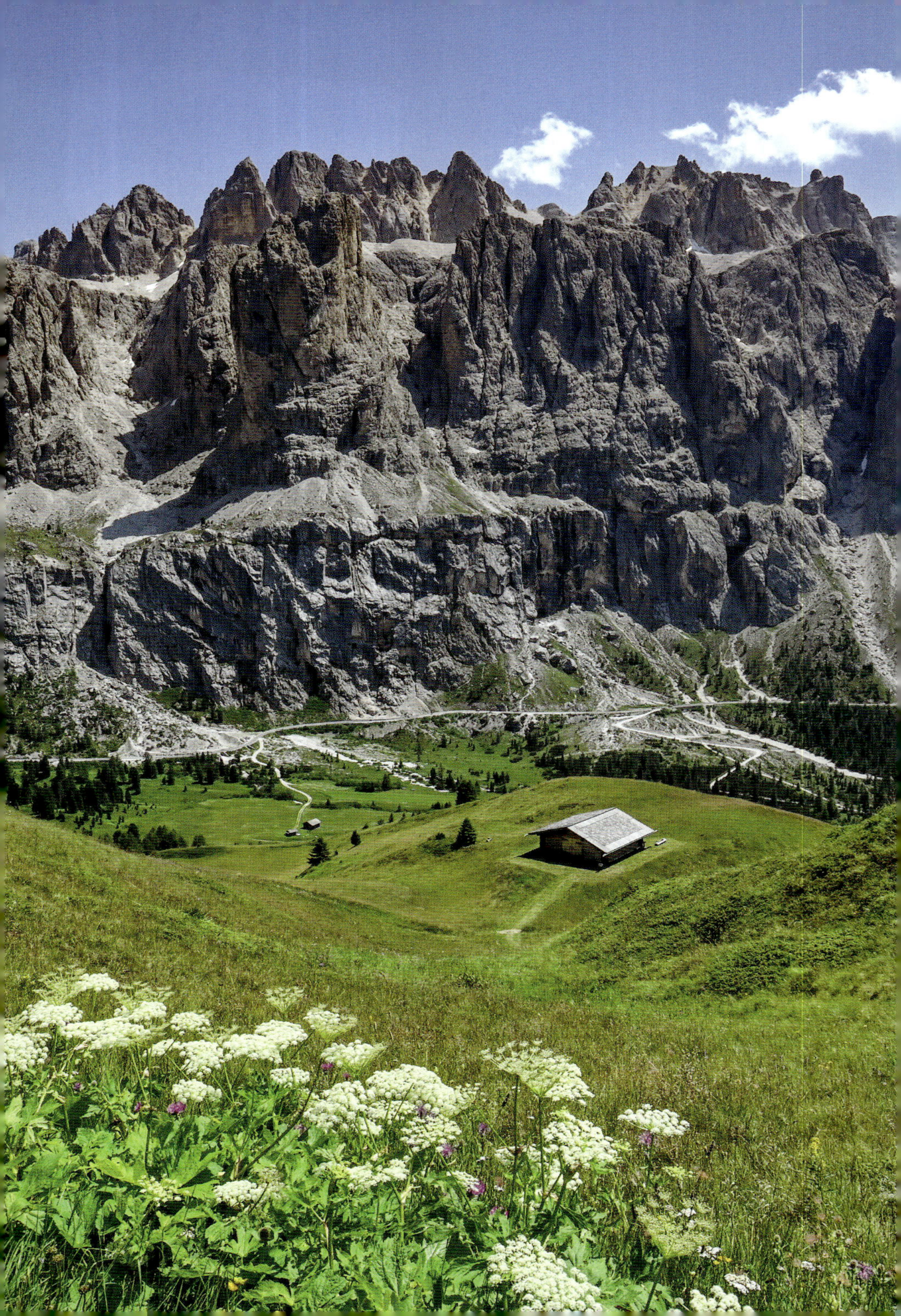

André Uzulis

WANDERN
MIT VERGNÜGEN

DER UMFASSENDE RATGEBER
FÜR EINSTEIGER UND PROFIS

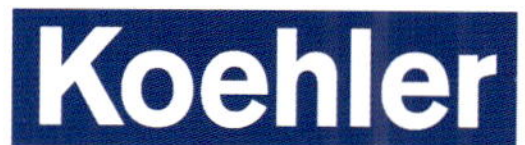

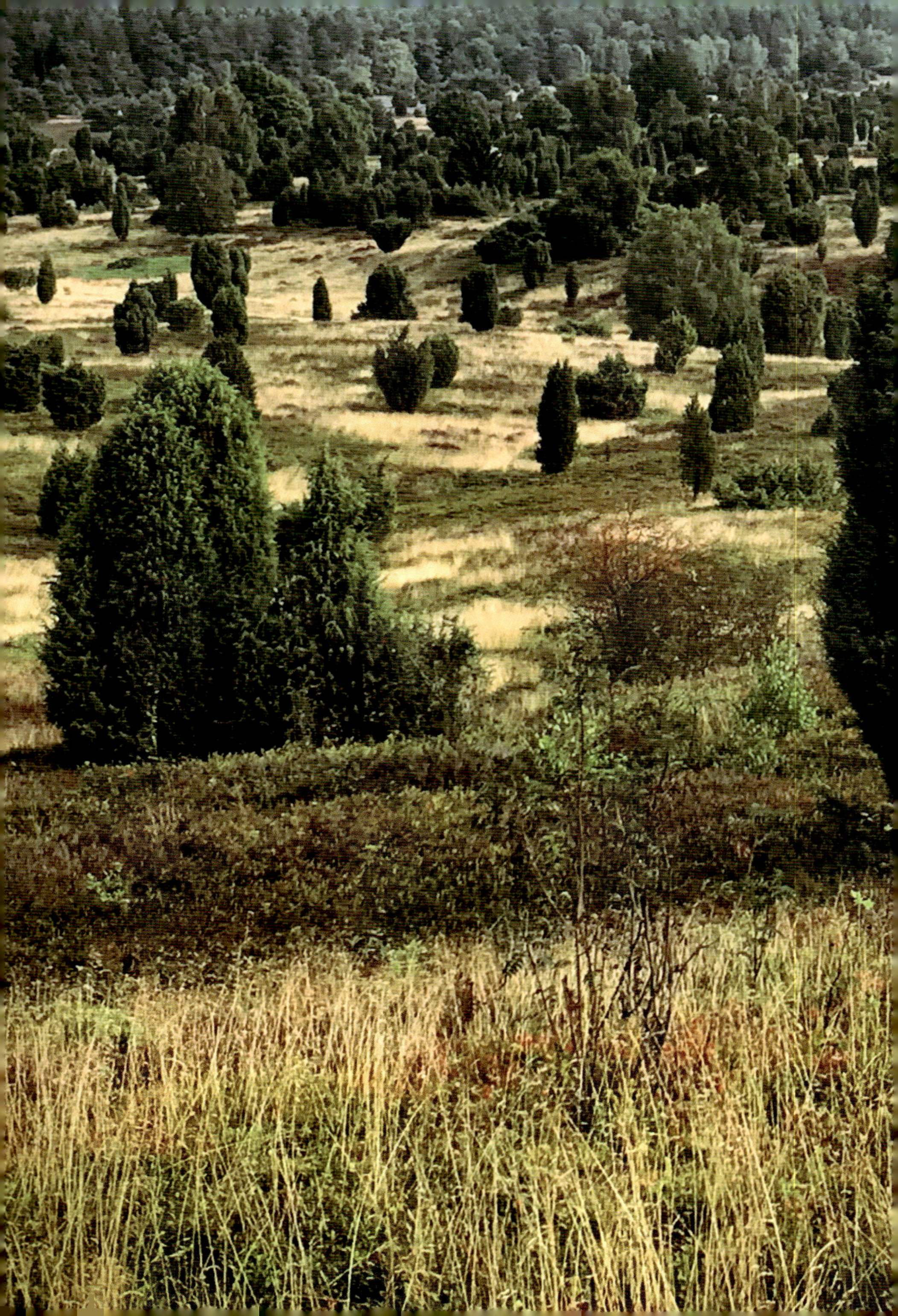

INHALT

VORWORT

Deutschland ist ein Wanderrevier, das seinesgleichen sucht. Kaum ein anderes Land bietet eine solche Vielfalt an Landschaften trotz relativ kleiner Fläche. Selten sind diese reizvollen Gegenden von den urbanen Räumen aus so bequem zu erreichen. Nahezu nirgendwo sonst findet man so viele Wanderwege, die zudem noch exzellent gepflegt und ausgeschildert sind. Ohne Übertreibung kann man von Deutschland als einem Wanderparadies sprechen. Österreich und die Schweiz stehen dem in nichts nach.

Dies zeigt sich auch in Zahlen: 39,8 Millionen Menschen schnüren jedes Jahr in Deutschland die Wanderschuhe und unternehmen dabei rund 378 Millionen Tageswanderungen. Hinzu kommen noch zehn Millionen Wanderungen im Rahmen von Urlauben. Der deutsche Wanderer absolviert im Jahr durchschnittlich 9,8 Wanderungen und legt dabei im Schnitt zusammen 90 Kilometer zurück. Die Gesamtlänge der absolvierten Touren aller Wanderer summiert sich hierzulande auf beachtliche 3,6 Milliarden Kilometer.[1]

Wandern ist nicht nur eine Freizeitaktivität, die von fast allen Bevölkerungsschichten und Altersgruppen, egal welcher sozialer Herkunft und mit welchem Bildungshintergrund, ausgeführt wird. Wandern ist heute auch eines der wichtigsten Mittel gegen Bewegungsmangel und Fettleibigkeit – zwei Phänomene, die inzwischen epidemische Ausmaße angenommen haben. Fast zwei Drittel der Männer und mehr als die Hälfte der Frauen in Deutschland gelten als übergewichtig, jeweils ein Viertel sogar stark.[2] Die Volkskrankheit Adipositas hat in den vergangenen 20 Jahren noch zugenommen, besonders bei Männern und auch im jungen Erwachsenenalter.

Wandern ist gerade auch für „kräftigere" Menschen die ideale Sportart: Man kann jederzeit damit anfangen, benötigt nicht viel Ausrüstung, und es ist gelenkschonender als beispielsweise das Joggen. Der Kalorienverbrauch ist beachtlich: Eine Stunde Wandern mit höherer Intensität ist genauso effizient wie beispielsweise eine Stunde Snowboardfahren[3] – allerdings deutlich risikoärmer. Und es macht definitiv Spaß! Schon kleinere Strecken verschaffen ein wundervolles Glücksgefühl, und zehn oder 15 Kilometer sind mit etwas Übung Distanzen, die auch ein Einsteiger bald bewältigen wird. Wer sich in einer Gruppe zu Fuß auf den Weg macht, erlebt zudem ein ganz besonderes Gemeinschaftsgefühl.

Außerdem: Wandern hat praktisch immer Saison. Es ist eine ausgesprochene Ganzjahresaktivität. Zwar lassen sich naturgemäß saisonale Schwankungen zwischen den Sommer- und den Wintermonaten feststellen, jedoch kommt das Winterwandern mehr und mehr in Mode. Wandern ist die denkbar einfachste Sportart. Man muss lediglich einen Fuß vor den anderen setzen.

Immer mehr Menschen tun das glücklicherweise und entdecken das Wandern für sich. Doch auch wenn es eine Sportart mit minimaler Verletzungsgefahr ist, gilt es, einiges zu beherzigen. So sollte man beispielsweise auf geeignetes Schuhwerk und das richtige Wetter achten, sich in der Natur angemessen verhalten und auch mögliche Risiken im Blick behalten, um sich nicht leichtfertig in Gefahr zu begeben.

Ein Mindestmaß an Kenntnissen und Fertigkeiten ist notwendig, um das Wandern nicht nur sicher zu machen, sondern es auch in seiner ganzen Schönheit auskosten zu können. Hierzu möchte dieses Buch beitragen. Es ist als Handbuch konzipiert und gibt einen breiten Einblick in Wissenswertes und Nützliches rund um das Thema Wandern – von der Geschichte und Kultur des Wanderns, seinen physiologischen, psychologischen und gesundheitlichen Aspekten bis hin zu hilfreichen Tipps, wie etwa zur Auswahl der richtigen Ausrüstung und zur Einschätzung des Wetters. Das Buch ist ein hilfreiches Kompendium für jeden Wanderer – gleich welchen Leistungsniveaus –, um die eigene Tour zu einem einzigartigen Erlebnis zu machen.

Es geht darum, Wandern in all seiner Vielschichtigkeit zu erkennen: einerseits eine ganzheitliche Naturerfahrung und andererseits auch eine Reise zu sich selbst. „Nur wo du zu Fuß warst, bist du auch wirklich gewesen“, hat einmal Johann Wolfgang von Goethe gesagt. Wie wahr! In einer Zeit, in der die Natur zunehmend verdrängt wird und durch die sozialen Medien flüchtig konsumierbar ist, wird es zu einer zutiefst befriedigenden Erfahrung, sich ein Ziel zu Fuß, Schritt für Schritt, zu erwandern. Dieses Glücksgefühl wünsche ich jedem Wanderer immer wieder aufs Neue. Wenn dieses Buch dazu beiträgt, die Natur und sich selbst wandernd bewusster zu erleben, dann hat es seinen Zweck erfüllt.

Dr. André Uzulis
Hontheim in der Eifel, Frühjahr 2024

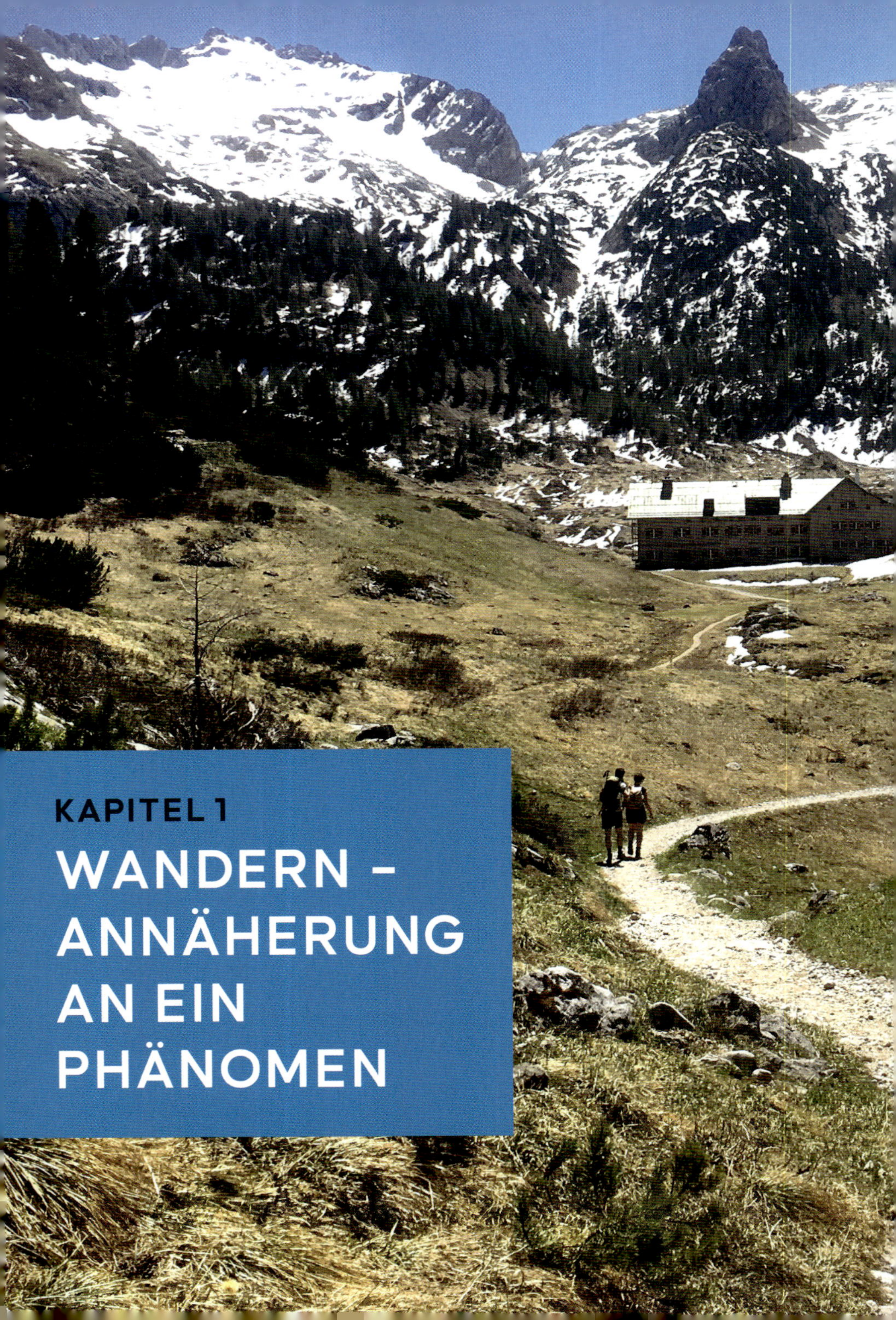

KAPITEL 1

WANDERN – ANNÄHERUNG AN EIN PHÄNOMEN

WANDERN UND GESUNDHEIT

Das Wichtigste steht ganz am Anfang: Wandern ist so ziemlich das Gesündeste, was Sie Ihrem Körper bieten können. Es gibt inzwischen eine unübersehbare Zahl von Studien, die das belegen. Angefangen hatte es Anfang der 1960er-Jahre in den USA mit der sogenannten Postbotenstudie.[4] Wissenschaftlern war aufgefallen, dass Postboten dreimal weniger tödliche Herzinfarkte erleiden als Schalterbeamte. Bei Postboten, die zum Schalterbeamten aufstiegen, stieg das Herzinfarktrisiko hingegen innerhalb weniger Jahre auf das Niveau der Innendienstler an. Der Herzinfarktschutz musste also etwas mit der Bewegung zu tun haben. Tatsächlich legen Postboten, die zu Fuß unterwegs sind, zwischen zwölf und 14 Kilometer täglich zurück.

Mediziner empfehlen, jeden Tag mindestens 10.000 Schritte zu gehen, um fit zu bleiben, das sind etwa – je nach Schrittlänge – fünf bis acht Kilometer. Diese Maßgabe beruht aber auf einem Missverständnis, besser gesagt auf einem Marketingtrick. 1964 war Tokio Ausrichter der Olympischen Sommerspiele. Über das ganze Land wogte eine Welle der Begeisterung, und sportliche Betätigung war das große Thema. Eine japanische Firma namens Yamasa brachte im Jahr darauf ihren ersten Pedometer auf den Markt, er hieß *Manpo-kei*. *Man* bedeutet übersetzt 10.000, *Po* Schritt und *Kei* Zähler. 10.000 war die größte Zahl, die das Gerät anzeigen konnte, dann sprang er wieder auf null.[5]

So kam also diese Zahl in die Welt, nicht durch wissenschaftliche Untersuchungen. Eine Studie der Harvard-Universität[6] mit knapp 17.000 Frauen im Durchschnittsalter von 70 Jahren analysierte den Zusammenhang zwischen täglicher Schrittzahl und Sterblichkeit – und fand den stärksten positiven Effekt bei 4.400 Schritten am Tag, egal wie schnell die Probandinnen gingen. Mit mehr täglichen Schritten war der Zugewinn gering, ab 7.500 Schritten gab es keinen Zusatznutzen mehr.[7] Was natürlich nicht heißt, dass mehr Schritte – beim Wandern sogar viel mehr – nicht einfach guttäten und Spaß machten. Im Durchschnitt

Der Wanderweg als Symbol des Lebens: Mal geht es bergauf, mal bergab, mal muss man die Mühen der Ebene bewältigen.

machen wir, wie Forscher der amerikanischen Stanford-Universität in ihrer Auswertung des Bewegungsverhaltens von 720.000 Menschen in 111 Ländern herausfanden, durchschnittlich täglich 4.900 Schritte. Deutsche lagen übrigens mit 5.200 Schritten etwas über dem Durchschnitt. Das hört sich zunächst einmal gut an. Was jedoch Sorge bereitet, sind etliche Berufsgruppen, die sich recht wenig bewegen. So kommen Büroangestellte auf nur 1.500 Schritt am Tag.[8] Das Problem beginnt schon in der Jugend. Nur zehn Prozent der Mädchen zwischen elf und 15 Jahren und 17 Prozent der Jungen im selben Alter kommen auf die von der Weltgesundheitsorganisation empfohlenen 60 Minuten Bewegung täglich.[9] Die Coronapandemie hat den negativen Trend noch verstärkt.

Wir sitzen uns krank – im Büro, zu Hause, in der Freizeit vorm Fernseher oder vor dem Computer. Das Leiden hat einen Namen: Sedentismus. Der Begriff kommt eigentlich aus der Anthropologie und bedeutet Sesshaftigkeit. Heute wird er auch auf den Mangel an Bewegung angewendet, der von Medizinern englisch als „Sitting Disease" bezeichnet wird. Das Zentrum für Gesundheit an der Deutschen Sporthochschule in Köln fand in einer Studie heraus, dass bereits 3.000 Schritte mehr am Tag den Cholesterinspiegel – und damit das Risiko für eine Arteriosklerose – deutlich senken können. Die Weltgesundheitsorganisation empfiehlt für Erwachsene mindestens 150 bis 300 Minuten moderate Ausdauerbelastung pro Woche sowie 75 bis 150 Minuten intensive körperliche Belastung, beispielsweise Krafttraining.

Wandern ist dabei eine ideale Bewegungsart. Als Vorbeugung von Zivilisationskrankheiten ist es ein Breitbandtherapeutikum gegen Übergewicht, Herz-Kreislauf-Erkrankungen und Erkrankungen des Bewegungsapparats mit wenig Risiken und keinen Nebenwirkungen. Wandern stabilisiert und stärkt Knochen, Sehnen, Bänder und Gelenke. Es kommt zu einem Zuwachs an Kraft, zu größerer Beweglichkeit und besserer Koordination – wichtig vor allem im höheren Alter als Sturzprophylaxe. Durch eine trainierte Beinmuskulatur werden Knie- und Hüftgelenke entlastet, wir beugen Beschwerden in diesen Bereichen vor. Da die gesamte Haltemuskulatur des Körpers gestärkt wird, sinkt das Verletzungsrisiko insgesamt. Und nicht zuletzt: Wandern verbessert die Kondition, langfristig sinkt der Blutdruck.

Schon für unsere Füße ist Wandern eine einzige Wohltat. Der menschliche Fuß besteht aus 26 Knochen, die über sage und schreibe 33 Gelenke miteinander verbunden sind und von mehr als 100 Bändern zusammengehalten werden. 20 Muskeln und Sehnen sorgen für Bewegung und einen festen Stand, wenn – ja wenn – wir sie regelmäßig trainieren. Unsere Füße sind seit der Erfindung des Schuhs vor 5.300 Jahren mehr oder weniger eingezwängt und teilweise verkümmert. Durch das Wandern auf unregelmäßigem Untergrund, wie ihn naturnahe Wanderwege bieten, trainieren wir unsere Füße bis ins hohe Alter und sorgen für gesunde Fußgelenke, starke Muskeln sowie eine gute Koordination und einen geschulten Gleichgewichtssinn. Besonders zu erwähnen ist in diesem Zusammenhang gelegentliches Barfußlaufen und auch das Heranführen von Kindern an das Training der kleinen Füße für ein langes gesundes Leben.

Und das ist noch nicht alles: Wandern macht nicht nur gesund, sondern vor allem auch glücklich. Stimmungshormone wie Serotonin und Dopamin werden freigesetzt, wenn wir durch Feld und Flur ziehen. Serotonin entsteht als Folge eines ausdauerbedingt gesteigerten Stoffwechsels. Dopamin ist ein „Belohnungshormon“, das uns Glücksgefühle beschert, weil wir beim Wandern mal wieder etwas Neues entdeckt haben oder über uns hinausgewachsen sind. Der Spiegel des Stresshormons Cortisol sinkt hingegen. Dass Wandern durchaus auch rauschhafte Züge annehmen kann, hat wohl jeder schon einmal bemerkt: etwa wenn Schmerzen durch nicht angepasstes Schuhwerk zu spät wahrgenommen werden. Eine Studie des Deutschen Wanderverbands hat gezeigt, dass sich 82,7 Prozent der Wanderer nach einer Wanderung glücklich und zufrieden fühlen, 73,8 seelisch ausgeglichener.[10]

Schon die Haltung beim Wandern hat einen positiven Einfluss auf unsere Stimmung: Rumpf und Wirbelsäule bilden von Kopf bis Fuß eine senkrechte Achse. Über Beine und Füße stehen wir mit der Erde in Kontakt. Wir richten uns aus unseren krummen Haltungen vor dem Bildschirm, am Schreibtisch, im Auto oder an der Werkbank auf, erheben uns – auch im übertragenen Sinn – über unseren Alltag und das Kleinklein der Routine. Wir bekommen einen Überblick und einen freien Kopf. Bereits eine Stunde Wandern bewirkt eine deutliche Stim-

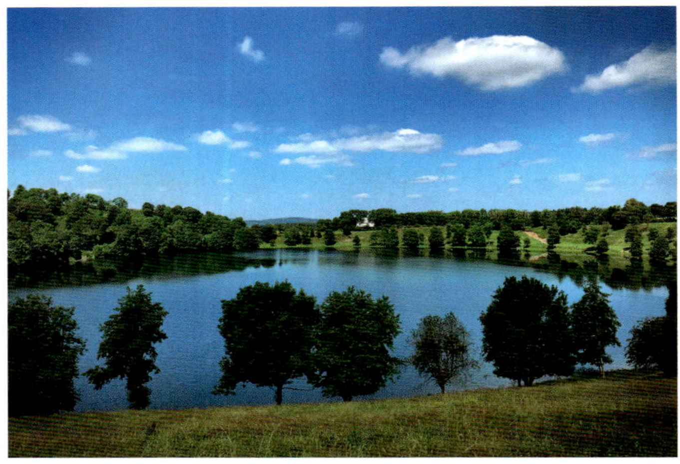

Eine Wanderung an einem schönen Tag hat auch durch das Sonnenlicht viele positive Effekte auf unseren Körper.

mungsaufhellung. Wir werden gelassener, Stress, Energielosigkeit und Ängste nehmen ab. Verständlich, dass Wandern auch in der Therapie gegen Depression eingesetzt wird.

Nicht ganz unbedeutend ist in diesem Zusammenhang der Faktor Licht. Wir sind beim Wandern – mal mehr, mal weniger – der Sonnenstrahlung ausgesetzt. Aus Erfahrung wissen wir, dass uns graue Regentage betrübt machen und uns ein sonniger Tag heiter stimmt. Der Einfluss der Sonne auf unseren Gemütszustand und unser körperliches Wohlbefinden ist aber größer, als wir denken. Sonnenlicht reduziert Cholesterin und hilft dabei, Körperfett loszuwerden. Setzen wir uns der Sonne aus, wird in der Haut und in der Leber Cholesterin in Vitamin D umgewandelt. Das wirkt sich positiv auf den Blutdruck aus und soll auch einigen Krebsarten vorbeugen. Durch Vitamin D wiederum können unsere Knochen das lebenswichtige Kalzium aufnehmen.

Unter Sonnenlicht produziert der Körper (nicht nur beim Mann) vermehrt das Hormon Testosteron, das das sexuelle Verlangen steigert und den Aufbau von Knochen- und Muskelmasse anregt. Sonnenlicht senkt den Appetit, ist gut für einen gesunden Schlaf und lässt das Wohlbefinden steigen. Und das bekommen wir auf jeder Wanderung, ganz nebenbei und ohne, dass wir es merken, buchstäblich mit auf den Weg.

Vor allzu viel Sonne im Sommer sollten wir uns allerdings schützen – mit Kopfbedeckungen und Sonnenschutzcreme. Vor allem bei Touren im Gebirge kann die wohltuende Wirkung von Sonnenlicht durch die Intensität der Strahlung ins Gegenteil umschlagen. Vorsicht ist also geboten – wie bei allem, wenn man übertreibt.

Beim Verhältnis von Aufwand und Nutzen dieser sanften Art von Bewegung wird das Wandern von keiner anderen Sportart geschlagen. Man benötigt nur eine minimale Ausrüstung, wenig Vorbereitung, und man muss keine Spielregeln lernen. Im Prinzip bringen wir alles, was wir zum Wandern brauchen, mit: unseren Körper, unseren gesunden Menschenverstand und unsere Sinne, um all das aufzunehmen, was uns die Natur auf einer Tour schenkt.

Wandern[11]

- mobilisiert die natürlichen Killerzellen und stärkt somit das Immunsystem
- vermindert das Risiko für verschiedene Krebsarten, vor allem Brust- und Dickdarmkrebs
- senkt das Schlaganfallrisiko
- steigert die Produktion des gesundheitsfördernden HDL-Cholesterins und senkt den Spiegel des schädlichen LDL-Cholesterins
- mindert den Insulinbedarf und wirkt dem metabolischen Syndrom entgegen
- beeinflusst Puls und Blutdruck positiv
- verbessert die Fließeigenschaft des Bluts und den Zustand der Blutgefäße
- erhöht das Atemzugvolumen und stärkt die Lunge
- mindert den Augeninnendruck
- stärkt Knochen, Knorpel, Bandscheiben, Sehnen und Bänder
- kräftigt die Muskulatur, insbesondere die Beinmuskulatur
- lindert chronische Gelenkbeschwerden bei Rheuma

Für viele Menschen ist vielleicht auch dies ein zusätzlicher Grund, die Wanderstiefel zu schnüren: Wandern hilft beim Abnehmen. Der Kalorienverbrauch liegt beim Wandern für eine definierte Strecke genauso hoch wie beim Joggen; wenn man Naturwege benutzt, kann er sogar noch höher sein. Und das bei deutlich geringerer Belastung der Bänder und Gelenke zwischen Fuß und Becken. Als Faustformel gilt der Richtwert, wonach pro Kilometer rund 50 Kilokalorien verbrannt werden – das ist aber nur der Basisverbrauch. Je nach Umfang des Gepäcks kann dieser Wert deutlich höher liegen. Weitere Faktoren sind das Geschlecht und das Alter des Wanderers, seine Größe und sein Gewicht. Große Bedeutung hat nicht zuletzt das Verhältnis von Strecke zu Höhenmetern: Je mehr Höhenmeter ich auf meiner Tour überwinden muss, desto mehr Kalorien verbrauche ich. Ganz grob gesagt, verbrennt eine 30 Jahre alte Wanderin mit einer Größe von 1,70 Metern und einem Gewicht von 68 Kilo auf einer einstündigen Wanderung rund 350 Kilokalorien.

Übrigens: In 15 Kilo Körperfett sind rund 100.000 Kalorien enthalten. Um diese wegzubekommen, müsste ein Wanderer rund 2.000 Kilometer zurücklegen. Die Kalorienzufuhr muss dabei unter der Zahl der verbrauchten Kalorien bleiben. Klingt erst mal hart, ist es aber nicht, wenn man regelmäßig wandert. Abnehmen ist eine Frage der Zeit und des Lebensstils, also der grundlegenden Veränderung, die ich in meinem Leben vorzunehmen bereit bin. Wer immer wieder wandert und dabei auf seine Ernährung achtet, sollte den wohltuenden Effekt für seine Figur nach einer gewissen Zeit wahrnehmen. Und das macht Spaß! Erst spürst du es (das Abnehmen), dann siehst du es (an deiner Figur), und schließlich hörst du es (von anderen, die dich anerkennend darauf ansprechen).

Nicht nur die körperlichen Effekte des Wanderns liegen auf der Hand. Auch auf die psychische Gesundheit hat Wandern einen heilsamen Einfluss.

Wandern[12]

- produziert Hormone und Botenstoffe, die stimmungsaufhellend wirken
- mindert die Symptome bei Depression in ähnlichem Maß wie bei einer Behandlung mit Medikamenten, aber mit geringerer Rückfallquote
- kann erfolgreich in der Therapie von Neurosen eingesetzt werden, etwa bei Angsterkrankungen

- wirkt sich positiv bei Tinnitusbeschwerden aus
- verbessert den Hirnstoffwechsel
- senkt das Risiko von Hirnerkrankungen
- mindert das Risiko und verlangsamt die Entwicklungsgeschwindigkeit von Altersdemenz

Das Thema Gesundheit ist neben dem Naturerlebnis und den sozialen Kontakten übrigens eines der drei Hauptmotive, die Menschen die Wanderschuhe schnüren lassen. Das Bundeswirtschaftsministerium hat im Jahr 2010 in Zusammenarbeit mit dem Deutschen Wanderverband in einer bis heute unübertroffen tiefgehenden Studie[13] das Wanderverhalten der Deutschen untersucht. Wir gehen darauf näher im nächsten Kapitel ein. An dieser Stelle nur so viel: Die Forscher stellen darin fest, dass das Thema Gesundheit über alle Altersklassen hinweg einer der wichtigsten Gründe fürs Wandern ist.[14] 64 Prozent der repräsentativ Befragten gaben als Grund fürs Wandern an, sie wollten etwas für ihre Gesundheit tun. Dieses Motiv wird – kaum verwunderlich – mit zunehmendem Alter (in der Studie definiert ab 45 Jahren) wichtiger. Stressabbau gaben die berufstätigen Altersgruppen als bedeutenden Aspekt an. Für diejenigen, die regelmäßig bis häufig wandern, ist das Thema Gesundheit noch wichtiger als für Gelegenheitswanderer. Für Letztere sind eher Spaß und Geselligkeit vorrangige Beweggründe.

Und noch etwas spricht fürs Wandern: Man macht dabei eine Alltagserfahrung, die wohl jeder kennt: Beim Gehen kommen einem gute Ideen. Das hängt mit der besseren Durchblutung des Gehirns zusammen. Die Verzweigungs- und Erneuerungsrate von Gehirnzellen nimmt zu – und das steigert das geistige Leistungsvermögen. Schon die alten Griechen wussten das und schufen, glaubt man der Legende, eine ganze philosophische Schule, der auch Aristoteles angehörte: die Peripatetiker. Sie fanden Problemlösungen durch Umherwandeln. „Ich habe mir meine besten Gedanken angelaufen“, sagte einst der dänische Philosoph Søren Kierkegaard (1813–1855). Und sein deutscher Kollege Friedrich Nietzsche (1844–1900) warnte: „Traue keinem Gedanken, der im Sitzen kommt.“ Damit sind wir bei der Wanderphilosophie.

WANDERN UND PHILOSOPHIE

Der Wanderweg als Sinnbild des Lebens – auch das ist eine Empfindung, die wohl jedem Wanderer schon einmal gekommen ist. Manchmal ist der Weg ganz leicht, und wir gehen ihn unbeschwert. Dann ziehen dunkle Wolken auf, wir müssen mit Schwierigkeiten fertig werden. Der Weg windet und zieht sich, es geht steil bergauf oder bergab. Wir haben die Berghütte auf der anderen Seite des Tals vor Augen, aber sie kommt scheinbar nicht näher. Wir arbeiten uns durch die Mühen der Ebene, oder wir erleben Höhepunkte mit fantastischen Aussichten. Manchmal sind wir voller Tatendrang und Begeisterung, dann geht es sich leicht. Manchmal aber verlieren wir den Mut, dann fällt es schwer, einen Fuß vor den anderen zu setzen.

Wie im Leben benötigt der Wanderer Eigenschaften, die helfen, die vor ihm liegende Wegstrecke zu bewältigen. Dazu zählen vor allem Ausdauer und Durchhaltevermögen. Die regelmäßig in ganz Deutschland veranstalteten 100-Kilometer-Märsche in 24 Stunden sind für die meisten Teilnehmer nicht nur eine körperliche Herausforderung, sondern vor allem ein Ringen mit sich selbst, mit dem eigenen Willen und dem inneren Schweinehund. Je nach Trainingsstand kann es aber auch schon bei deutlich kürzeren Touren um Impulskontrolle und Willensleistung gehen.

Beim Wandern geht es auch darum, Schwierigkeiten zu bewältigen, nicht aufzugeben, die Kräfte einzuteilen, realistisch zu bleiben, sich selbst gut einschätzen zu können, nichts zu überstürzen und Gelassenheit zu zeigen.

Es sind vor allem diese fünf Tugenden, die beim Wandern gefragt sind – sie tragen auch zu einer positiven Einstellung dem Leben gegenüber bei:

1. GEDULD

Geduld ist auf den meisten Touren notwendig. Wer das Wandern für sich entdeckt, sollte seine Ziele nicht gleich zu ambitioniert wählen. Das Schöne ist die ungeheure Variationsbreite. Touren lassen sich potenziell unendlich unterschiedlich gestalten: Weglänge, Beschaffenheit, Steigung ... Kondition baut man nicht von heute auf morgen auf. Um die selbst gesetzten Ziele zu erreichen, braucht man Geduld. Man wird nicht gleich am ersten Tag nach dem Kauf von Wanderschuhen und -stöcken 20 Kilometer laufen, sondern man fängt gemächlich an und steigert sich nach und nach. Wandern trainiert man am besten durch Wandern. Geduld ist auch ein Thema für den Hardcore-Wanderer: Manchmal scheint eine Tour kein Ende zu nehmen, manchmal quält man sich durch die Eintönigkeit von Maisfeldern, manchmal sitzt man in einer Schutzhütte fest, weil der Regen einfach nicht aufhören will. Dann brauchen wir Geduld. So wie es uns auch das Leben abverlangt. Die Glücksmomente, die sich aber mit Sicherheit irgendwann einstellen, belohnen uns dann für unsere Geduld.

2. DURCHHALTEN

Eng verknüpft mit der Tugend der Geduld ist die des Durchhaltens. Eine Wandertour kann (und soll!) anstrengend sein. Wir werden über längere Zeit beansprucht. Kraftausdauer ist gefragt. Immer noch einen Schritt vor den anderen setzen, das Gewicht des Rucksacks buchstäblich er-tragen. Manchmal sagt der Geist: „Ich kann nicht mehr“, doch der Körper hat dann meist immer noch Reserven. Durchhalten geschieht im Kopf. Und das kann man trainieren. Wer gelernt hat, auf einer Wanderung durchzuhalten, wird auch komplexe Aufgaben in Beruf und Familie besser meistern können. Wanderer sind Meister im Durchhalten. Und auch dafür werden sie oft – wie bei der Geduld – durch etwas Schönes belohnt. Und sei es der gesunde Schlaf, in den man nach einem erfüllten Wandertag glücklich fällt.

3. WERTSCHÄTZEN

Wenn Wandern eines lehrt, dann ist es die Achtung vor den scheinbar kleinen Dingen in der Natur. Wenn man zum Beispiel weiß, dass das Verhältnis zwischen dem Stängel eines Halms Glatthafer und der Wuchshöhe dieses Grases 1 : 400 beträgt, dann wird man künftig nicht mehr ohne eine gewisse Ehrfurcht an einer solchen an sich unscheinbaren Pflanze am Wegesrand vorbeigehen, die bis zu anderthalb Meter hoch wachsen kann. Man kann das nur als ein Wunder der Natur bezeichnen. Wollten Menschen einen 100 Meter hohen Turm in dieser Weise bauen, dürfte der nur einen Durchmesser von 25 Zentimetern haben – ein unmögliches Unterfangen. Und der Halm des Glatthafers bewegt sich auch noch sanft im Wind, ohne umzuknicken. Wanderer lernen die Natur um sich herum wertzuschätzen – im Großen wie im Kleinen. Diese Wertschätzung hilft auch im Alltag. Man wird duldsamer und ausgeglichener, dankbarer und kann auch scheinbar kleine Leistungen besser anerkennen.

4. GELASSENHEIT

Wer aus der Hektik des Alltags, dem Dauerstrom von Telefonanrufen, E-Mails, Kurznachrichten, der medialen Überflutung, den Zoom-Konferenzen und dem Zeitdruck entflieht und durch die Natur wandert, der wird gelassener. Allein der Anblick eines Baums, der da schon seit Jahrzehnten oder vielleicht sogar seit Jahrhunderten steht, macht uns darauf aufmerksam, wie banal die meisten der Themen sind, die uns beschäftigen, über die wir uns ärgern oder die uns die Zeit rauben. Erst recht der Anblick von Bergen: Jahrmillionen sind an ihnen vorbeigegangen. Sie strahlen eine Ruhe und eine Kraft aus, die uns guttut, uns entschleunigt und die uns vielleicht zu einem anderen Blick auf die Dinge unseres Lebens anregt.

5. ACHTSAMKEIT

Wanderer lernen, in sich hineinzuhören, auf ihren Körper zu achten. Wenn die ständige Geräuschkulisse des Büros, der Werkstatt, des Labors, des Lehrsaals, des Radios oder des heimischen Fernsehers erst einmal in der Natur verstummt ist, sind wir auf uns selbst und unsere Empfindungen zurückgeworfen. Wer alleine wandert, findet es vielleicht zu Beginn unerträglich, wenn diese Stimmen aus dem Off plötzlich fehlen. Es ist eine Frage der Gewöhnung. Anstelle der im Alltag von außen an uns herangetragenen Informationen treten wir beim Wandern in einen inneren Dialog mit uns selbst. Wir spüren in unseren Körper hinein und nehmen uns selbst ganzheitlich wahr. Wer zu zweit wandert, wird über all die Stunden nicht ununterbrochen miteinander sprechen können. Das gemeinsame freundschaftliche Schweigen führt

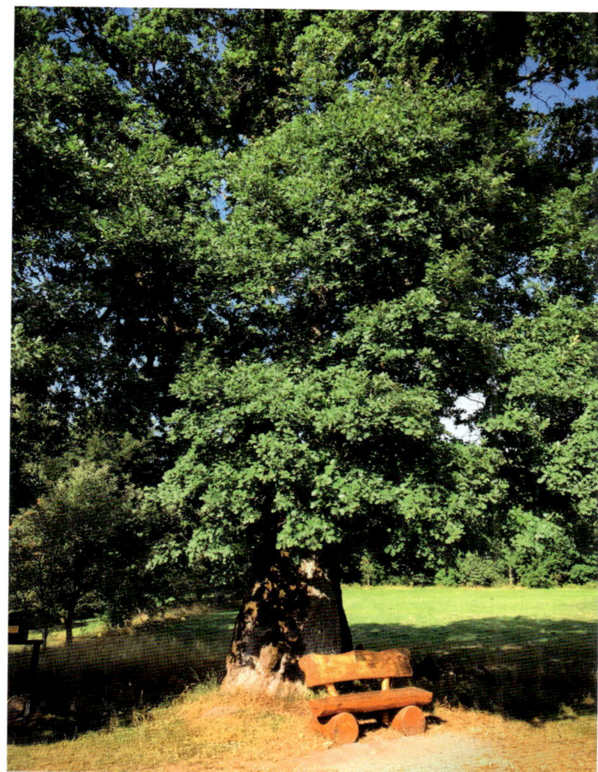

Die 700 Jahre alte Eiche in Elend (Harz). Der Anblick eines solchen Baums lässt unsere Alltagssorgen schrumpfen. Was hat dieser Baum schon alles gesehen?

so zu einer Kommunikation eigener Art. Die Stille kann erfrischend sein – auch zwischen zwei Menschen, die sich ansonsten viel zu sagen haben und das auch wieder tun werden, wenn die Zeit dafür gekommen ist.

WANDERN UND PSYCHOLOGIE

Der Mensch hat seinen Ursprung in Ostafrika. Wir kommen darauf in Kapitel 3 zurück. Der Übergang vom Tier zum Menschen fand vor etwa fünf Millionen Jahren über einen langen Zeitraum statt. Von Ostafrika aus ist der Mensch dann in mehreren Wellen aufgebrochen und hat nach und nach die ganze Erde erobert. Die Landschaft, in der der Mensch entstanden ist, ist ihm bis heute in die Seele eingeschrieben: die ostafrikanische Savanne, eine von Büschen und einzelnen Bäumen geprägte Offenlandschaft, die die Züge eines riesigen Parks trägt. Dieses Bild von Landschaft hat sich in unseren Genen als archaisches Wahrnehmungsmuster erhalten. Nach ihr sehnen wir uns. Sie entdecken wir immer wieder.

Wenn wir beim Wandern eine Landschaft als „schön“ empfinden, dann sind es meist reich strukturierte Mosaiklandschaften, in denen sich Felder, Wiesen, Weiden, Hecken, Feldholzinseln, Wälder und Wasserflächen abwechseln. Das ist mehr oder weniger die Szenerie unserer Urheimat als Menschen in Ostafrika. Auf diese Landschaft waren unsere Vorfahren geeicht, als sie dort von den Bäumen herabgestiegen sind und lernten, auf zwei Beinen zu gehen. Der Mensch ist ursprünglich nicht auf ein Leben in dichten Wäldern geschaffen, auch nicht auf dem Meer und schon gar nicht in der Luft. Wir haben uns im Laufe der Evolution all diese Räume erobert, haben Wälder gerodet, Schiffe gebaut, das Fliegen gelernt und sind sogar in den Weltraum vorgestoßen. Auch wenn wir all das geschafft haben: In die Wiege gelegt worden war der Menschheit dieses weite Ausgreifen auf vollkommen andere Lebensräume nicht – auch nicht das Leben in anderen Klimazonen als der des östlichen Afrikas.

Unsere Instinkte haben sich in den paar Zehntausend Jahren, die es den modernen Menschen erst gibt, kaum geändert. Sie sind nur von der jeweiligen Zivilisation überformt worden und brechen sich immer mal wieder auch heute noch Bahn. Dass dieses Idealbild von Landschaft heute vielfach von unangepassten Gebäuden, hässlichen und lärmenden Verkehrsadern, öden Ruderalflächen und störenden Installationen wie Windrädern oder Überlandleitungen getrübt wird, tut seiner Relevanz für unser ästhetisches Empfinden keinen Abbruch.

Von unserem Erbe blitzt allerdings manchmal etwas durch, das uns daran erinnert, wohin wir eigentlich gehören. Zum Beispiel wenn wir Höhenangst haben. Warum empfinden fast alle Menschen Angst (auch wenn sie diese vielleicht nicht zeigen), wenn sie auf einem ausgesetzten Fels stehen und in die Tiefe schauen? Weil uns die Natur diese Angst mitgegeben hat, damit wir vorsichtig sind und uns nicht zu weit hinauf-

und hinauswagen. Wir könnten abrutschen und uns verletzen oder gar getötet werden. Das ist nicht im Sinn der Evolution. Deshalb hat uns die Natur diese Angst mitgegeben. Was die Natur nicht wissen konnte, ist, dass wir eines Tages in einem Ballon in die Höhe steigen oder mit einem Flugzeug von Kontinent zu Kontinent jetten würden. Beim Fliegen empfindet der Mensch nämlich normalerweise keine Angst – obwohl die Höhen dabei noch viel größer sind als die von einem ausgesetzten Fels. Wie ist dieser Widerspruch zu erklären?

Höhenangst kommt in uns nur auf, wenn wir eine feste Verbindung mit dem Boden haben. Auf einem Baum oder auf einem Felsvorsprung macht diese Angst Sinn, sie bewahrt uns vor Übermut und Schaden. Die Natur hat es aber nicht vorgesehen, dass wir die feste Verbindung zur Erde hinter uns lassen, wie das in einem Ballon oder einem Flugzeug der Fall ist. Für solche Situationen musste es keine genetischen Vorsichtsmaßnahmen geben, weil sie natürlicherweise nicht vorkommen. Die Evolution ist ungemein effizient. Sie schafft nichts, was sie nicht braucht. Und der Mechanismus „Angst in der Höhe ohne Kontakt zur Erde“ war nun einmal nicht notwendig. Wanderer verlassen üblicherweise nicht den Erdboden. Der evolutionäre Angstmechanismus an steilen Felsgraten oder abschüssigen Hängen ist ihnen erhalten geblieben – und das ist auch gut so.

Ein anderes psychologisches Phänomen, mit dem wir es als Wanderer zu tun haben, ist die Angst vor der Nacht. Auch hier geht es, wie bei der Höhenangst, um einen tief verwurzelten Sicherheitsinstinkt. Angst schützt uns davor, uns unnötig in gefährliche Situationen zu begeben. Die Nacht ist besonders dazu angetan, uns Streiche zu spielen – vor allem weil sie uns unseren wichtigsten Sinn nimmt, den Gesichtssinn. Wenn wir nichts sehen können, fühlen wir uns unsicher, ja ausgeliefert. Kinder trifft diese Unsicherheit besonders, denn sie haben noch nicht gelernt, dass das, was in der Nacht passiert, meist völlig gefahrlos, ja belanglos ist. Aber diese Erkenntnis erwächst aus reinem Erfahrungswissen, das Kinder so noch nicht haben können.

Wer einmal eine Nachtwanderung gemacht hat, wird in jedem Fall eine gewisse Beklommenheit bei sich und anderen wahrgenommen haben. Zumal, wenn der Weg auch noch durch den Wald führt. Nacht

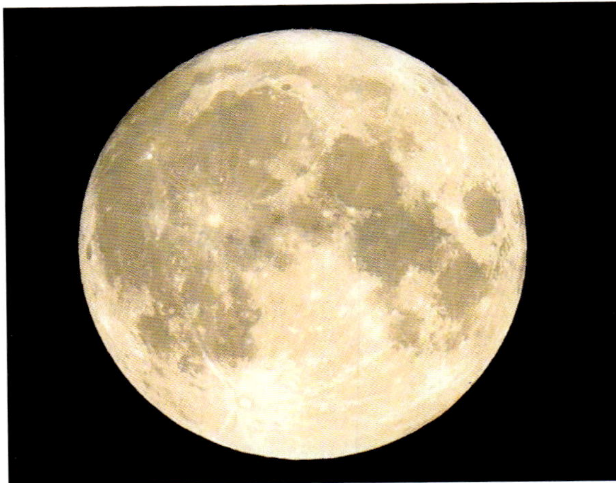

Eine Nachtwanderung ist eine besondere Erfahrung. Das Licht des Mondes lässt die Welt geheimnisvoll – manche sagen auch: unheimlich – erscheinen.

und Wald – das sind zwei evolutionäre No-Gos für uns. Säbelzahntiger, die uns etwas anhaben könnten, sind ausgestorben. Bären gibt es nicht mehr in Deutschland. Die Begegnung mit einem Wolf ist äußerst unwahrscheinlich. Auch was Überfälle durch einen anderen Menschen angeht, ist der Wald im Vergleich zu manchen Vierteln in unseren Städten ungleich sicherer. Dennoch: Eine Nacht im Wald bereitet uns großes Unbehagen. Wer mit einer Gruppe Jugendlicher nachts gewandert ist, weiß, dass diese sich durch lärmendes Verhalten die Angst zu vertreiben suchen – Krach zu machen im düsteren Wald, ist eine Form kollektiver Angstbewältigung. Es ist buchstäblich das berühmte Pfeifen im Walde.

Eine andere Form nächtlicher Angstbewältigung ist das Zusammenziehen von Wandergruppen. Während sich bei Tag eine Gruppe – je nach Größe – zum Teil über viele Meter strecken kann, gibt es in der Nacht keine Probleme mit Nachzüglern. Im Gegenteil: In besonders dunklen und unheimlichen Passagen rücken Gruppen so eng zusammen, dass manche Teilnehmer sogar auf die Füße ihrer Vorderleute treten. Auch kommt eine Gruppe in der Nacht schneller voran als tagsüber. Nachts können zehn bis 20 Prozent kürzere Gehzeiten eingeplant werden als am Tag. Die Erklärung ist einfach: Die Gruppe will die „unangenehme“ Situation möglichst schnell hinter sich bringen.

Irgendetwas knackt im Unterholz. Ein Kauz ruft. Eine Fledermaus sirrt fast lautlos vorüber. Es sind Geräusche und Tiere, die wir vom Tag her nicht kennen, die uns erschrecken. Nachts hört man Laute von viel weiter her als am Tag, auch das verändert unsere Wahrnehmung. Alles erscheint einem unmittelbarer und bedrohlicher. Es ist aber auch eine bewusstseinserweiternde Erfahrung, sich dem einmal bewusst auszusetzen und eine Nachtwanderung zu unternehmen – durchaus auch allein, wenn man sich traut. Vielleicht am Anfang erst einmal auf einer kurzen Route, die man gut kennt, später dann auf längeren und unbekannten Strecken. Ein Erlebnis ist es allemal, die vertraute Welt des Tages einmal zu verlassen und sich einzulassen auf dieses Ungewohnte, diesen besonderen Thrill zu spüren und sich selbst auch ein wenig zu überwinden.

Doch zurück zum „normalen" Wandern – bei Tag. Auch hier sind wir nicht frei von unserer evolutionären Prägung. Begegnet man wandernden Pärchen oder Wandergruppen, so geht der Mann, gehen die Männer meistens vorweg, die Frau beziehungsweise die Frauen folgen dahinter. Warum ist das so? Wir scheinen in tiefsitzende Gewohnheiten zurückzufallen, sobald wir in der Natur sind. In den Urzeiten der Menschheit waren es meist die Männer, die sich zur Jagd aufmachten oder die in Verbänden von Nomaden den Weg bahnten für die Sippe. Das steckt offensichtlich noch tief in uns drin. Auch dass wir in unbekanntem Terrain einem entschlossen vorangehenden „Pionier" ziemlich unkritisch folgen, fällt in diese Kategorie – was allerdings manches Mal je nach den Fähigkeiten des Truppführers auch auf dem buchstäblichen Holzweg, in einer Sackgasse, enden kann. Psychologisch gesehen, verlassen wir uns aber gern auf einen Anführer. Der Weg, den er unbeschadet beschreitet, ist mit großer Wahrscheinlichkeit auch für die Nachfolger sicher. Er übernimmt damit die Rolle des „Helden", der die Gruppe erfolgreich durch Gefahren führt. Auch deshalb sieht man in den meisten Fällen Männer vorangehen. Sie sehen sich als die geborenen Helden – jedenfalls sind sie selbst davon überzeugt, und ihre Gene verleiten sie dazu. Wie auch immer, das Wandern offenbart, dass der Firnis der Zivilisation, der Emanzipation und des gesellschaftlichen Fortschritts ziemlich dünn sein kann.

Die Urangst vor dem Verlorengehen, dem sich Verirren und dem Verlassenwerden lässt sich ebenfalls beim Wandern von Gruppen beobachten, und zwar im Zusammenhang mit dem ebenfalls tief in uns verwurzelten Herdentrieb. Besonders für Wandergruppen, die sich schon lange kennen und die viel gemeinsam unterwegs sind, gilt: Die Auseinandersetzung über das Wandertempo wird fast ausschließlich von hinten geführt. Die Nachhut steht offensichtlich unter dem besonderen Druck, den Anschluss nicht zu verlieren und fordert mehr oder weniger vehement ein, zu warten oder langsamer zu gehen. Ein Wanderer, der zurückgefallen ist, verliert die Gruppe bei jeder Wegbiegung aus dem Blick. Das kann zu heftigen Reaktionen führen, vom Laufschritt (der in schwierigem Gelände gefährlich sein kann) bis hin zu Kreislaufproblemen oder psychosomatischen Beschwerden. Idealerweise gibt es bei geführten Touren zwei Wanderführer: einen, der vorweg geht und die Gruppe buchstäblich anführt, sowie einen zweiten, den sogenannten Pinkelsheriff. Er achtet darauf, dass Gruppenmitglieder, die sich vielleicht einmal in die Büsche schlagen müssen, um einem Bedürfnis nachzugehen, den Anschluss nicht verlieren. Wahlweise kann ein Wanderführer auch ein Gruppenmitglied zum „letzten Mann“ bestimmen. Es hat in jedem Fall eine enorm beruhigende Wirkung auf die Gruppe.

Egal ob Gruppe, Pärchen oder Einzelwanderer: In der Nähe des Ziels erhöht sich oft das Gehtempo signifikant. Der Spruch, dass „die Pferde den Stall schon riechen“, entbehrt nicht einer gewissen Plausibilität. Auch hier zeigen sich archaische Verhaltensmuster: Eines der häufigsten Motive für den schnelleren Schritt am Ende einer Tour dürfte der Wunsch sein, das potenziell unsichere und gefahrbringende Gelände hinter sich zu lassen und in den Schoß der Zivilisation zurückzukehren – sei es in Form eines Wirtshauses, des Autos oder zumindest des beschilderten und vertrauten Ausgangspunkts.

Ein ähnliches Phänomen zeigt sich auch beim Bergaufgehen. Wenn schon nicht das objektive Gehtempo aufgrund der Steigung zunimmt, so tut es doch der Einsatz der Kräfte – und zwar merkwürdigerweise oft über das eigentlich physisch Notwendige hinaus. Die Anhebung des Leistungspegels ist ein Indiz dafür, dass der Mensch bestrebt ist, der

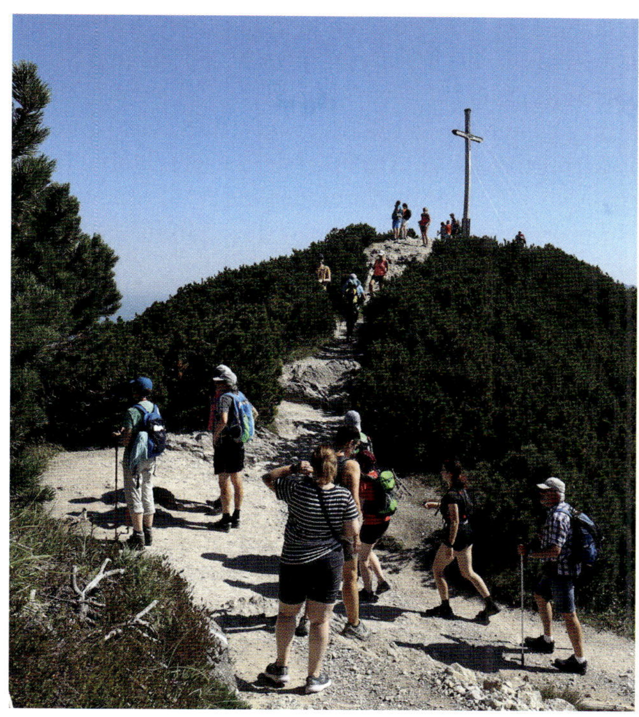

Beim Bergaufgehen nimmt die Kraftanstrengung zu – und manchmal auch das Gehtempo.

vermeintlich größeren Gefahr an einem Hang rasch zu entgehen. In Urzeiten war es für einen Feind deutlich leichter, die den Berg hinaufsteigende Beute zu erhaschen: Er hatte von oben die bessere Übersicht und konnte im Hinablaufen schneller und überraschender zuschlagen als in der Ebene. Selbst möglichst rasch an die Stelle mit dem besten Überblick zu gelangen, war für unsere Altvorderen ein womöglich entscheidender taktischer Vorteil. Wie ausgeprägt dieses tief sitzende Verlangen nach schnellem Höhengewinn ist, zeigt sich an manchem Pfad, der sich sinnvollerweise in Serpentinen den Berg hinaufschlängelt: Immer wieder sind hier senkrecht zur Höhenlinie stehende Abkürzungen von Kehre zu Kehre zu finden, die enorm Kraft kosten und manchmal auch nicht ganz ungefährlich sind, die aber ein vermeintlich schnelleres Vorankommen suggerieren.

Die Wanderforschung liefert inzwischen sehr konkrete psychologische Antworten auf die Frage, was Wanderer mögen: An oberster Stelle stehen ein aktives Naturerlebnis auf naturnahen Wegen (gerne entlang von Gewässern), eine abwechslungsreiche Landschaft, ein sicheres Wegeleitsystem und attraktive Einkehrmöglichkeiten. Auch eine Prise Abenteuer darf gern dabei sein, wenn es etwa mal auf einen ausgesetzten Pfad geht oder auf einer schmalen Brücke über einen Bach. Ein Mystery-Effekt stellt sich ein, wenn man nicht so ganz genau weiß, was hinter der nächsten Wegbiegung folgt. Der perfekte Wanderweg muss dabei gar nicht unbedingt auf den Gipfel führen – es sei denn, man wandert in den Alpen, da gehört oftmals der Gipfel fest zum Wanderprogramm. Ein Satz des vorhin schon zitierten Friedrich Nietzsche bringt es auf den Punkt: „Bleib' nicht auf ebnem Feld! Steig' nicht so hoch hinaus. Am schönsten sieht die Welt von halber Höhe aus." Oder wie sagte es einmal ein Politiker, der es zum Staatssekretär, nicht aber zum Minister gebracht hatte: „Kurz unterhalb des Gipfels ist die Aussicht genauso gut, aber der Wind nicht so rau." Da verwundert es nicht, dass die attraktivste Landschaft zum Wandern das topografisch eher moderate Mittelgebirge ist. Hier sind laut der erwähnten Studie des Bundeswirtschaftsministeriums und des Deutschen Wanderverbands 40 Prozent aller Wanderer gern unterwegs. Ins Hochgebirge zieht es hingegen nur neun Prozent.[15]

Da wir gerne am Wasser entlangwandern, etwa an einem erfrischenden Bach, ergibt sich die Frage, warum wir dies am liebsten *entgegen* der Fließrichtung tun. Sie ist nicht leicht zu beantworten. Der belebend-erfrischende Effekt einer Wanderung am Wasser ist größer, wenn wir das Sprudeln und Plätschern des Bachs auf uns zukommen lassen und nicht darüber in Fließrichtung hinwegsehen. Vielleicht hat das auch etwas mit dem unbewussten archaischen Wunsch in uns zu tun, zum Ursprung zu gelangen, zum Quell des Lebens.

Der Wanderer hat gerne etwas im Rücken. So wie man es in der Gaststätte oft vermeidet, in der Mitte zu sitzen, und stattdessen einen Platz an der Wand bevorzugt, so ist es auch in der Natur. Ein Mensch inmitten einer offenen Landschaft war zuzeiten des Säbelzahntigers eine leichte Beute. Waldrandwege sind daher beliebt. Sie geben zum

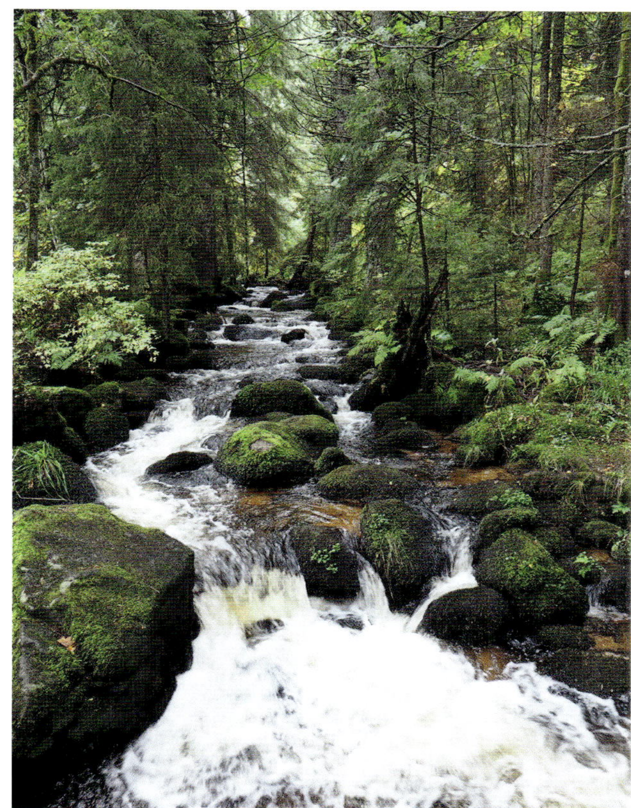

Wanderer gehen gerne am Wasser entlang – und am liebsten bachaufwärts.

einen die Sicht auf das Offenland frei, bieten aber zugleich rückwärtigen Schutz als mögliches Versteck. Bänke werden daher gerne am Waldrand aufgestellt. Treten wir beim Wandern aus einem Wald auf das offene Land, bleiben wir gern stehen und genießen die Weite. Ursprünglich ließen wir den Blick an solchen Stellen schweifen, um nach möglichen Gefahren und Feinden Ausschau zu halten.

Üblicherweise grüßen Wanderer in der Natur einander, wenn sie sich begegnen. Dabei muss es nicht mehr der alte Wanderergruß „Frisch auf" sein. Ein „Guten Tag" oder „Hallo" (regional auch: „Servus", „Grüß Gott" oder „Moin") ist heute üblich. In geschlossenen Ortschaften, und seien sie noch so menschenleer, ist dies nicht der Fall. Dort grüßt man sich selten bis gar nicht. Psychologisch dürfte dieses Verhalten damit zusammenhängen, dass man im Wald oder in der Feldflur dem anderen signalisieren möchte, dass man ihm in dieser zivilisationsfernen Gegend, in der jeder auf sich selbst gestellt ist, durch den Gruß die eigenen friedlichen Absichten signalisieren möchte – und von seinem Gegenüber dasselbe erhofft.

Noch ein Wort zum sicheren Wegeleitsystem, dem Wanderer in allen Befragungen hohe Priorität geben: Viele Menschen haben Angst, sich zu verlaufen. In der modernen Welt ist den meisten von uns die Fähigkeit abhandengekommen, sich nach einem „natürlichen Kompass“ zu richten, Himmelsrichtungen beispielsweise zumindest grob anhand des Moosbewuchses von Bäumen oder dem Stand der Sonne zu ermitteln. Selbst der sichere Umgang mit Karte und Kompass ist nicht mehr selbstverständlich. Waldbesuche werden daher meist mit Vorsicht durchgeführt. Ist die Gegend unbekannt, gehen viele Menschen nur so weit in den Wald, wie sie noch den Straßenlärm hören. Markierungen haben daher eine enorme Bedeutung für das unbeschwerte Wandererlebnis. In der Regel können wir uns in Deutschland auf gut markierte Wanderwege verlassen – es sei denn, wir wandern unsere ganz eigene individuelle Tour und benutzen auch Wege, die nicht als Wanderwege ausgewiesen sind. Der Wunsch nach guter Orientierung korrespondiert mit der Tatsache, dass 85 Prozent der deutschen Wanderer ihren Wanderurlaub bevorzugt im deutschen Sprachraum verbringen. Zwei Drittel bleiben in Deutschland selbst. Wanderregionen in Frankreich, in der nichtdeutschsprachigen Schweiz, in Tschechien, Slowenien, Polen oder gar in noch ferneren europäischen Ländern mit fantastischen Gebirgen wie Rumänien, Bosnien oder Georgien werden von deutschen Wanderern nur in sehr geringem Maße angesteuert. Die Sicherheit des Bekannten und Vertrauten schlägt die Entdeckerfreude und das Fremde um Längen.

WANDERN UND LANDSCHAFT

Wandern ist immer auch ein Erlebnis *in* der Landschaft. Landschaft ist nach der bis heute von Alexander von Humboldt formulierten Definition der „Totalcharakter einer Erdgegend“. Dieses Totale erlebt jeder Wanderer auf jedem Meter seiner Tour: Er wird Teil der ihn umgebenden Landschaft und nimmt sie mit allen Sinnen bewusst und unbewusst wahr. Dass Landschaft einen Erholungs- und Erlebniswert hat, ist eine relativ späte Erkenntnis. Der Mensch musste sich in seiner Geschichte die weit überwiegende Zeit gegen eine allmächtige Natur wehren und ihr seinen Lebensunterhalt mühselig abringen. Diese Auseinandersetzung mit der Natur, die nicht selten den Charakter eines Kampfes trug, ließ für das Empfinden landschaftlicher Schönheit zunächst wenig Raum.

Wir sehen das in der Entwicklung der Landschaftsmalerei, die sich erst im 19. Jahrhundert verstärkt entwickelte. Vorher war Landschaft meist nur Hintergrund für die Darstellung von Heiligen und Heroen, und das auch noch in idealisierter Form. Erst seit rund 200 Jahren empfinden wir bestimmte Landschaften als buchstäblich „malerisch“. Parallel mit der Entdeckung der Landschaft im 19. Jahrhundert ging paradoxerweise auch ihr Verlust einher: In der Zeit der Industrialisierung entfernte sich der Mensch immer mehr von ihr, das Leben ganzer Generationen fand nur noch zwischen Bergwerk oder Fabrik und Mietskaserne statt. Die Städte explodierten, die Natur rückte für weite Bevölkerungsschichten in die Ferne. In dieser Zeit entstanden als Gegenbewegung die ersten Wandervereine (vgl. Kapitel 3).

Wandern bietet ein aktives Naturerlebnis und zudem die Möglichkeit zur gesundheitlichen Regeneration. Der Wunsch, sich in der Natur zu bewegen, ist über alle Altersklassen von Wanderern gleich. Wie sehr das Landschaftserleben mit Gesundheit zu tun hat, wissen wir spätestens seit einer Untersuchung des schwedischen Architekturprofessors Roger Ulrich aus dem Jahr 1984.[16] Ulrich beobachtete in einem Krankenhaus die Genesung von Patienten, die dieselbe Operation hinter sich, aber anschließend unterschiedliche Zimmeraussichten hatten. Die eine Gruppe blickte auf eine Mauer, die andere auf einen Park. Was

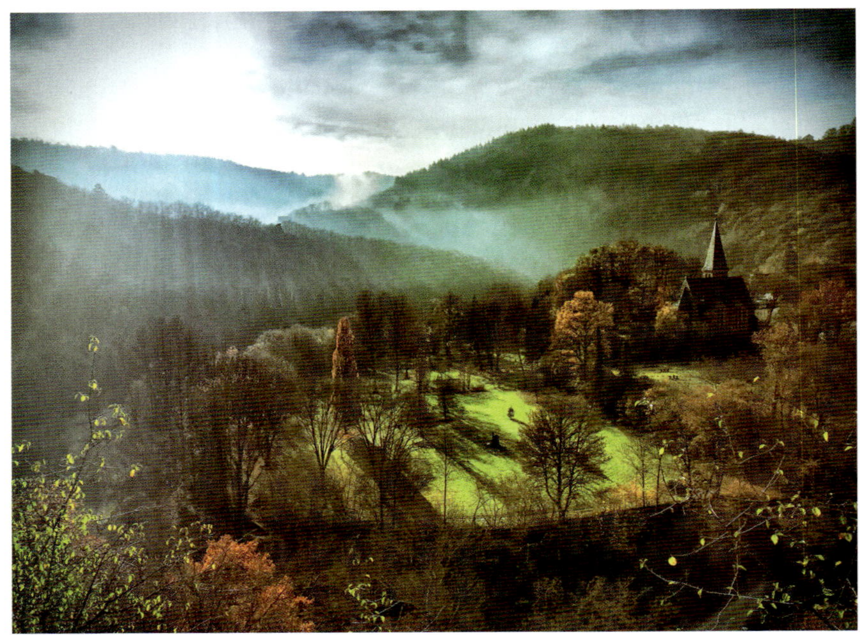

In Bad Bertrich in der Eifel gibt es seit 2012 den ersten Landschaftstherapeutischen Park Europas. Besucher erleben verschiedene Landschaftsformen – und ihre Empfindungen dazu.

wie ein banaler Begleitumstand erscheint, hatte massive Auswirkungen auf die Rekonvaleszenz der Patienten: Diejenigen, die in ihrem Krankenzimmer aufs Grüne blickten, konnten durchschnittlich einen Tag früher aus dem Krankenhaus entlassen werden als die Gruppe, die auf die Mauer starrte.

Ulrich schloss daraus, dass die Natur einen Effekt auf die Genesung hat. Mensch und Natur stehen in enger Beziehung, und wenn uns Letztere fehlt, vermisst auch unsere Seele etwas. Im schlimmsten Fall werden wir krank. Zahlreiche Untersuchungen haben diesen Effekt bestätigt. Mit Ulrichs bahnbrechender Studie, die in der renommierten Zeitschrift *Science* veröffentlicht wurde, begann eine neue wissenschaftliche Disziplin, das evidenzbasierte Healthcare-Design. Sie beschäftigt sich mit der Frage, wie schon bei der Planung von Krankenhäusern sichergestellt werden kann, dass Patienten möglichst schnell – und damit auch kostensparend – genesen.

Am Zusammenhang zwischen Natur und Gesundheit setzt auch die Landschaftstherapie an, die in den 1990er-Jahren in den USA entwickelt wurde. Ihr Kerngedanke ist, dass Landschaften für die Gesunderhaltung von Körper, Geist und Seele von Bedeutung sind. Landschaften können therapeutisch sein, wenn sie mit physischer, mentaler und spiritueller Heilung assoziiert werden. Die Landschaftstherapie setzt den Menschen wieder mit der Natur in Verbindung und erforscht, welchen Einfluss bestimmte Landschaften auf unser Empfinden nehmen und welche körperlichen Reaktionen sie auslösen. Sie widmet sich darüber hinaus der Stärkung gesundmachender Faktoren (Salutogenese), zu denen die seelische Ausgeglichenheit ebenso wie Selbstvertrauen und die Sinnhaftigkeit unseres Tuns gehören.

Landschaften machen Eindruck – so oder so. Jeder Wanderer hat es schon einmal erlebt, dass unterschiedliche Landschaften unterschiedlich auf uns wirken. Gehen wir durch einen dunklen Wald (vielleicht noch bei einbrechender Dunkelheit), löst dies andere Gefühle in uns aus als beispielsweise ein Marsch durch unendliche Maismonokulturen in der Hitze eines Augusttages. Den Gang an einem plätschernden Bach mit einer weiten Aue erleben wir anders als einen Streckenabschnitt in einem engen Kerbtal oder gar einer Klamm.

Als besonders schön nehmen wir ein abwechslungsreiches Relief wahr mit Mulden, Senken, Schwellen, Rücken und Kuppen. Alles was in der Landschaft rund ist, zieht eine positive Reaktion nach sich, während gerade Linien eher abstoßen. Das mag daran liegen, dass gerade Linien in der Natur kaum vorkommen und fast immer menschengemacht sind. Wir assoziieren sie daher richtigerweise als unnatürlich und verweigern uns ihnen unbewusst. Über der idealen „runden" Landschaft steigert aufgelockerte Bewölkung noch den ästhetischen Genuss. Aus diesem Grund findet man Schönwetterwolken gern als dekorative Zugabe auf Kalenderfotos von Landschaften.

Landschaft ist immer auch ein Fest für die Sinne. Was man bei einem Gang durch einen Wald sieht, was man hört, unter den Füßen spürt und welche Düfte man wahrnimmt – das ist mehr, als man bewusst verarbeiten kann. Wälder rangieren in der Beliebtheitsskala von Wanderern zwar weit oben, sie stehen aber nicht auf der Top-Platzierung. Wir haben schon erfahren, warum das so ist. Wälder können auch bedrückend wirken, wenn es sich etwa um düstere Fichtenforste handelt, in denen jedes Leben erstorben scheint. Gleiches gilt für die durch die Flurbereinigung geschaffenen, ausgeräumten und vereinheitlichten Landschaften, die maschinengerecht zugerichtet sind. Was uns am meisten gefällt, man kann es nicht oft genug sagen, ist eine vielfältig differenzierte Offenlandschaft mit Wiesen, Gehölzgruppen, Ackerflächen, geschwungenen Wegen, Wasserläufen oder kleinen Seen. Die vergleichende Kulturforschung hat herausgefunden, dass die ästhetische Bevorzugung einer solchen Landschaft ein die ganze Menschheit verbindendes Element ist – was auf unser aller Ursprung in der ostafrikanischen Savanne zurückzuführen ist.

WANDERN UND GEMEINSCHAFT

Der Mensch ist ein soziales Wesen und geschaffen für den Austausch mit anderen Menschen. Natürlich macht es auch Freude, allein loszuziehen und sich in einer Art Gehmeditation vom Alltag und dem täglichen Trott zu entfernen, gedanklich und emotional zu sich zu kommen. Aber Wandern ist für viele Menschen auch ein wichtiges Gemeinschaftserlebnis. Das gilt insbesondere für jüngere Wanderer bis 34 Jahre.[17] Gerade Jüngere sagen: Alleine wandern ist doof. Also ziehen sie zusammen los.

Mitglieder einer Wandergruppe erfahren die Tour, die Landschaft und die Erlebnisse dabei als etwas Gleichzeitiges, das sie mit den anderen teilen können. Austausch und Geselligkeit spielen beim Wandern eine enorme Rolle. Man kommt miteinander ins Gespräch, hört einander zu und nimmt an dem teil, was den anderen beschäftigt. Nicht umsonst tun sich so viele Menschen in Wandervereinen zusammen. Dabei hilft Wandern auch ganz hervorragend gegen Einsamkeit. In einer Wan-

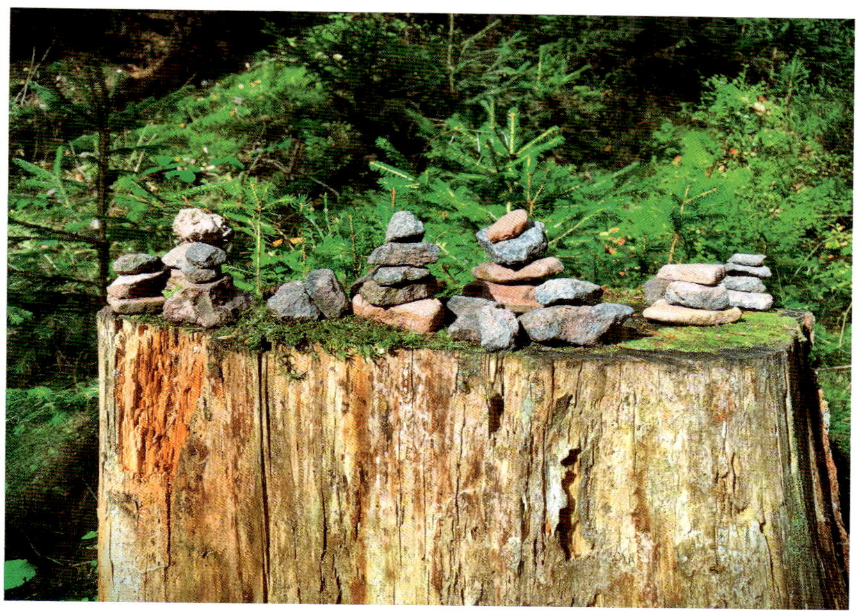

Kleine Steinmännchen dienen seit Jahrhunderten als Wegzeichen und helfen Wanderern vor allem in unwegsamem oder unübersichtlichem Gelände bei der Orientierung.

dergruppe sind schon manche Freundschaften geschlossen worden, und der ein oder andere hat dort sogar seine große Liebe gefunden.

Die Abneigung vieler Menschen, sich allein auf Wanderschaft zu begeben, hängt mit der Angst zusammen, sich nicht gut orientieren zu können. Es hat aber auch etwas mit der tief im Unterbewusstsein verankerten Überzeugung zu tun, die vor Urzeiten entstanden ist, nach der die uns umgebende Natur feindlich sei, sodass wir uns nur in einer Gruppe vor ihr schützen können. Wer in Gruppen wandert, hat es sicher schon beobachtet: Je schlechter das Wetter wird, desto ausgelassener ist die Stimmung in der Gruppe. Man lacht gemeinsam den Wettergott quasi aus. Aber es gilt auch: Je feindseliger die Natur, desto größer das Zusammengehörigkeitsgefühl in der Gruppe.

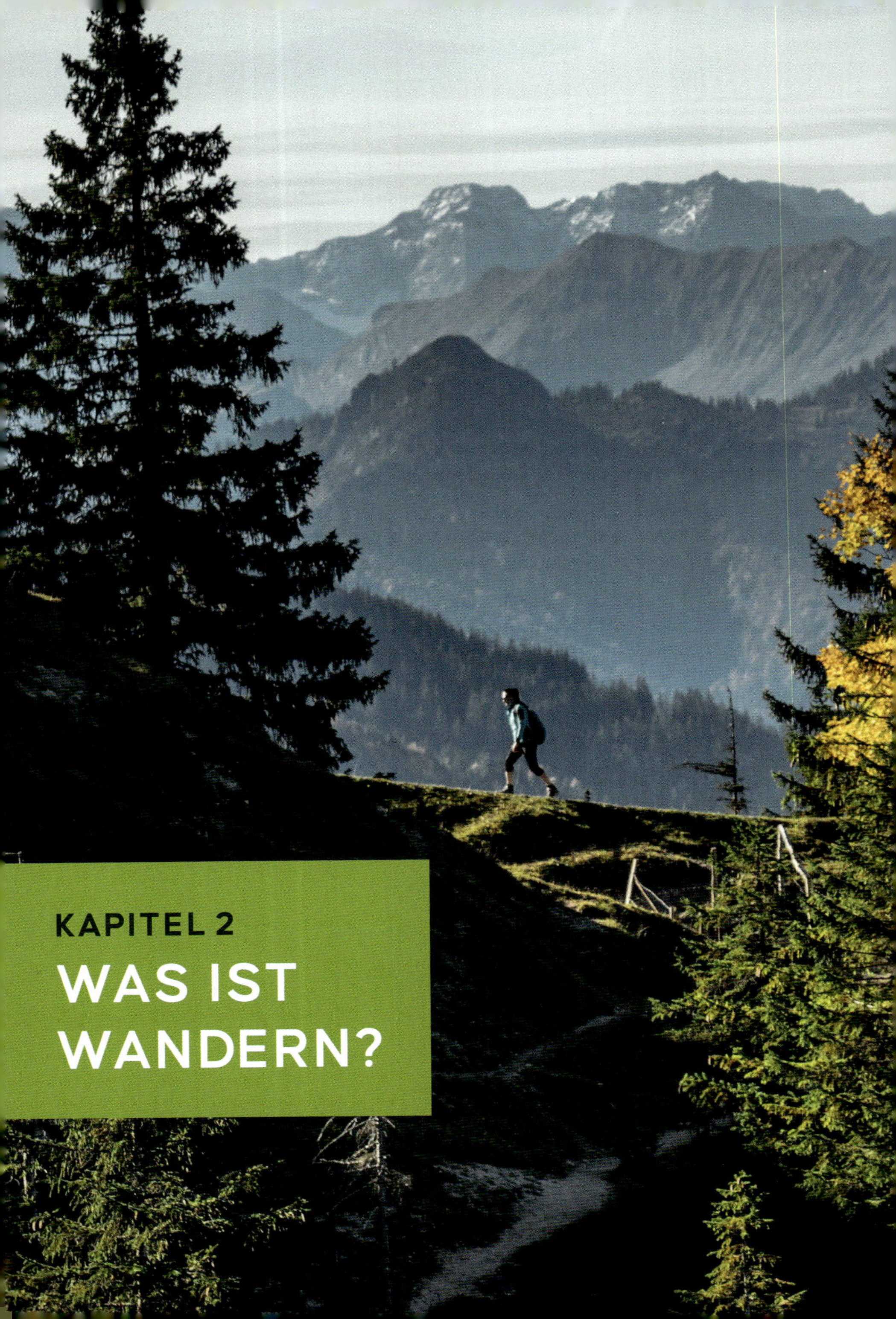

KAPITEL 2

WAS IST WANDERN?

ZU FUSS DIE NATUR ERLEBEN

Wie so vieles in Deutschland ist auch das Wandern gut erforscht. Der Deutsche Wanderverband (DWV), die Dachorganisation der deutschen Gebirgs- und Wandervereine, hat 2010 die im vorangegangenen Kapitel erwähnte „Grundlagenuntersuchung Freizeit- und Urlaubsmarkt Wandern“[18] in Auftrag gegeben, um so viel wie möglich zum Wandern herauszufinden. Das Phänomen wurde gedreht und gewendet und von allen nur denkbaren Seiten betrachtet. Diese Wanderstudie wurde durch das Bundeswirtschaftsministerium gefördert und als „Forschungsbericht Nr. 591“ vom Ministerium herausgegeben. Damit hat sie offiziellen Charakter, ihre Zahlen, Daten und Fakten sind quasi amtlich. Durchgeführt wurde die Studie vom Europäischen Tourismusinstitut der Universität Trier. Auf nicht weniger als 144 Seiten findet sich in Text und Grafik so ziemlich alles, was es zum Thema Wandern zu sagen gibt – auch eine Definition des Gegenstands der Untersuchung, wie es sich für eine wissenschaftliche Arbeit gehört.

Demnach wird Wandern definiert als „Gehen in der Landschaft“. Dabei handelt es sich, etwas präziser formuliert, um eine „Freizeitaktivität mit unterschiedlich starker körperlicher Anforderung, die sowohl das mentale wie das physische Wohlbefinden fördert. Charakteristisch für eine Wanderung sind:

- eine Dauer von mehr als einer Stunde
- eine entsprechende Planung
- Nutzung spezifischer Infrastruktur
- eine angepasste Ausrüstung“[19]

Der Begriff „Wandern“ wird im Tourismus und in der Freizeitforschung allerdings auch auf andere Fortbewegungsformen angewendet, die nichts mit „Gehen in der Landschaft“ zu tun haben. Beispiele: Radwandern oder Kanuwandern. Allen diesen Aktivitäten ist gemeinsam, dass es wie beim Wandern zu Fuß erstens um die Überwindung von Distanzen geht, dass sie zweitens ein Naturerlebnis darstellen und dass sie drittens in der Freizeit erfolgen, also keinen beruflichen Zweck erfüllen. Wir aber bleiben beim Kern des Wanderns, nämlich der Fortbewegung zu Fuß – und stehen sofort vor der Schwierigkeit, das Wandern vom Spazierengehen abzugrenzen. Auch Letzteres ist ja schließlich „Gehen in der Landschaft“. Doch wie unterscheiden sich Wandern und Spazierengehen?

Im Gegensatz zu einer Wanderung ist ein Spaziergang ungeplant, von kürzerer Dauer und benötigt keine besondere Ausrüstung, abgesehen vielleicht von einem Regenschirm. Auch ist die Motivation eine andere: Der Spaziergänger will sich die Beine vertreten und frische Luft schnappen, während der Wanderer seine Tour als ein Naturerlebnis und als körperliche Herausforderung ansieht.[20] Die Wanderstudie fasst diese Unterschiede sogar in exakte Zahlen:[21]

Merkmal	Wanderung	Spaziergang
Zeit	+/– 1/2 Tag	+/– 1 Stunde
Länge	+/– 13 km	wenige km
Geschwindigkeit	moderat bis zügig	gemächlich
Vorbereitung	Planung, Materialstudium	keine
Ausrüstung	Allwetterbekleidung, Gepäck, Verpflegung	Regenschirm, Mantel
Motive	Naturerlebnis, körperliche Herausforderung	Beine vertreten, frische Luft schöpfen
Aktionsraum	überwiegend ortsfern	überwiegend ortsnah

Die Tabelle aus der Wanderstudie des Bundeswirtschaftsministeriums zeigt die Unterschiede zwischen Wandern und Spazierengehen auf.

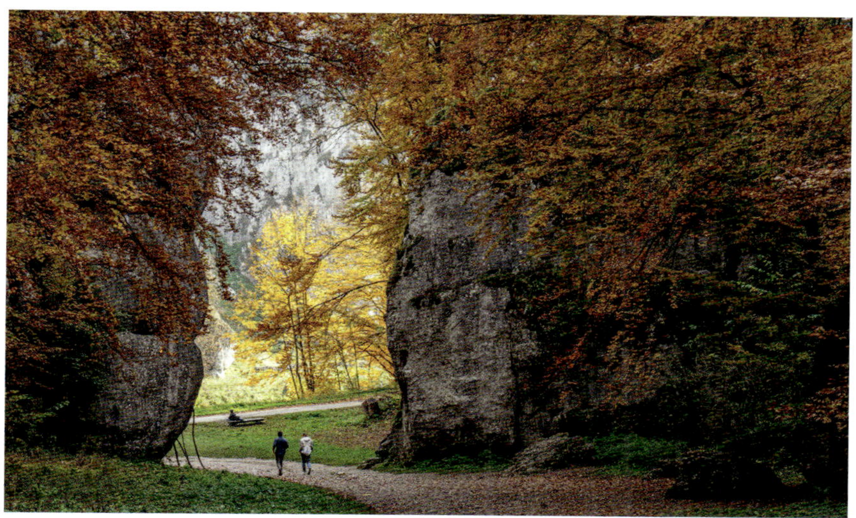

Spaziergänger in einem Park. Im Gegensatz zu einer Wanderung ist ein Spaziergang kürzer, ungeplant und erfordert keine besondere Ausrüstung.

Kulturgeschichtlich hat der Spaziergang eine nicht zu überschätzende Bedeutung, denn für diese Form der gedankenvollen Muße entwickelte das Zeitalter des Barock ganze Gärten und – auch in diesem Begriff steckt der Spaziergang – Promenaden. Im Französischen wird Spazierengehen *se promener* genannt. In Frankreich wurde auch die Figur des Flaneurs geschaffen, der in der hektisch gewordenen Welt der Industrialisierung und der explodierenden Metropolen im 19. Jahrhundert bewusst langsam und nachdenklich durch die Straßen der Städte streifte, andere Flaneure grüßend, und der sich bewusst abwandte von der Beschleunigung des Alltags. Manche trieben ihre Ablehnung der modernen Zeiten so weit, dass sie provokativ Schildkröten spazieren führten, neben der Schnecke der Inbegriffe des Behäbigen und damit ein Angriff auf den damaligen Zeitgeist.

Eine Spezialform des Flaneurs ist der Dandy, der körperbetonte Kleidung trug, um sich von den Konventionen der französischen Hofkultur abzuwenden. Heute wird kaum noch ein Spaziergänger von derartiger

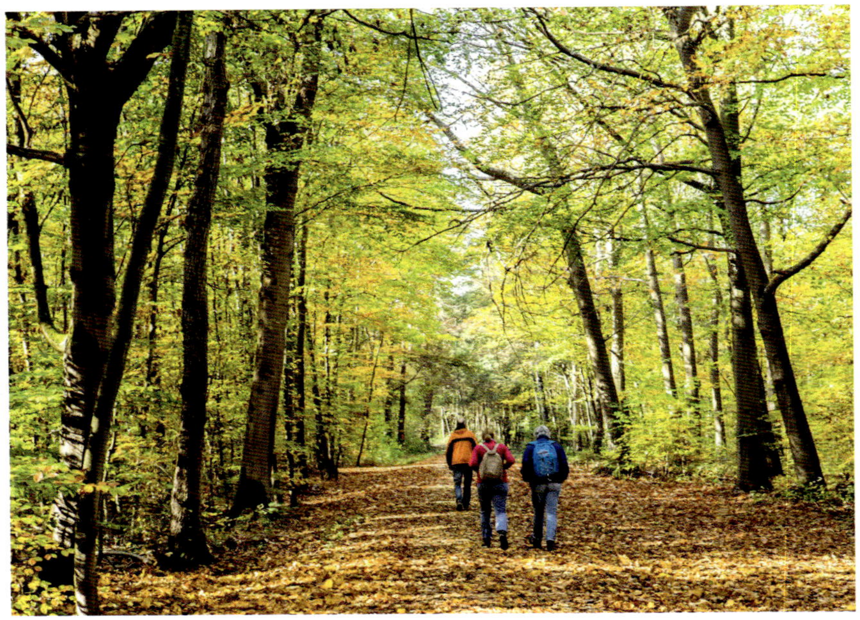

Idyllische Landschaften und gut gekennzeichnete Wege: Auch leichtere Touren haben ihren besonderen Reiz.

Extravaganz angetrieben. Die Spaziergänger sind unter uns, und wir selbst gehören doch alle ab und an zu dieser weit verbreiteten Spezies.

Während der Spaziergang als eine Form des „Gehens in der Landschaft" der Besinnlichkeit und der Erbauung dient – mit einst revolutionären Ansätzen im Flaneur- und Dandytum –, ist das Joggen genau das Gegenteil. Hier entwickelt sich aus dem Gehen das mehr oder weniger schnelle Laufen in der Landschaft. Und genau genommen ist es keine Fortbewegungsart, die dem Wandern verwandt ist, weil beim Joggen – anders als beim Wandern oder beim Spazierengehen – beide Füße zeitweise in der Luft sind. Beim Wandern haben wir stets Bodenkontakt, abwechselnd mit dem rechten und dem linken Fuß. Der Jogger hingegen fliegt nur so dahin, er hebt ab und überholt den Wanderer spielend. Während die Wanderwissenschaft den Wanderer bei einer

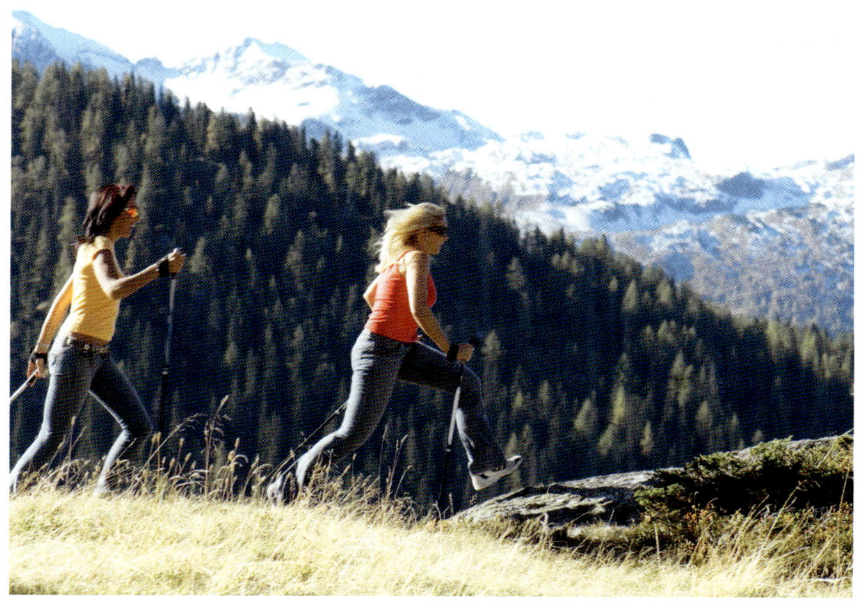

Nordic Walking macht gerade in den Bergen großen Spaß. Es unterscheidet sich vom Wandern durch die Geschwindigkeit und den Stockeinsatz.

durchschnittlichen Zeit von 15 Minuten pro Kilometer sieht, schafft der Jogger diese Distanz in der Hälfte der Zeit. Nicht wenige sind sogar noch schneller.

In Deutschland kam das Joggen bereits in den 1950er-Jahren auf, als der als „Laufdoktor“ bekannte Sportmediziner Ernst van Aaken das Rennen in der Natur populär machte. Damals wurde es freilich noch nicht Jogging genannt, sondern Dauerlauf oder Waldlauf. Der neuseeländische Arzt Arthur Lydiard holte in den 1960er-Jahren den Dauerlauf aus dem Wald heraus und verlegte ihn für alle sichtbar in die Straßen und Parks der Städte – das Jogging war geboren. Jogging und Wandern haben gemeinsam, dass sie die Ausdauer und damit das Herz-Kreislauf-System stärken. Wanderer müssen aber nicht neidisch den Joggern hinterher schauen, die sie überholen: Wir haben schon im vorangegangenen Kapitel gelernt, dass der Energieverbrauch pro Kilometer beim Wandern und beim Jogging nahezu identisch ist – nur dass Wandern weniger die Gelenke, Bänder und Sehnen beansprucht als Jogging.

Eine Abwandlung des Wanderns ist das Nordic Walking als Mischung zwischen Wandern und Jogging. Mit dem Wandern gemeinsam hat Nordic Walking den Einsatz von Stöcken – wobei diese hier zwingend vorgeschrieben sind, während beim Wandern eher die Vorlieben des Wanderers, die Geländebeschaffenheit und der Charakter der Tour ausschlaggebend dafür sind, ob man Wanderstöcke nutzt oder nicht. Die Ursprünge des Nordic Walking liegen im Wintersport, genauer im Skilanglauf. In den 1930er-Jahren probten deutsche Skilangläufer im Sommertraining den Stockgang, um sich in Form zu halten und mit Beginn der Wintersaison schneller wieder ins eigentliche Langlauftraining hineinzukommen. Das stockgestützte Gehen förderte die Kondition und Koordination. Bis in die 1990er-Jahre hinein blieb das Laufen mit Stöcken Spezialität einer Minderheit von Ausdauersportlern. Ungefähr ab Mitte der 1990er-Jahre fand es allerdings – ausgehend von Finnland – mehr und mehr Anhänger. Die Industrie entdeckte den Trend und produzierte nun auch spezielle Nordic-Walking-Stöcke. Der Begriff „Nordic Walking“ wurde erst 1999 kreiert.

Wie beim Wandern mit Wanderstöcken trainiert Nordic Walking nicht nur die unteren Extremitäten, sondern auch die Armmuskulatur, ja den gesamten Oberkörper. Nordic-Walking-Stöcke haben aber eine andere Funktion als Wanderstöcke. Während Letztere vor allem im steilen Gelände bergauf zum Abstützen und bergab zum Abfedern dienen, unterstützen Nordic-Walking-Stöcke den Bewegungsablauf als solchen. Dazu sind sie anders konstruiert: leichter und mit einer speziellen, die Handgelenke schonende Schlaufe versehen, die eine dämpfende Wirkung hat. Allerdings ist ihr Einsatz nicht ganz so trivial wie beim Wandern. Nordic Walking erfordert das Erlernen einer bestimmten Geh- und Grifftechnik, die in Kursen von speziell geschulten Instruktoren vermittelt wird.

Die Stöcke werden beim Walken in der sogenannten Kreuztechnik mit einem Winkel von etwa 60 Grad schräg nach hinten neben dem Körper aufgesetzt. Dabei kommt es auf das Öffnen und Schließen der Hand an.

Anders als beim Wanderstock, der niemals losgelassen wird, öffnet der Nordic Walker die Hände etwa ab Hüfthöhe beim Rückwärtsschwung des Arms. Damit man den Stock nicht verliert, wenn man ihn loslässt, verfügt der Nordic-Walking-Stock über die besagte Handschlaufe. Beim Vorwärtsschwung des Arms schließt man die Hand wieder ab Hüfthöhe, hebt den Stock aber nicht an – auch das ist ein Unterschied zum Wandern. Um den Griff leichter beim Vorwärtsschwung fassen zu können, ist er dafür besonders geformt.

Neben der richtigen Technik kommt es auf die passenden Stöcke an. Sie müssen auf die Körpergröße abgestimmt sein. Als Faustformel gilt: Körpergröße in Zentimetern multipliziert mit 0,66. Teleskopstöcke sind individuell einstellbar.

Als letzte Abwandlung des Wanderns sei noch das Marschieren genannt, das ebenso präzise definiert ist wie Spazierengehen oder Nordic Walking. Während Wandern Lust und Freude und Ausdruck von Freiheit ist, ist Marschieren in seiner ursprünglichen Form Dienst, Ausdruck von Einheit und Unterordnung. Marschieren ist eine *militärische* Gangart, obwohl der Begriff inzwischen auch im zivilen Kontext gebräuchlich ist. Im Zusammenhang mit dem Wandern kennen wir seine Extremform beispielsweise als 100-Kilometer-Marsch. Im eigentlichen Sinne hat der Marsch zwei Bedeutungen: zum einen als organisierte, gerichtete und absichtsvolle Bewegung einer militärischen Gruppe, zum anderen als militärisches Zeremoniell mit repräsentativer Funktion.

Der Marsch hat eine eigene Musikgattung hervorgebracht. Marschmusik zeichnet sich dadurch aus, dass sie im gleichen, meist zweiteiligen Takt das Marschieren im Gleichschritt ermöglicht. Bekannte Beispiele aus der militärischen Marschmusik sind der Dessauer Marsch, der Yorcksche Marsch von Ludwig van Beethoven, der Bayerische Defiliermarsch von Adolf Scherzer oder Des Großen Kurfürst Reitermarsch von Kuno Graf von Moltke. Marschmusik gibt es nicht nur beim Militär, sondern wir kennen ihn auch als Hochzeitsmärsche, Krönungsmärsche, Trauermärsche oder sogar aus dem Karneval als Narrhallamarsch.

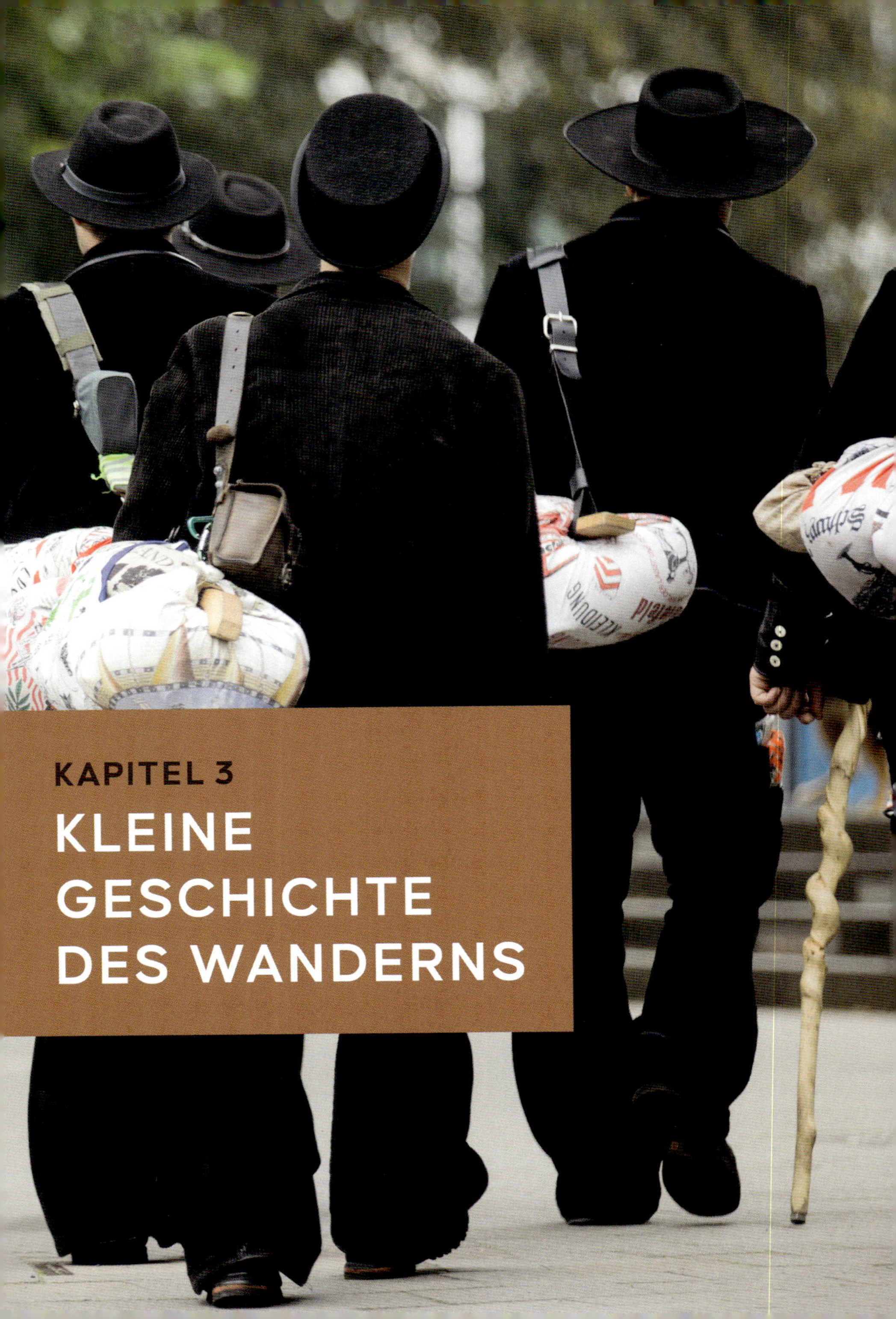

KAPITEL 3

KLEINE GESCHICHTE DES WANDERNS

VON DER VÖLKERWANDERUNG ZUM FREIZEITVERGNÜGEN

Über die Historie des Wanderns zu schreiben, ist nicht ganz einfach. Das Problem ist: Wo fängt man an – ab wann gilt zu Fuß unterwegs sein als Wandern? Einschneidend war sicher, als unsere Vorfahren die Bäume Afrikas hinabstiegen und begannen, sich auf dem Erdboden zu bewegen – und zwar in der ostafrikanischen Savanne, der Kinderstube der Menschheit. Warum unsere Ahnen den sicheren und angesichts des Nahrungsangebots auch reich gedeckten Tisch der oberen Waldstockwerke, an die sie perfekt angepasst waren, verließen und sich in die staubigen Ebenen aufmachten, ist bis heute nicht ganz geklärt. Eine Theorie besagt, dass durch tektonische Verschiebung in der Zone zwischen Erdmantel und Erdkruste die Gebirgszüge der Zentralafrikanischen Schwelle entstanden, wodurch die warmen, feuchten Westwinde nicht mehr in Ostafrika ankamen. Dies führte wiederum zum Verschwinden der dortigen tropischen Wälder – und mit ihnen der Lebensraum unserer baumbewohnenden Vorfahren.

Wie auch immer, eine Untergruppe der Großaffen, die Hominiden, stieg von den Bäumen herab und schaute sich in der Ebene um. Dieser Australopithecus africanus, wie ihn die Anthropologen nennen, entwickelte in einem Zeitraum von zehn bis 15 Millionen Jahren den aufrechten Gang. Dieser Vorgang war entwicklungsgeschichtlich geradezu eine Sensation und im Grunde genommen extrem unwahrscheinlich. Denn für den aufrechten Gang muss ein Säugetier, das sich vormals auf Bäumen mit allen Vieren bewegt hat, gänzlich umgebaut werden. Das Becken muss stabiler werden, um den neuen Körperschwerpunkt austarieren zu können. Die nunmehr aufgerichteten Oberschenkel müssen sich leicht nach innen biegen. Der Gleichgewichtssinn muss neu programmiert werden, um den Kopf auf der Spitze dieses wackeligen anatomischen Gestells zu halten, das sich mit aller Macht gegen die Gesetze der Schwerkraft stemmt. Der Pomuskel wird so stark ausgeprägt wie bei kaum einem anderen Säugetier, um die schreitende Bewegung der Beine zu ermöglichen.

Der aufrecht stehende Australopithecus africanus und seine Nachfolger konnten bald wilden Tieren selber nachstellen, wodurch sich eine ganz neue Nahrungsquelle erschloss: Fleisch. Diese Proteinbombe ließ durch ihre wertvollen Inhaltsstoffe das Gehirn dieses neuen Zweibeiners geradezu explodieren – mit mannigfaltigen Folgen: Er fing an, sich Gedanken zu machen, eine Sprache zu entwickeln und sozial zu interagieren wie sonst kein anderes Säugetier. Vor allem das Zusammenwirken von Auge, Hirn und Hand wurde zum Schlüssel für die Eroberung der Welt.

Seit 2,5 Millionen Jahren, seit der Entstehung der Gattung Homo, ist die Menschheitsgeschichte eine einzige Wanderung. Wir rückten dem Planeten zu Leibe und eroberten auch noch den letzten Winkel der Erde. Von Afrika ging es zunächst auf die Arabische Halbinsel, dann nach Europa, Asien und Australien, schließlich nach Amerika und mit einem kleinen Umweg über das heutige Kanada bis nach Feuerland. Dort, am letzten Fleckchen der weltweiten Besiedelung, kamen unsere Vorfahren vor 14.000 Jahren an.

Der Begriff „Völkerwanderung“, der für die unruhigen Jahrhunderte während der Endphase des Römischen Reichs benutzt wird, trägt das Wort „Wanderung“ in sich. Auch die Migrationsströme des 20. und 21. Jahrhunderts werden zuweilen aufgrund ihrer schieren Menge an Menschen immer wieder als moderne Völkerwanderung bezeichnet. Insofern sind wir seit Millionen Jahren auf Achse, wir wandern weiter und weiter.

Das Wandern im engeren Sinne als Freizeitbeschäftigung ist hingegen eine recht junge Angelegenheit. Sie begann erst vor gut 200 Jahren und hat so gar nichts mit Eroberungslust oder auch nur einer Notwendigkeit zu tun. Menschen mussten Jahrhunderttausende lang aus Gründen des Überlebens zu Fuß gehen – auf die Jagd, zur nächsten Wasserstelle, später auf Märkte, um ihre Waren feilzubieten oder um zur Arbeit zu gelangen. Mit Freude an der Bewegung hatte dies nichts zu tun, viel aber mit Mühsal. Wer unterwegs war, lebte gefährlich. Der Mensch suchte sich eher Wege durch die Natur als Wege zu ihr. Wälder und Berge waren keine Bedürfnisse, sondern Hindernisse.

Es ist erst wenige Jahrzehnte her, dass tägliche Fußmärsche zur Arbeit außer Mode kamen – auf dem Lande später noch als in der Stadt. Wandern als erquickliches Gehen in der Landschaft und als Selbstzweck ist eine Erfindung des 19. Jahrhunderts und auch einer ganz bestimmten sozialen Schicht. Dieses Wandern hat aber eine Vorgeschichte, die im Mittelalter beginnt. Sie wollen wir uns näher anschauen. Das, was wir heute unter Wandern verstehen, liegt einerseits in Pilgerreisen mittelalterlicher Christen, andererseits in der Walz von Handwerksgesellen begründet.

WURZELN DES WANDERNS I: PILGERN

Pilgern ist in allen Weltreligionen eine besondere Form der Beziehungspflege zwischen Mensch und Gott. Pilger sind Suchende, die sich aufmachen, um mit ihrem Gott Verbindung aufzunehmen, ganz gleich ob es sich um Christen, Moslems, Juden, Buddhisten oder Hindus handelt. Auch wenn das Pilgern in den Religionen unterschiedlich ausgeprägt ist, so hat es doch eine Gemeinsamkeit: Immer geht es um göttliche Kräfte, die der Pilger auf bestimmten Wegen oder an bestimmten Orten wahrnimmt und in sich aufnimmt. Dass die Pilgerschaft auch immer eine Reise zu sich selbst ist, haben alle großen Religionen gemein. Pilgern bedeutet nicht nur Fortbewegung in der physischen Außenwelt, sondern auch Introspektion und Veränderung seines Selbst. In Indien, das zahlreiche Pilgerorte kennt, werden diese Ziele von Pilgern *fīrtha* genannt, was so viel wie Furt bedeutet und die Idee der Wandlung ausdrückt, die hinter einer Pilgerreise steckt: Der Übergang von einem Ufer zum anderen symbolisiert den Übergang von einer alltäglichen und „unreinen" Art des Seins zu einem reinen, heiligen Leben.

Im antiken Judentum gab es drei Feste, die Anlass boten, nach Jerusalem aufzubrechen: das Wochenfest (*schavuot*), das Laubhüttenfest (*sukkot*) und das Befreiungsfest (*pessach*). Ziel der Reisenden zu den Pilgerfesten war der Tempel in Jerusalem, der im Jüdischen Krieg gegen die Römer (66–73 n. Chr.) zerstört wurde.

Im Islam ist die Pilgerfahrt (*hadsch*), die auf einen heidnischen Kult zurückgeht, neben dem Glaubensbekenntnis, dem Gebet, dem Fasten und der sozialen Pflichtabgabe eine der fünf Säulen, auf denen diese Religion ruht. Einmal im Leben sollen Muslime, sofern sie dazu körperlich und finanziell in der Lage sind, nach Mekka reisen. Während der *hadsch* tritt der Pilger in einen Zustand besonderer Reinheit ein und erlebt weltweite Solidarität.

Die christliche Wallfahrt – *wallen* bedeutet so viel wie gemeinsam hin- und herlaufen – war von Anfang an kein einheitliches Phänomen. Der lateinische Begriff *peregrinus* (Pilger) fand erst im 13. Jahrhundert für die Wallfahrt nach Santiago de Compostela Eingang in den allgemeinen Sprachgebrauch. Bis heute wird gelegentlich zwischen Pilgerschaft und Wallfahrt unterschieden: Der Pilger strebt einem Fernziel entgegen und ist in der Regel alleine unterwegs. Eine Wallfahrt wird von der katholischen Kirche organisiert und findet in einem definierten Rahmen für eine mehr oder weniger große Gruppe von Gläubigen statt. Ein Pilger ist ein Mensch, der dem Wortsinn nach seinen Weg „über den Acker" (*per ager*) geht, was Pilgern und Wandern ja durchaus gemeinsam haben. Im übertragenen Sinne steht das Wort *pilgern* für *wandern, unterwegs sein* oder auch *in der Fremde sein*.

Das Fremdsein ist ein wichtiges Merkmal des Pilgerns. Man begibt sich von zu Hause, von der eigenen Scholle weg in unbekannte Gefilde und steht damit in der Tradition Abrahams, Stammvater Israels, der dem Ruf Gottes gefolgt war und mit seiner Familie in die Fremde zog. Zunächst waren es im ausgehenden 3. Jahrhundert Wandermönche und Asketen aus Irland und Schottland, die ihr Leben lang durch West- und Mitteleuropa zogen und ihre einsame Pilgerschaft als Fremdsein auf Erden um Christi willen begriffen. Ein Ziel hatten sie nicht, außer dem der Wanderschaft an sich. Diese Bewegung hielt bis ins 12. Jahrhundert an.

Später umfasste die große Gruppe der Pilger fast alle Stände der mittelalterlichen Gesellschaft, also hoher und niederer Adel, Klerus und der dritte Stand, zu dem Bauern, Handwerker, Händler sowie Entwurzelte aller Art zählten. Pilgern war eine ernste, ja heilige Angelegenheit. Motive dafür waren die Erwartung auf erfahrbare Nähe zu Gott und den Heiligen sowie Heilung, Buße und Ablass von Sünden oder auch eine gerichtliche Strafe.

Anders als ein Wanderer heute machte sich ein mittelalterlicher Pilger nicht so einfach auf den Weg. Ein formelles Verabschiedungsritual mit feierlicher kirchlicher Segnung der Pilgerinsignien Tasche und Stab machten den Menschen erst zum Pilger. Für die Dauer ihrer Reise waren die Pilger Angehörige eines eigenen Standes, der sich durch Verzicht auf materielle Bindungen rechtfertigte. Bis zum Spätmittelalter trugen die meisten Pilger auch eine eigene Kleidung: weiter Mantel mit Skapulier und breitkrempiger Hut. In der Tasche hatten sie ein Empfehlungs- und Geleitschreiben eines Geistlichen, am besten eines Bischofs, in dem um Hilfe und Unterstützung gebeten wurde. Das war zu den damaligen Zeiten auch nötig. Für viele Pilger war es die letzte Reise, die sie in dieser Welt antraten. Sie starben, wenn nicht an Erschöpfung, Krankheiten oder Wetterkapriolen, so unter Umständen durch die Hand von Banditen oder Soldaten.

Die für Christen wichtigsten Pilgerorte waren im Mittelalter Jerusalem, Rom und das erwähnte Santiago de Compostela. Jerusalem, Ursprungsort des Christentums, galt mit dem Grab Christi als das wichtigste Pilgerziel. Den Weg nach Jerusalem begriffen die damaligen Pilger als Nachfolge Christi oder zumindest als Beten mit den Füßen. Als seit der Eroberung des Heiligen Landes durch die Mameluken 1291 Jerusalem für Europäer nicht mehr erreichbar war, waren es die Apostelgräber, die nun verstärkt Gläubige aus ganz Europa anzogen: Petrus und Paulus in Rom, der heilige Jakobus in Santiago de Compostela im äußersten Nordwesten Spaniens – Inbegriff eines beschwerlichen Weges ans Ende der Welt.

In ganz Europa entstand ein Pilgerwegenetz, das sich schließlich bündelte und als *ein Strang* von Puente de la Reina nach Santiago de Compostela führte. Die Wege wurden mit besonderen Wegzeichen markiert: Eine Jakobsmuschel wies den Weg nach Santiago, ein Schlüssel nach Rom und ein Kreuz nach Jerusalem. Es waren die Vorläufer der heutigen Wegzeichen, die jeden offiziellen Wanderweg markieren. Mit diesen Zeichen schmückten sich die Pilger auch selbst und erkannten so einander.

Die zu den Pilgerwegen gehörige Infrastruktur bestand aus Hospizen oder privat betriebenen Tavernen, in denen die geistlichen Wanderer übernachten konnten und verpflegt wurden. Das wiederum zog Wirte, Händler, Pilgerführer und Gaukler an, die aus den Bedürfnissen ihrer Kundschaft Gewinn zogen. Aus dem Bedürfnis der Pilger, eine Erinnerung mitzunehmen, entstand an den Wallfahrtsorten ein schwunghaftes Gewerbe rund um *Pilgerzeichen*. Noch heute stempeln Pilger, aber auch säkulare Wanderer gerne ihre Pilger- und Wanderbüchlein an den Orten ab, die sich besucht haben.

An vielen Abschnitten der Pilgerwege blühten weitere Kulte auf, in deren Mittelpunkt verehrungswürdige Reliquien standen. Nach und nach kamen regionale Wallfahrten hinzu, die häufig zu Marienheiligtümern, Gnadenbildern oder Orten mit Hostienwundern führten. In ganz Europa entstanden Wallfahrtskirchen. Die Pilgerströme brachten so etwas wie eine erste Tourismusindustrie hervor; viele Ortschaften entlang der Routen blühten wirtschaftlich auf, manche halfen auch bewusst nach, indem sie mindestens eine Reliquie vorhielten, um die zahlungskräftigen religiösen Besucher möglichst lange in ihren Mauern zu halten.

Seit 1993 ist der Jakobsweg auf seinem letzten, 700 Kilometer langen Abschnitt UNESCO-Weltkulturerbe, er gilt in der Wanderszene als Nonplusultra. Pilgern fördert das Staunen und die Freude an der Vielfalt der Menschen und Kulturen, denen man begegnet und der Regionen, die man durchmisst. Es ist eine besondere Form des Wanderns und hat einen festen Platz in der Wanderbewegung.

WURZELN DES WANDERNS II: DIE WALZ

Die zweite Wurzel des modernen Wanderns ist die Walz der Handwerker. Gingen die Pilger aus religiösen Motiven auf Wanderschaft, so taten es die Handwerker aus beruflichen Gründen. Denn die Zunftordnungen schrieben für das Gros der Handwerksgesellen ab dem 14. und vielfach bis ins 19. Jahrhundert hinein vor, sich eine Zeitlang auf Wanderschaft zu begeben, um in der Fremde bei anderen Meistern zu lernen. Die Walz nach dem Ende der Lehrzeit war über Jahrhunderte fester Bestandteil eines Handwerkerlebens und Voraussetzung für die Zulassung zur Meisterprüfung. Der Meistertitel wiederum führte zum Niederlassungsrecht in einer Stadt und eröffnete in einigen Zünften erst das Recht zur Heirat.

Die Walz war eine Form der Aneignung von technischer und arbeitsorganisatorischer *best practice*, also des Wissenstransfers, und damit der Innovationsförderung. Auch bedeutete sie einen gesellschaftlich gebilligten Ausbruch aus der umfassenden bürgerlichen Kontrolle. Das

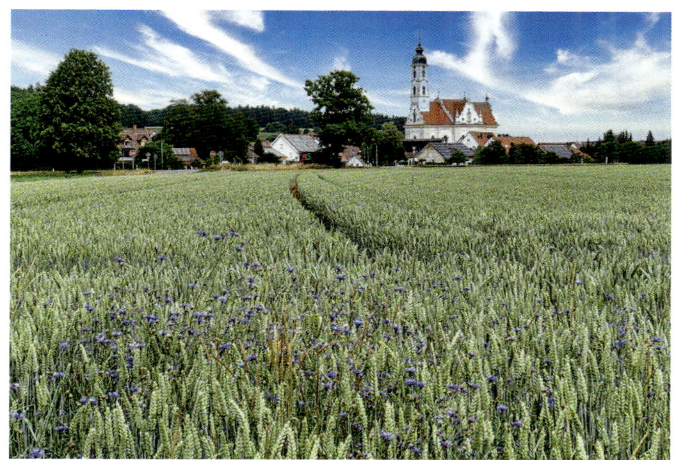

Wallfahrtskirche in Steinhausen bei Bad Schussenried

hatten die Handwerksburschen mit den Studenten gemein, denen ebenfalls einige Jahre Freiheit außerhalb der Enge der eigenen Herkunft zugestanden wurde. Zwischen drei und sechs Jahre lang durften die Handwerksgesellen nicht in ihre Heimat zurückkehren; die Walz dauerte im Minimum traditionell drei Jahre und einen Tag. Die Gesellen sammelten in dieser Zeit Lebenserfahrung, lernten neue Techniken, Sprachen und manch einer auch die große Liebe kennen. Erkennbar waren die Wanderburschen an der zünftigen Kluft ihres jeweiligen Gewerks, so wie es heute immer noch (oder schon wieder) die Zimmerleute tun. Die Walz wurde mit kleinstem Gepäck ausgeführt. Was die Handwerker mit sich führten, passte in ein ledernes *Felleisen*, eine Art Rucksack, oder wurde im *Charlottenburger* untergebracht, einem bunten Tuch, in dem sie ihr Werkzeug auf der Schulter trugen. Das Wichtigste für einen Burschen auf der Walz aber war sein Wanderbuch, in das er seine Notizen eintrug und in dem seine Meister ihre Zeugnisse hineinschrieben. Weil sie so bedeutend war für die technische und kulturelle Entwicklung, wurde die Walz 2015 ins immaterielle Welterbe der UNESCO aufgenommen.

Dass die Handwerker auf ihrer Walz zu Fuß gingen, versteht sich von selbst aus den sozialen Gegebenheiten der Zeit heraus. Ein reitender Handwerker wäre in der Standesgesellschaft des Mittelalters oder der Frühen Neuzeit undenkbar gewesen. Dass ausgerechnet die Müller fleißige Wandergesellen gewesen sein sollen, wie der 1821 entstandene Text des Volkslieds „Das Wandern ist des Müllers Lust“ vermuten lässt, ist übrigens ein Irrtum. Die Müller unterlagen lange Zeit gerade *nicht* der Zunftordnung und brauchten gar nicht auf die Walz zu gehen. Der Beruf des Müllers gehörte zu den ehrlosen Berufen, so wie der des Schäfers, des Kesselflickers oder des Baders. Ein Müller erbte die Mühle von seinem Vater und blieb zeitlebens bei ihm, was vielfach technische Stagnation und auch eine gewisse Verschrobenheit im Wesen nach sich zog. Viele Jahrhunderte lang waren die Müller, die oft weitab von den Dörfern in ihren abgelegenen Wasser- oder Windmühlen lebten, als finstere Gesellen verschrien, die allerdings manche Privilegien genossen. So wurden sie nicht zum Kriegsdienst eingezogen, weil Mehl ein Grundnahrungsmittel war und auch in Kriegszeiten zur Verfügung stehen musste. Mühlen waren eben systemrelevant. Sie wurden grundsätzlich vom Landesherrn betrieben und als Lehen an die Müller gegeben. Für die Bauern gab es den Mühlenzwang: Sie mussten ihr Getreide in einer bestimmten Mühle mahlen lassen und durften nicht zur Konkurrenz gehen, was nicht gerade zur Beliebtheit der Müller beitrug. Die hatten also ein sicheres Auskommen und eine Monopolstellung, was ihnen mancher Zeitgenosse neidete.

In den Versen des Volkslieds geht es daher auch gar nicht, wie man meinen könnte, um die Vertreter des Müllerhandwerks. Vielmehr stammen sie von dem deutschen Dichter Wilhelm Müller und wurden 1823 erstmals von Franz Schubert vertont. Die populäre Melodie, die die meisten Menschen im Ohr haben, wenn sie den Titel des Lieds hören, stammt von Carl Friedrich Zöllner aus dem Jahr 1844.

Erst im 19. Jahrhundert, als die überkommenen Zunftordnungen nach und nach außer Kraft gesetzt wurden, konnten auch die Müller auf Wanderschaft gehen. Nachdem die Walz fast ausgestorben schien, erlebt sie heute bei wachsendem Traditionsbewusstsein eine kleine Renaissance.

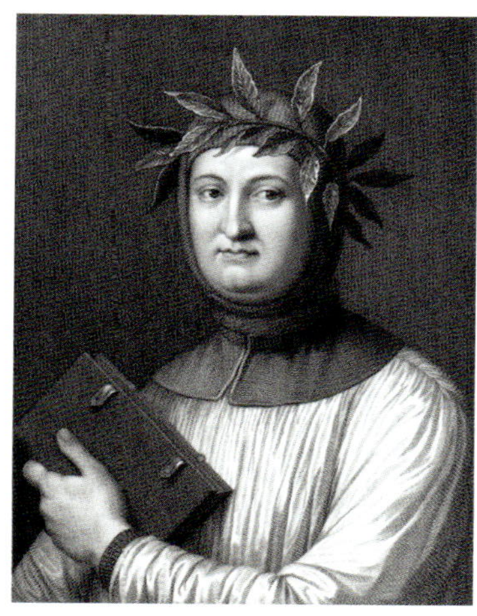

Francesco Petrarca (1304–1374) kann als der erste moderne Wanderer bezeichnet werden. Er bestieg 1336 den Mont Ventoux in Frankreich – aus reinem Spaß am Wandern.

WANDERN ZUR ERBAUUNG

Pilgerschaft und Walz sind natürlich genau genommen nicht unter die Definition des Wanderns als vergnügliche Form des Gehens zu subsumieren, weil sie einen Zweck *außerhalb* des eigentlichen Gehens verfolgten. Das Geburtsjahr des Wanderns in seinem modernen Sinne könnte man dennoch recht früh ansetzen, nämlich im Jahr 1336, als der italienische Dichter Francesco Petrarca (1304–1374) den 1.909 Meter hohen Mont Ventoux in der Provence bestieg, heute einer der legendären Anstiege der Tour de France. Er tat dies aus reiner Lust an der Freude und war, oben angekommen, beim Betrachten der Landschaft so beseelt von Glück, dass er sich – verstärkt noch durch die Lektüre der „Bekenntnisse" des Kirchenvaters Augustinus – der radikalen Subjektivität in der Dichtung verschrieb. Das Zusammenfallen von Naturerlebnis und Selbstwahrnehmung bedeutete für Petrarca eine geistige Wende: Er sah plötzlich die Welt nicht mehr wie seine mittelalterlichen Zeitgenossen als eine feindliche und für den Menschen verderbliche, die nur Durchgangsstation ins Jenseits ist. Vielmehr bekam die Welt nun in seinen Augen einen ganz eigenen Wert. Petrarca nahm damit ein Erlebnis vorweg, das auch den modernen Wanderer immer wieder überkommt, der sich auf einem Berggipfel, an einem See, auf einer Wiese plötzlich als eins empfindet mit sich und der Welt und der dankbar für die Schöpfung und ihre Schönheit ist, deren genießender Teil er sein darf. Insofern hat Petrarcas Wanderung, auch wenn sie eine frühe Ausnahme war, etwas ungemein Zukunftsweisendes, das den Bogen schlägt zu den ersten Wanderern, die sich zu diesem und nur zu diesem Zweck aufmachten: nämlich aus reiner Lust und Freude durch die Landschaft zu gehen.

Mit der Aufklärung im 18. Jahrhundert bildeten sich Naturerfahrung und Naturerlebnis heraus. An die Seite des rein zweckgebundenen Landschafts- und Naturbilds trat nun ein ästhetisch-emotionales Naturempfinden. Vor dem inneren Auge des aufgeklärten Menschen wurde aus Ödland Landschaft: Der „romantische Mensch“ war geboren, und mit ihm seine Auseinandersetzung mit der ihn umgebenden Landschaft und den Gefühlen, die diese auslöst. Idealtypisch wurde dieser romantische Mensch in den Werken von Jean-Jacques Rousseau dargestellt, der um 1750 begann, seine Heimat, die Schweiz, zu erwandern. Von nun an machten sich Dichter oder solche, die sich dafür hielten, auf den Weg und erlebten Landschaft und Natur auf zuvor nie dagewesene Weise. Wandern wurde eine Kulturtechnik, um die eigene Umwelt zu erleben.

Wanderlust fiel in eine Zeit, die als Romantik bekannt wurde und die ihren Ursprung in Deutschland hatte. Verklärt blickten die Romantiker auf die Natur, wandten sich von der Nüchternheit der Aufklärung ab und lieber einem idealisierten Mittelalter zu. Die Verherrlichung des Rheins begann in dieser Zeit. Die Landschaft wurde emotional aufgeladen. Alles was grün, gebirgig und vielleicht auch ein wenig unheimlich war, bekam nun eine „romantische“ Aura. Die deutschen Romantiker waren Zeugen der Industrialisierung, die ihnen die hässlichen Seiten des Fortschritts vor Augen führte: zischende und stinkende Dampfmaschinen, stickige Fabrikhallen, elende Quartiere der Arbeiterschaft, wachsende Städte, strenge Zeiteinteilung des Tages orientiert am Produktionsprozess, unerbittliche Arbeitsnormen und die ersten Zivilisationskrankheiten. Dagegen boten Waldeinsamkeit und Bergrücken den empfindsamen Wanderern des Bürgertums Ausgleich und Erholung.

Während die einen zu Beginn des 19. Jahrhunderts wanderten, um sich zu erbauen und Natur und Landschaft zu genießen, luden andere wie Friedrich Ludwig Jahn (1778–1852) das Wandern politisch auf. Jahn war ein national gesinnter Pädagoge, Publizist und Politiker. Ziel war die körperliche Ertüchtigung kräftiger, junger Männer zum Dienst am Vaterland. Aber es ging ihm eben nicht nur ums Turnen, sondern auch ums Wandern: Die Heranwachsenden sollten das Marschieren lernen.

WANDERN IM VEREIN

In Deutschland, diesem gut organisierten Land, konnte es nicht dabei bleiben, dass Menschen alleine, mit Freunden oder in der Familie zwanglos wanderten und die Landschaft und das Leben einfach nur genossen. Die Gründung von Vereinen schien hierzulande eine unausweichliche Konsequenz. Sie erst machten aus dem Wandern eine Bewegung. In den meist vom Bürgertum initiierten Vereinen fanden sich in der zweiten Hälfte des 19. Jahrhunderts Wanderfreunde zusammen, gaben sich Satzung und Regeln und betrieben das Wandern als eine tiefernste Sache. Nichts wurde dem Zufall überlassen.

Als erster deutscher Wanderverein wurde 1864 der Badische Schwarzwaldverein gegründet, 1868 folgte der Taunusklub, 1876 der Rhönklub, 1878 der Erzgebirgsverein und so weiter. Die Initiative ging häufig von örtlichen Honoratioren aus, etwa vom Bürgermeister, Pfarrer, Lehrer oder Apotheker. Reges Interesse hatten nicht selten auch die Gastwirte, die zusätzliches Geschäft witterten. Die neuen Vereine sahen es als Hauptaufgabe an, die Landschaft zu erschließen. Die Wegearbeit gehörte damals wie heute zum Kerngeschäft der Wandervereine. Zu Beginn des 20. Jahrhunderts überstieg die Länge des Wanderwegenetzes das der klassifizierten Straßen. Durch die Aktivitäten der Vereine bekamen insbesondere die Mittelgebirge nicht nur ein Netz von Wanderwegen, sondern von Anfang an auch eine Möblierung mit Bänken, Schutzhütten, Aussichtstürme und Brücken über Bäche, was die Attraktivität für die erholungssuchende Stadtbevölkerung steigerte. Lange Zeit als „öde" geltende Gegenden wurden plötzlich für viele Menschen attraktiv.

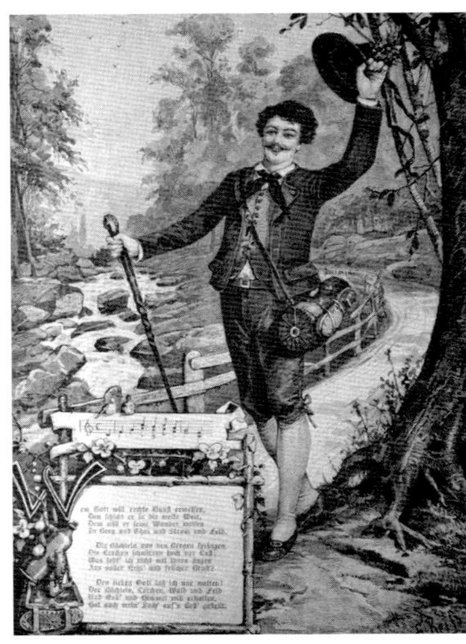

Fröhlicher Wandersmann, um 1886

Am 14. Mai 1883 schlossen sich nach einer Initiative des Taunusklubs aus dem Jahr zuvor beim Rhönklub in Fulda 15 dieser Wandervereine zum Verband Deutscher Touristen-Vereine zusammen, dem 11.000 Mitglieder angehörten. Heute ist der 14. Mai der jährliche „Tag des Wanderns". Der Verband setzte sich für ermäßigte Fahrpreise für Eisenbahnen und Dampfschiffe und für den Naturschutz ein. Auf ihrer Hauptversammlung 1888 in Frankfurt am Main bestimmten die Wanderfreunde das „Frisch auf" zu ihrem Gruß. Im Jahr 1900 machte der Verband den „Schutz der Naturschönheiten" zu seinem Ziel und bekannte sich damit auch zu dem, was wir heute Natur- und Umweltschutz nennen. 1908 behandelte die Hauptversammlung erstmals die Förderung des Schul- und Jugendwanderns, ein bis heute bedeutendes Thema für das institutionelle Wandern. Aus dem „Verband Deutscher Touristen-Vereine" wurde der „Verband Deutscher Gebirgs- und Wandervereine". Ihm gehörten 1908 bereits 60 Vereine und 165.000 Mitglieder an.

Die Wandervereine definierten sich von Anfang an nicht über die Zugehörigkeit zu einem politischen Raum, etwa einem Land innerhalb des Deutschen Reichs, sondern über Naturräume. Die Auseinandersetzung mit dem Thema Heimat erfolgte entlang von Mittelgebirgen oder

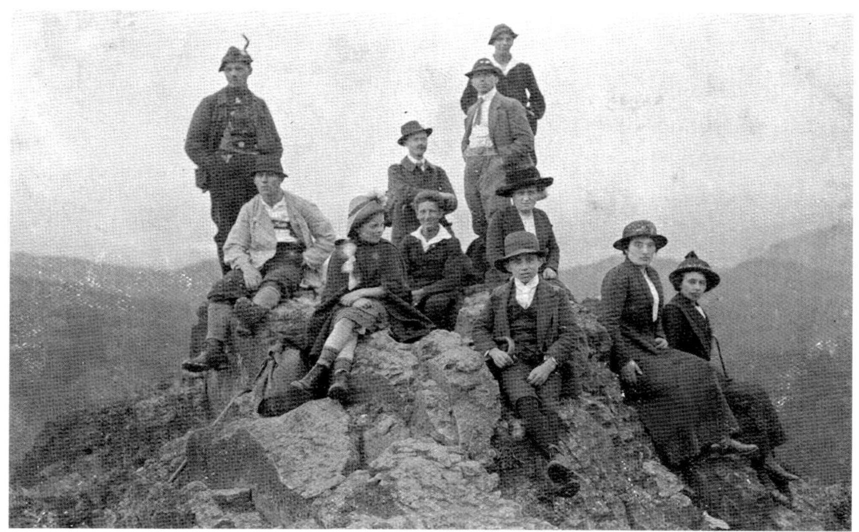

Wandern im Verein wurde für beide Geschlechter im ausgehenden 19. Jahrhundert populär: Eine Gruppe der Naturfreunde Cöln hat sich um 1910 für dieses Gruppenbild aufgestellt.

anderen Natur- und Kulturlandschaften. Das war neu und für die Menschen attraktiv. Es trug zu regionaler Identifikation und bürgerlichem Engagement bei.

Es wundert nicht, dass auch durch die Aktivitäten der Wandervereine in der zweiten Hälfte des 19. Jahrhunderts ein bis dahin weitgehend unbekanntes Phänomen vorangetrieben wurde: der moderne Tourismus. Es waren zunächst die Engländer, die fremde Länder als kommerzielle Reiseziele für sich entdeckten. In Deutschland galten vor allem das Rheintal und die Mosel als bevorzugte Destinationen, in den Alpen waren es die Schweiz und Österreich.

Die Lebensreform-Bewegung Ende des 19. Jahrhunderts befeuerte den Gedanken der Leibesertüchtigung. Diesmal ging es nicht um Wehrhaftigkeit wie zuzeiten des Turnvaters Jahn und der französischen Besatzung. Inzwischen hatte die Industrialisierung weite Teile Deutschlands erfasst, Arbeiter schufteten unter erbärmlichen Bedingungen in Fabriken, Werkstätten und Bergwerken und lebten unter katastrophalen hygienischen Bedingungen in engen, oft feuchten und stickigen Quartieren. Sie bekamen wenig Sonnenlicht und ernährten sich schlecht. In den Arbeitervierteln im Osten Berlins beispielsweise bestand die Wohnsituation aus der legendären „Stube und Küche", zwei winzigen Räumen, die sich nicht selten fünf, sechs oder mehr Menschen teilten. Nachts kam noch ein sogenannter Schlafgänger hinzu, ein Bursche, der sich nicht einmal ein Dach über dem Kopf leisten konnte und sich jede Nacht bei einer anderen Familie eine Schlafstatt mietete, wofür der Rest der Sippe noch enger zusammenrücken musste, denn das Geld wurde gebraucht. Die Fenster gingen auf enge und muffige Höfe, die Toiletten befanden sich für mehrere Parteien auf halber Treppe.

Kritik an der Industrialisierung und der Urbanisierung waren der Ausgangspunkt für verschiedene Bewegungen wie die Lebensreform, die unter anderem die Freikörperkultur und gesunde Ernährung förderte, aber eben auch sportliche Betätigung im Freien oder am offenen Fenster. Die verschiedenen Initiativen zur Verbesserung der Situation der Industriearbeiter traten auch für das Wandern ein. Körperliche Betätigung in der Natur galt als probates Gegenmittel zur Erschöpfung und zu den Krankheitsrisiken in den Fabriken und Wohnquartieren.

Ein neues Lebensgefühl machte sich breit, das nicht nur von den Wandervereinen und den Lebensreformern, sondern auch von der 1896 in Steglitz bei Berlin von Schülern und Studenten aus dem Bürgertum gegründeten Wandervogel-Bewegung kanalisiert wurde. Bewegungsdrang und Naturerfahrung blieben nicht allein jugendliche Schwärmerei, sondern prägten eine ganze Generation. Am Anfang der Wandervogel-Bewegung stand der Stenografielehrer Hermann Hoffmann, den ein frühes Wandererlebnis geprägt hatte: Als 15-Jähriger hatte er seinen Bruder und einen Klassenkameraden auf einer 18-tägigen Harzwanderung begleitet, und er ließ sich von diesem Erlebnis begeistern.

Der Wanderführer hieß bei den Wandervögeln sage und schreibe „Oberhäuptling". Ihm war unbedingter Gehorsam zu leisten. Die Bewegung erhielt 1901 eine satzungsgemäße Form und nannte sich nun offiziell „Wandervogel – Ausschuß für Schülerfahrten e.V." mit einem

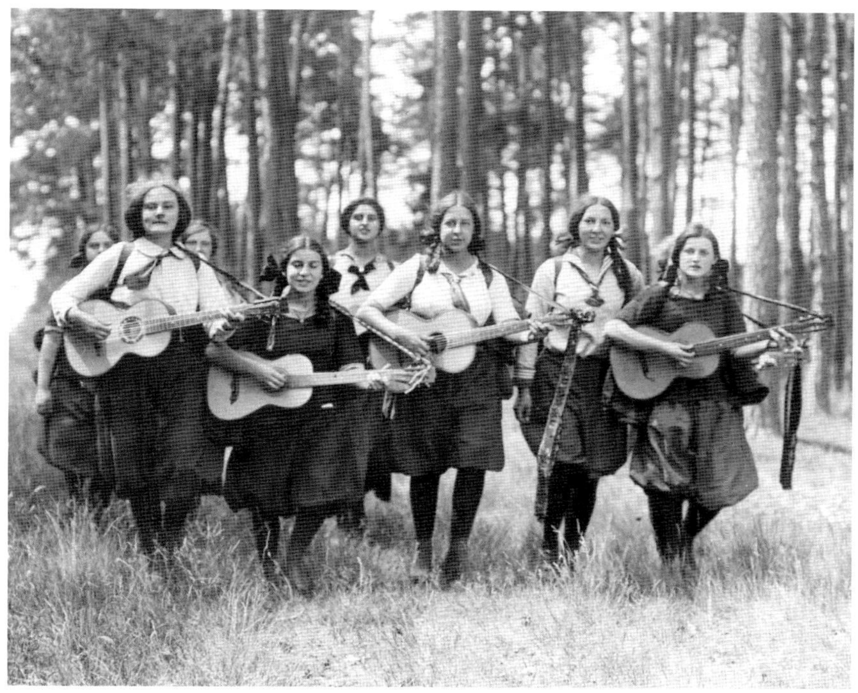

Eine Mädchengruppe der Wandervögel auf Tour im Jahr 1918

„Oberbachanten“ als Vereinsvorsitzenden. Damit hatte man gegenüber Eltern und Lehrern eine juristisch vorzeigbare Form. Seit 1907 schlossen sich auch Mädchen zu eigenen Wandervogel-Vereinen zusammen. Auf dem Höhepunkt hatte der Wandervogel rund 80.000 Mitglieder und war der größte Jugendverband Deutschlands.

Das gemeinschaftliche Wandererlebnis, das Musizieren und die zwangslosen Kontakte, die die Heranwachsenden knüpfen konnten, waren von großer Anziehungskraft. Nicht überschätzt werden darf für die Wandervogel-Bewegung die Bedeutung der Musik. Das offizielle Liederbüchlein „Zupfgeigenhansl“ war von 1909 an auf den Wanderungen ebenso unverzichtbarer Bestandteil wie die Gitarre und der gemeinschaftliche Gesang.

Im Ersten Weltkrieg und später im Dritten Reich wurden Aufbruchstimmung und Naturbegeisterung der Wandervogel-Jugend für politische und kriegerische Zwecke missbraucht. Die Nationalsozialisten verboten den Wandervogel. Er und die anderen Wandervereine gingen in die Hitlerjugend, die „Kraft durch Freude“-Bewegung oder den Bund Deutscher Mädel über. Nach dem Zweiten Weltkrieg lebte die Wandervogel-Bewegung in zwei Bünden mit jeweils mehreren Hundert Mitgliedern neu auf: im „Nerother Wandervogel“, benannt nach einer Burgruine in der Eifel, und im „Zugvogel – Deutscher Fahrtenbund“.

Fast zeitgleich mit dem Wandervogel entstanden 1895 in Wien die Naturfreunde, die sich auch nach Deutschland ausdehnten und wichtiger Teil der Arbeiterbewegung wurden. Heute verstehen sie sich als international tätige, sozialistisch geprägte Umwelt-, Freizeit- und Tourismusorganisation und gelten mit 350.000 Mitgliedern als eine der größten NGOs hierzulande. Ihr Verdienst liegt vor allem darin, mit den in Gemeinschaftsarbeit errichteten Naturfreundehäusern wandernden Jugendlichen und Familien eine preiswerte Unterkunft zu bieten.

Zu Beginn waren es auch die Wandervereine, die – zumindest in den Sommermonaten – Unterkünfte für vorzugsweise junge Wanderer einrichteten. Diese Herbergen spielten eine herausragende Rolle in der Wandergeschichte. Denn sie ermöglichten ebenso wie die Naturfreundehäuser Wanderern günstige Übernachtungen und Verpflegung. Mehrtagestouren wurden auf diese Weise auch für weniger begüterte Schichten möglich.

Im Jahr 1919 gründete sich das Deutsche Jugendherbergswerk. Die Idee der Jugendherberge lag so nahe und war so folgerichtig, dass sie sich schnell verbreitete. 1921 gab es bereits 1.300 Jugendherbergen, 1928 waren es sogar 2.200. Heute sind es weltweit 4.000. Ihnen gemeinsam ist das Eintreten für Frieden und Völkerverständigung durch interkulturellen Austausch.

Neben Vereinen und Herbergen brauchte es ein drittes Element, um das Wandern zur Massenbewegung zu machen: ein geeignetes Verkehrsmittel, um die vor den Toren der Städte liegenden Wandergebiete zu erreichen. Ohne die Eisenbahn ist das moderne Wandern nicht zu denken. Erst sie, die seit Mitte des 19. Jahrhunderts als innovativstes

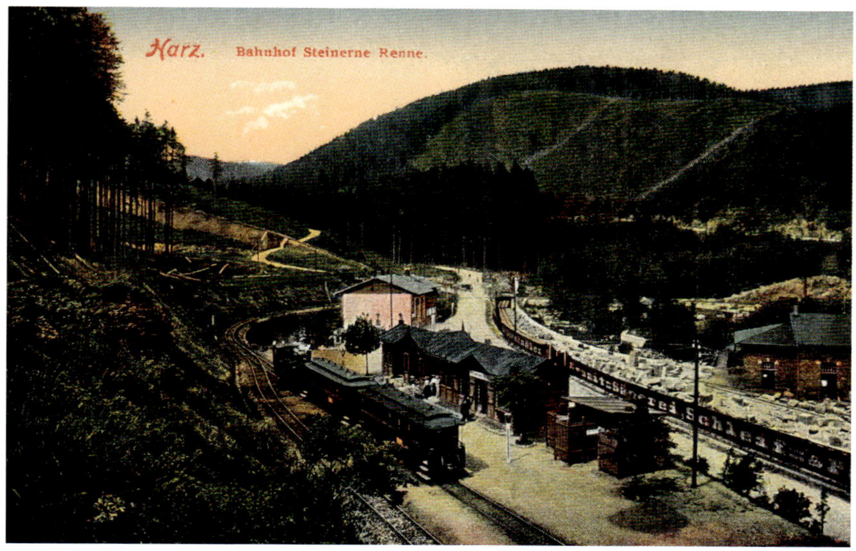

Die Eisenbahn und das Wandern gehören seit der zweiten Hälfte des 19. Jahrhunderts zusammen. Mit der Eisenbahn wurden die Mittelgebirge und andere Wanderlandschaften erschlossen. Die kolorierte Postkarte von 1907 zeigt den Bahnhof Steinerne Renne im Harz.

Verkehrsmittel ihrer Zeit immer mehr Regionen Deutschlands erschloss, ermöglichte es, sich – schneller als ein Mensch zu Fuß oder zu Pferd unterwegs sein kann – von einem Ort zum anderen zu bewegen. Die Hauptstrecken waren bis Anfang der 1880er-Jahre fertiggestellt. Zu dem Zeitpunkt gab es schon 32.000 Bahnkilometer in Deutschland (zum Vergleich: das Streckennetz der Deutschen Bahn betrug im Jahr 2022 etwas mehr als 38.000 Kilometer). Dieses Netz verdichtete sich in den Folgejahren durch den Bau zahlreicher Nebenstrecken und Kleinbahnen.

Großen Einfluss auf den Wandertourismus hatte die Einführung der Sonntagsrückfahrkarte, die die Preußischen Staatsbahnen 1896 erstmals auf den Markt brachten, stark unterstützt vom Verkehrsausschuss des Verbands Deutscher Gebirgs- und Wandervereine. Sie sollte eine bessere Auslastung der am Sonntag bis dahin mehr oder weniger schlecht

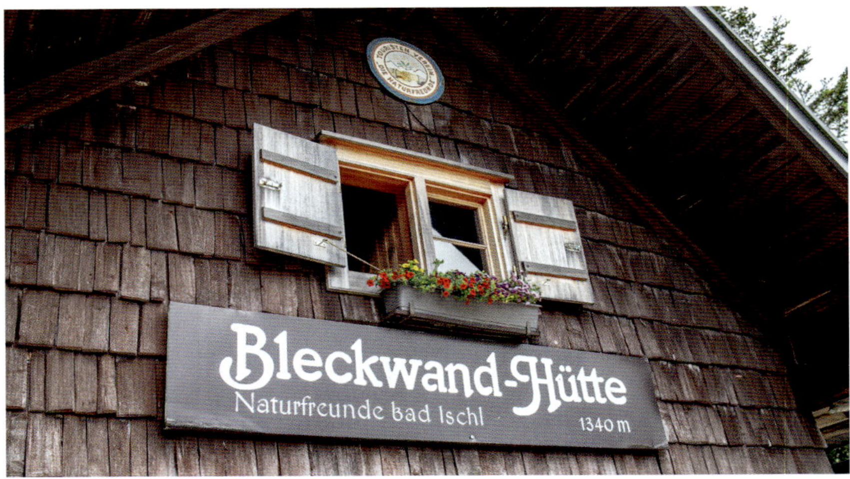

Die Naturfreundehäuser boten wandernden Familien und Jugendlichen eine Unterkunft - und tun dies bis heute.

besetzten Züge bringen und wurde mit einer Ermäßigung von bis zu 50 Prozent angeboten. Die Sonntagsrückfahrkarte wurde nur in den Städten verkauft, weil man sich hier den größten Absatz erhoffte. Und tatsächlich waren es ja die Städter, die es am Wochenende – das sich damals auf den Sonntag beschränkte – in die Natur hinauszog.

Im Ersten Weltkrieg abgeschafft, wurde die Sonntagsrückfahrkarte 1921 erneut eingeführt – und war beliebter denn je. Während vor dem Krieg in Deutschland pro Einwohner 0,4 Fahrten mit Sonntagsrückfahrkarten erfolgten, waren es 1928 nicht weniger als 2,6 Fahrten.[22] Allein zwischen 1924 und 1926 verdoppelte sich die Zahl der Bahnfahrer mit der Rabattkarte von 54 auf 112 Millionen im Jahr.[23] Hinter dieser Zahl steckten nicht nur Wanderer, sondern auch Badeausflügler im Sommer und Skifahrer im Winter. 1924 wurde die Sonntagsrückfahrkarte auch für Fahrten vom Land in die Stadt zugelassen, was nun der Landbevölkerung touristische Fahrten in die Städte oder Verwandtenbesuche ermöglichte. Besonders attraktiv für Wanderer war die Möglichkeit, mit der Fahrkarte an einem Bahnhof aus- und in einem anderen wieder einzusteigen. Dazwischen ließen sich auf immer besser markierten Wanderwegen Streckenwanderungen realisieren. Dass Wanderer eine attraktive Zielgruppe für die Eisenbahn waren, zeigt sich daran, dass an attraktiven Zielorten besondere Serviceleistungen angeboten wurden, wie etwa Aushänge mit Wetterprognosen oder die Möglichkeit, auch Bergbahnen zu benutzen.

Die Zahl der Wandervereine wuchs und wuchs. Im 1931 wählte der Verband Deutscher Gebirgs- und Wandervereine die stilisierte Tanne zu seinem Logo. Sie ist es bis heute geblieben.

WANDERN UNTERM HAKENKREUZ

Wandern, Erholung und Urlaub galten in der Zeit des Nationalsozialismus von 1933 bis 1945 als Gemeinschaftserlebnisse in der organisierten Freizeit, mit der die Volksgemeinschaft gestärkt werden sollte. Gerade das Wandern war für die Nationalsozialisten eine wertvolle Form der Freizeitgestaltung. Und so griffen sie nach den Wandervereinen – mit schlimmen Folgen. Im Juli 1933 forderte der kommissarische Führer des Reichsverbands Deutscher Gebirgs- und Wandervereine, der hessische Staatspräsident Ferdinand Werner, alle angeschlossenen Vereine auf, „Nichtarier und Marxisten“ auszuschließen. Gleiches galt für Juden. Der erste Vorsitzende eines Wandervereins oder sein Stellvertreter mussten Mitglied der NSDAP sein. Außerdem durfte es nur noch einen Verein pro Region geben.

Wandern diente in der durchmilitarisierten Diktatur der allgemeinen Ertüchtigung und der Körperkraft und somit der Wehrfähigkeit. Es passte auch gut in die deutsche Landschafts- und Heimatideologie. Die „Kraft durch Freude“-Bewegung und die Deutsche Arbeitsfront schufen vielfältige Angebote für Wanderausflüge und -urlaube. Andererseits war das Wandern in seiner nicht organisierten Form für den Einzelnen aber auch nach wie vor eine Möglichkeit, sich wenigstens gelegentlich der allgegenwärtigen Überwachung und Indoktrination durch die Diktatur zu entziehen.

Das Monopol für das Wandern mit Kindern und Jugendlichen besaß im Dritten Reich die Hitlerjugend. Die Jugendarbeit wurde den Wandervereinen entzogen. Ihre Jugendgruppen mussten in die Hitlerjugend beziehungsweise in den Bund Deutscher Mädel überführt werden. Gewandert wurde nicht mehr in Freizeitkleidung, sondern in Uniform, und die Umgangsformen wurden an die des Militärs angepasst. Wanderungen sollten mehr als Freizeitbeschäftigungen sein – es ging um ideologische Schulungen.

WANDERN NACH 1945

Nach dem Zweiten Weltkrieg versuchten die Vereine in Westdeutschland, an die Zeit vor der Diktatur anzuknüpfen. Dies geschah relativ einfach, da die Westalliierten sie nicht als NS-Organisationen eingestuft hatten. In den Wäldern erklang nun wieder der 1888 eingeführte Wandergruß „Frisch auf" anstelle von „Heil Hitler". Im Jahr 1950 konstituierte sich in Königstein im Taunus der Verband Deutscher Gebirgs- und Wandervereine neu. Dem Verband gehörten zunächst 36 Wandervereine mit 165.000 Mitgliedern an. Der daraus hervorgegangene Deutsche Wanderverband versteht sich als Nachfolgeorganisation des Allgemeinen Deutschen Tourismusverbandes von 1888. Im Jahr 1952 gründete sich die Deutsche Wanderjugend mit 40.000 Mitgliedern.

Ob im Verein oder nicht, das Wandern blieb in den Nachkriegsjahren eine Lieblingsbeschäftigung der Deutschen. Nach den Schrecken des Krieges bot die Natur einen unschätzbaren Rekreationsraum und eine Rückbesinnung auf die in den zwölf Jahren des Dritten Reichs verloren gegangenen Werte. In den 1950er-Jahren trug zudem eine Reihe von Kinofilmen zur Wiederentdeckung der Heimat und zum neuen Wanderboom bei.

Während sich in der Bundesrepublik rasch die alte vielfältige Vereinsstruktur neu bildete, wurde die Wiederbegründung der Vereine in der DDR untersagt, wenngleich dort das Wandern genauso beliebt war wie im Westen. Organisierte Wandergruppen waren den neuen sozialistischen Machthabern suspekt. Wanderer konnten sich im Kulturbund oder im Deutschen Turn- und Sportbund (DTSB) organisieren, je nachdem, ob sie sich mehr für Kultur oder für den Sport interessierten. Jenseits der staatlichen Organisationen war aber auch in der DDR das

Wandern allein oder im Familien- und Freundeskreis eine geschätzte Freizeitbeschäftigung, zumal Auslandsreisen – anders als in der Bundesrepublik – nur sehr eingeschränkt möglich waren. Ein vorbildlich einfaches Wegeleitsystem führte von der Ostsee bis zum Erzgebirge durch die diversen Landschaften der DDR.

Im Westen verbanden die Vereine die Idee des Wanderns mit der der Völkerfreundschaft. 1969 entstand daraus die Europäische Wandervereinigung (EWV), in der zunächst Wanderer aus Deutschland, Frankreich, Belgien, Luxemburg und der Schweiz mitwirkten. Maßgeblich vorangetrieben wurde diese Initiative von deutscher Seite. Erster Präsident wurde Georg Fahrbach. Ihr Grundgedanke lautete: „Es ist besser, miteinander zu wandern als gegeneinander zu marschieren." Heute umfasst die EWV fast ganz Europa mit 50 Mitgliedsorganisationen aus 26 Ländern. Sie repräsentieren zusammen mehr als fünf Millionen Wanderer.

Die Wende von den 1950er- zu den 1960er-Jahren markierte eine Zäsur für die Wanderbewegung – statt Harz und Sauerland reisten die Deutschen im VW Käfer an die Adriaküste. Daher versuchte man in der Bundesrepublik, mit der Einrichtung von Wanderparkplätzen Motorisierung und Naturerlebnis miteinander zu verbinden. Tourismusorganisationen und Automobilclubs vereinbarten 1962 ein einheitliches System der Wanderwege-Beschilderung: Die Wanderwege bekamen analog zu Bundes- und Kreisstraßen Zahlen, die in runden Kreisen dargestellt wurden. Von den Parkplätzen sollte es zu Fuß in Wald und Flur weitergehen, ohne dass man sich verlief. Auch heute noch gibt es in Westdeutschland nummerierte Wanderwege, aber ihre Zahl nimmt ab.

Der Deutsche Sportbund nutzte den Schwung der Olympischen Spiele 1972 in München, um eine Trimm-dich-Bewegung anzustoßen, begleitet von dem lächelnden Maskottchen „Trimmy" und dem Bau von Trimm-dich-Pfaden im Wald. Der Waldlauf wurde zum Jogging, das Fahrrad bekam ein neues Image, das es zwar schon einmal kurz nach seiner Erfindung hatte, das aber wieder verloren gegangen war: mehr Sportgerät als Verkehrsmittel. Spätestens seit den 1980er-Jahren ist Bewegung eine Frage des Lebensstils. Individuelle Gesundheitsvorsorge ist seitdem ein breites gesellschaftliches Thema. Und in diesem Zusammenhang entdeckten viele Menschen auch das Wandern wieder neu.

Stark dazu beigetragen hat die in den 1980er-Jahren aufkommende Umweltbewegung. Die Erhaltung der Lebensgrundlage der Menschen rückte durch das Waldsterben ins Bewusstsein und machte Natur- und Umweltschutz zu einer Massenbewegung. Der Deutsche Wanderverband ist eine der ältesten Naturschutzorganisationen Deutschlands. In den 1970er-Jahren hat dies auch der Gesetzgeber anerkannt. Seitdem sind die Gebiets- und Wandervereine Naturschutzorganisationen im Sinne des Paragrafen 29 des damals neu geschaffenen Bundesnaturschutzgesetzes. Daraus ergibt sich ein nicht immer leicht zu bewältigender Spagat, denn Wanderer sind zugleich Naturschützer und Naturnutzer. In jedem Fall erleben Menschen wandernd Natur und biologische Vielfalt; Wanderer interessieren sich für das, was sie an Pflanzen und Tieren wahrnehmen, sie gehen achtsam mit ihrer Umgebung um und setzen sich für ihren Erhalt ein.

Als die Bundesversammlung am 23. Mai 1979 Karl Carstens zum fünften Bundespräsidenten wählte, konnte niemand ahnen, welche Bedeutung dieser CDU-Politiker für die Wanderbewegung haben würde. Carstens ging als „Wanderpräsident" in die Geschichte der Bundesrepublik Deutschland ein. In seiner Rede zum Amtsantritt am 1. Juli 1979 sagte er: „Ich meine, dass wir trotz aller Sorge um die Erhaltung der Umwelt und die Bewahrung der natürlichen Lebensbedingungen nicht übersehen sollten, welche Fülle landschaftlicher und kultureller Schönheiten Deutschland uns bietet. Wie ich mit Freude feststelle, nimmt die Wanderbewegung bei uns wieder zu. Ich möchte diese Bewegung auf das Wärmste unterstützen. Meine Frau und ich haben uns vorgenommen, wenn unsere Kräfte dazu reichen, Deutschland vom Norden bis zum Süden, von der Ostsee bis an den Alpenrand zu durchwandern."[24]

Carstens wurde dafür zunächst belächelt, aber dann lief er los: Am 11. Oktober 1979 starteten er und seine Frau Veronica in Hohwacht an der Ostsee dieses für einen Politiker einmalige Unterfangen. Am 4. Oktober 1981 kam das Paar in Garmisch-Partenkirchen an – nach zwei Jahren und 45 Tagesetappen mit insgesamt 1.130 Kilometern. Begleitet

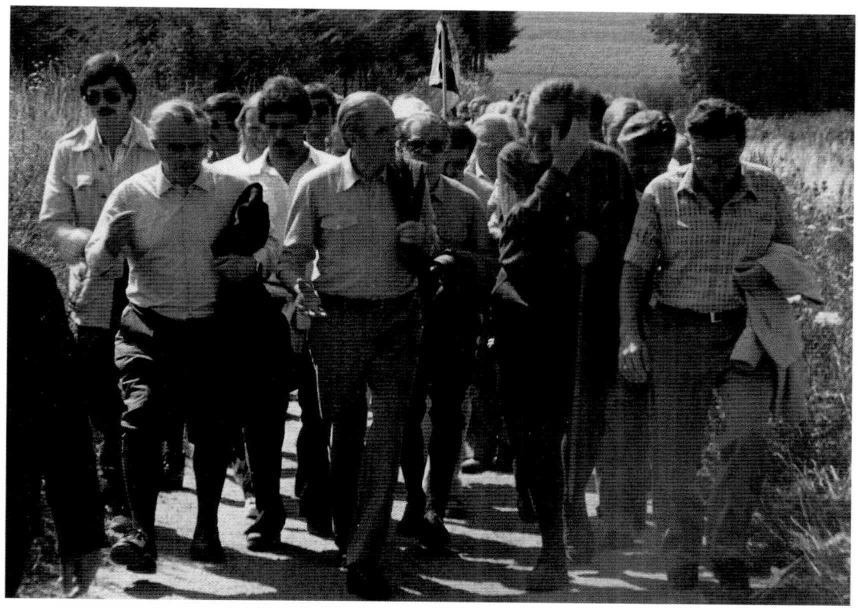

Bundespräsident Karl Carstens (Amtszeit 1979–1984) liebte das Wandern. Er durchquerte Deutschland von Nord nach Süd. Das Bild zeigt ihn 1979 beim Deutschen Wandertag in Trier.

wurde der Bundespräsident von Tausenden von Wanderern. Immer wieder suchte er das Gespräch mit den Bürgern. Carstens' Beitrag zu einer neuen Popularität des Wanderns war enorm. Wandern galt wieder als modern und als Ausdruck von Naturverbundenheit. Und da es das Staatsoberhaupt selbst tat, stand es auch für einen modernen demokratischen Patriotismus, in dem das eigene Land, die Heimat zu entdecken nichts Verstaubtes mehr hatte. Auch später schnürten Politiker immer mal wieder die Wanderschuhe. Ihre Botschaft lautete: Wer beim Wandern Ausdauer beweist, zeigt auch politisch Durchhaltevermögen und Durchsetzungsfähigkeit.

In den 1980er-Jahren waren vom Wandern mehr als 600.000 Mitglieder unter dem Dach des Verbands Deutscher Gebirgs- und Wandervereine überzeugt. Die in Vereinen organisierte Wanderbegeisterung erreichte in Deutschland ihren Höhepunkt. Nach der Wende 1989/90 konnten sich in den neuen Bundesländern nach 40 Jahren SED-Diktatur die traditionellen Wandervereine endlich wieder neu gründen, oder es entstanden Gruppierungen, die es vorher nicht gegeben hatte. Zuvor für Wanderer aus West und Ost verschlossene Sehnsuchtsorte wie der Brocken im Harz wurden geöffnet. Entlang der früheren innerdeutschen Grenze entstand ein einzigartiges Naturschutzprojekt, das Grüne Band, Deutschlands größter Biotopverbund von der Ostsee bis zum Dreiländereck bei Hof – zugleich ein attraktives, 1.400 Kilometer langes Wanderrevier. Truppenübungsplätze in Ostdeutschland wie die Döberitzer Heide westlich von Berlin wurden Naturschutzgebiete und durch neue Wanderwege erschlossen. Traditionelle Jakobswege wie der von Berlin nach Tangermünde an der Elbe konnten neu ausgewiesen werden. Westdeutsche Wanderer entdeckten die ostdeutschen Reviere, Ostdeutsche reisten erstmals in den Bayerischen Wald, den Schwarzwald oder auf die Schwäbische Alb, um wandernd zu entdecken, was es im Westen an Naturschönheiten gibt.

Seit 1998 gibt es eine bundesweit verbindliche Wanderführerausbildung, für die in allen Gebietsvereinen des Deutschen Wanderverbands die gleichen Rahmenrichtlinien gelten. Sein altbackenes Image hat das Wandern längst abgelegt. In der Zeit der Coronapandemie war während der Lockdowns der Jahre 2020 und 2021 Wandern eine der wenigen Freizeitaktivitäten, die trotz aller Einschränkungen noch möglich waren.

Forscher gehen davon aus, dass die Potenziale des Wanderns längst nicht ausgeschöpft sind.[25] Es ist möglich, dass noch mehr Menschen das Wandern für sich entdecken – zum Beispiel über das betriebliche Gesundheitswesen. Bis mindestens 2040 wird dem Wandermarkt aufgrund der demografischen Entwicklung in Deutschland und aktueller Trends im Hinblick auf Erhalt der Gesundheit und Rückbesinnung auf die Natur ein weiteres Wachstum bescheinigt. Von den 31 Millionen Nichtwanderern in Deutschland sollen 21 Millionen aktivierbar sein – eine gewaltige Zahl.[26] 20 Prozent der Deutschen wandern ganzjährig, also auch im Winter. Darin wird der große Vorteil des Wanderns deutlich. Die zweite bedeutende bundesweit attraktive gesundheitsorientierte Fortbewegungsart, das Fahrradfahren, kommt nämlich im Winter fast gänzlich zum Erliegen.

Weiteres Potenzial für das Wandern könnte in Barrierefreiheit und -armut der Wege und Angebote liegen. Hier gibt es noch viel zu tun. Da allerdings die Neigung zur Mitgliedschaft in einem Wanderverein sinkt und es andererseits hauptsächlich die Vereine sind, die die Wege instand halten, tut sich hier ein Problem auf. Dies betrifft das Wegemanagement insgesamt. Geht die Mitgliederzahl der Wander- und Gebirgsvereine weiter zurück, wird dies früher oder später Auswirkungen auf die Wanderwegeinfrastruktur haben. Dies könnte den Wachstumstrend beim Wandern bremsen. Die Vereine haben das Problem erkannt und halten in unterschiedlich starkem Maße dagegen – etwa mit der Gestaltung innovativer Angebote für Familien, Kinder und Jugendliche, mit neuen Initiativen im Ehrenamt und mit der Zusammenarbeit mit regionalen Tourismusorganisationen.

Heimatnahe geografische Räume führen zu einer Rückbesinnung auf das Vertraute, aber auch das Vergessene. Wandern fördert den Blick für biologische, ökologische, geografische und historische Zusammenhänge. Es ist Ausdruck hoher Individualität und Eigenverantwortung für Körper und Seele. Daher passt Wandern zu einem Lebensstil, in dem sich immer mehr Menschen fragen, wer sie eigentlich sind und was die Welt ihnen bedeutet. Viele haben bereits jetzt wandernd in der Natur ihre ganz persönliche Antwort darauf gefunden.

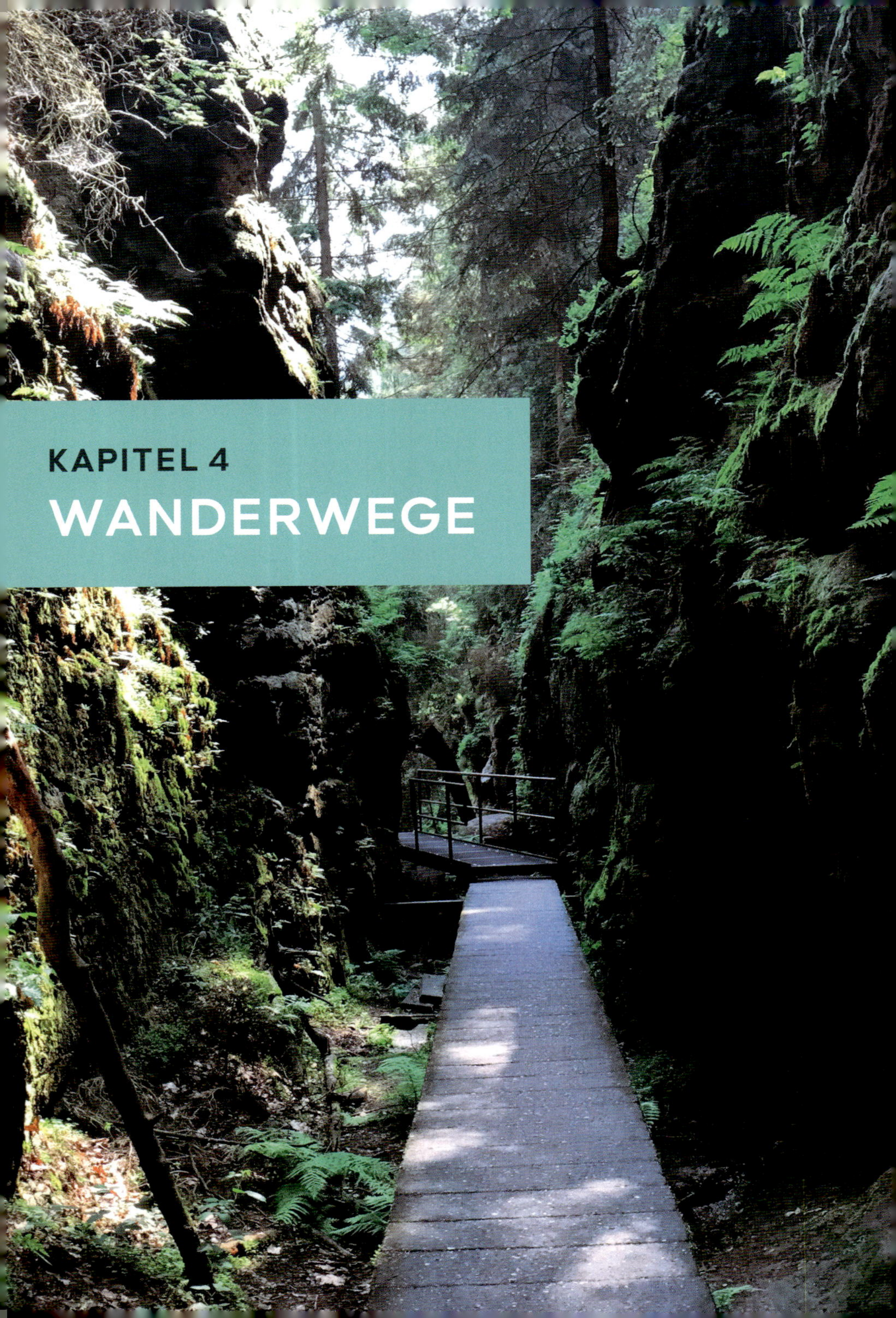

KAPITEL 4

WANDERWEGE

WAS IST EIN WANDERWEG?

Wanderwege sind mit Wegzeichen markierte Fußwege, die das Wandern auf attraktiven Strecken oder zu besonders ausgewiesenen Zielen ermöglichen. Diese Wege dienen vorwiegend der Erholung und liegen weit überwiegend außerhalb von Ortschaften. Sie können bewusst angelegt worden sein oder sich durch allgemeinen Gebrauch über lange Zeit, zum Teil über Jahrhunderte, entwickelt haben. Mit Gründung der deutschen Gebirgs- und Wandervereine im 19. Jahrhundert wurden Wanderwege gezielt angelegt. In manchen Orten entstanden Verschönerungs- oder Verkehrsvereine, die ihrerseits Wegenetze zum Wandern auswiesen und pflegten.

Ein Wanderweg im Flachland oder den Mittelgebirgen ist zumeist vom allgemeinen Verkehr getrennt. Allerdings gibt es auch Abschnitte, die zugleich der Forst- oder Landwirtschaft dienen und durch Duldung des Wegeeigentümers oder im Rahmen des Gemeingebrauchs zur Benutzung freigegeben sind. Wanderwege erfordern in der Regel festes Schuhwerk und witterungsangepasste Kleidung. Nicht überall bestehen Einkehrmöglichkeiten. Bei schlechtem Wetter kann Rutsch- oder Schneebruchgefahr bestehen. Gelegentlich sind an Wanderwegen Schutzhütten zu finden, in denen sich ein Regenguss abwarten lässt.

Bergwanderwege stellen höhere Anforderungen an den Wanderer. Sie erfordern Trittsicherheit, Ausdauer, zuweilen auch Schwindelfreiheit. Kälte-, Nässe- und Sonnenschutz sind hier neben Bergschuhen unbedingt erforderlich. Auf Bergwanderwegen besteht aufgrund des alpinen Geländes eine größere Gefahr von plötzlichen Witterungseinbrüchen, da sie ausgesetzter sein können und Schutzhütten selten sind. In den Alpen gibt es ein von den Alpenvereinen der Anrainerstaaten unterhaltenes Netz von bewirtschafteten Hütten, die als Ziele von Wanderungen oder als Zwischenstationen dienen können. Dort kann man essen und übernachten. Der Deutsche Alpenverein unterhält etwa 30.000 Kilometer Wander- und Bergwanderwege. Eine Sonderform des Bergwanderwegs ist der alpine Steig, der über wegloses Gelände wie Geröllhalden oder Schneefelder und Kletterstellen führen kann. Alpine Steige erfordern Bergerfahrung und ein besonderes Können. Die

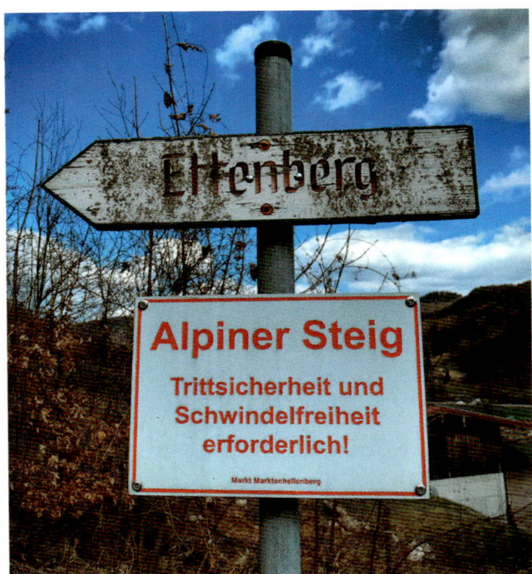

Alpiner Steig bei Berchtesgaden

Gefahr von Lawinen ist auf alpinen Steigen noch größer als auf Bergwanderwegen.

Wander- und Bergwanderwege untergliedern sich in Deutschland in einen ganzen Strauß von Kategorien, die im Folgenden vorgestellt werden sollen. Im Ausland, beispielsweise in Skandinavien, sind Wanderwege häufig informelle Wege, Trampelpfade, Wildwechsel oder andere Wege, die keinerlei Auszeichnung tragen. Sich auf ihnen fortzubewegen, erfordert Kenntnis im Gebrauch von Karte und Kompass oder GPS. Darauf kommen wir in Kapitel 9 zurück.

Wanderwege führen sehr oft durch empfindliche Natur. Deshalb sind Wanderer gehalten, auf den Wegen zu bleiben, um die Pflanzen und Tiere jenseits des Wegrands zu schonen. In Deutschland gibt es verwirrend viele Wanderwege – womöglich zu viele, weswegen viele Wandervereine und Tourismusorganisationen bemüht sind, ihre Zahl zu verringern, die verbleibenden aber optimal zu markieren und zu unterhalten. Beim Sauerländischen Gebirgsverein gilt beispielsweise die 2 : 1-Regel: Für jeden neuen Wanderweg fallen zwei alte weg.

RUNDWANDERWEGE

Rundwanderwege führen den Wanderer an den Ausgangspunkt zurück und lassen sich sowohl im Uhrzeigersinn als auch gegen den Uhrzeigersinn gehen. Der Ausgangspunkt ist frei wählbar, aber häufig gibt es einen definierten Start- und Zielpunkt, der mit Verkehrsmitteln leicht zu erreichen ist: ein Wanderparkplatz zum Beispiel oder eine Bahnstation. Beliebte Rundwanderwege sind Seeumrundungen, die beträchtliche Längen aufweisen können. Der Bodensee-Rundweg ist beispielsweise 275 Kilometer lang und kann in elf Tagesetappen absolviert werden.

Gruppen von Rundwanderwegen werden zuweilen unter einem einheitlichen Label zusammengefasst und sollen die touristische Attraktivität einer Region steigern. Ein Beispiel hierfür sind die sogenannten Traumschleifen, die sich in der Nähe des Saar-Hunsrück-Steigs befinden und ein Gebiet von der Obermosel bis zum Mittelrhein und von der Mittelmosel bis zur Nahe abdecken. Sie wurden in dieser Region in landschaftlich besonders schönen Gegenden angelegt, sind mit einem einheitlichen Wegesymbol gekennzeichnet und gut erreichbar. Touristiker bezeichnen sie als „unverlaufbar“. Asphaltierte Abschnitte sind auf Traumschleifen selten zu finden, stattdessen herrschen schmale Wege und Trampelpfade vor. Insgesamt gibt es 111 Traumschleifen. In der Eifel fallen die Heimatspuren in die Kategorie einheitlich vermarkteter Rundwanderwege. Inzwischen gibt es mehr als 40 solcher Heimatspuren rund um Daun in der Vulkaneifel. Auch andere Regionen haben entsprechende Konzepte entwickelt, zum Teil mit einer Bucketlist, auf der Wanderer die absolvierten Rundwanderwege abhaken können.

Eine Sonderform des Rundwanderwegs ist der Lassoweg. Ihn zeichnet ein Zuweg aus, beispielsweise aus einer Ortschaft heraus. Der Zuweg wird zum Rundwanderweg, das Ganze hat die Form eines Lassos. In der Konsequenz muss der Zuweg auf dem Hin- und Rückweg gewandert werden.

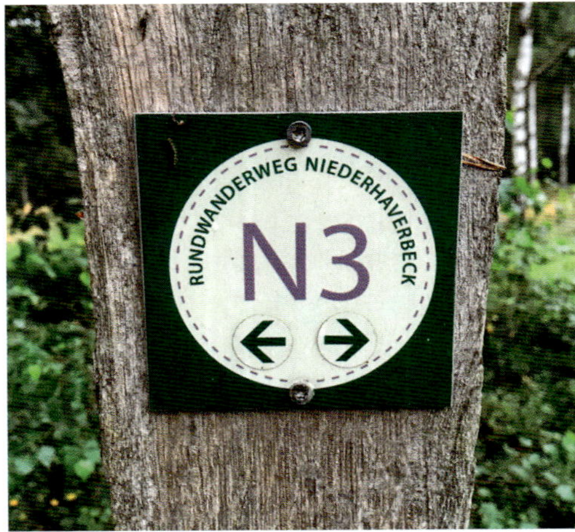

Rundwanderweg am Wilseder Berg in der Lüneburger Heide

STRECKENWANDERWEGE

Ein Streckenwanderweg – manchmal auch Zielwanderweg genannt – hat einen definierten Anfang und ein Ende. Der Wanderer kehrt also auf einem Streckenwanderweg regelmäßig *nicht* zum Ausgangspunkt zurück (es sei denn, er dreht um, nimmt das Auto oder ein öffentliches Verkehrsmittel).

LOKALE WANDERWEGE

Lokale Wanderwege sind meist Rundwanderwege, die von Kommunen oder örtlichen Tourismusorganisationen ausgewiesen sind. Diese Wege können leichte Spaziergänge oder sogar barrierefrei sein, aber auch anspruchsvolle Touren abbilden, auf denen bis zu 20 Kilometer (allerdings auch selten mehr) und etliche Höhenmeter bewältigt werden müssen. Sie sind Teil der regionalen Tourismusinfrastruktur und tragen heutzutage marketingträchtige Namen. Kennzeichnend ist, dass sie gut ausgeschildert sind, oftmals an Infotafeln mit lehrreichen Hinweisen vorbeiführen und dass es in den örtlichen Tourist-Infos Flyer oder Broschüren über sie gibt.

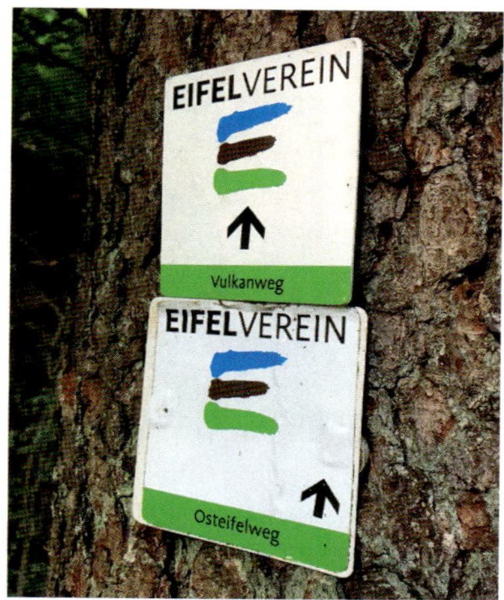

Zwei von 17 Hauptwanderwegen des Eifelvereins

HAUPTWANDERWEGE

Hauptwanderwege sind Streckenwanderwege von einigen wenigen bis zu einigen Hundert Kilometern Länge, die eine ganze Region erschließen. Sie werden in der Regel von den Wandervereinen unter dem Dach des Deutschen Wanderverbands betreut. Hierzu gibt es das Ehrenamt des Wegewarts, der für die Ausschilderung zuständig ist. Die ehrenamtlichen Wegewarte sollen in der Regel zweimal im Jahr die ihnen zugewiesenen Abschnitte ablaufen und auf Begehbarkeit und Korrektheit der Beschilderung überprüfen.

Der Schwäbische Albverein beispielsweise betreut zehn Hauptwanderwege, die die unterschiedlichen Landschaftsräume des Vereinsgebiets verbinden – so etwa die Bodenseeregion über die Schwäbische Alb mit dem Taubertal oder den Schwäbisch-Fränkischen Wald und die Schwäbische Alb.

Der Eifelverein verfügt über 17 Hauptwanderwege, die die Eifel in allen Himmelsrichtungen kreuzen. Sie sind mit 35.000 einheitlichen Hinweiszeichen ausgeschildert, die ein stilisiertes „E" für Eifelverein in den Farben Blau (Himmel), Braun (Erde) und Grün (Wald) sowie den Namen des jeweiligen Hauptwanderwegs zeigen.

Der Sauerländische Gebirgsverein (SGV) hat gar 33 Hauptwanderwege mit Strecken zwischen 55 und 295 Kilometer Länge ausgewiesen. Hinzu kommen noch Hauptwanderwege der einzelnen Bezirke des SGV.

Manchmal sind Hauptwanderwege auch Abschnitte eines Europäischen Fernwanderwegs (siehe dort), beispielsweise der Hauptwanderweg über den Kamm des Bayerischen Waldes, der zum Europaweg E6 gehört.

QUALITÄTSWANDERWEGE

Hier handelt es sich um von Fachleuten des Deutschen Wanderverbands (DWV) zertifizierte Wege, die für ein „eindrucksvolles Wandererlebnis“ stehen, wie es auf der Website des DWV heißt. Die Wegeführung und die touristische Vermarktung eines Qualitätswanderwegs dürfen nicht dem Prinzip der Nachhaltigkeit widersprechen. Es geht um besonders abwechslungs- und aussichtsreiche Wanderwege in natürlicher Umgebung, die sich durch eine zuverlässige Markierung und eine gute Infrastruktur auszeichnen. Nur solche Wege erhalten das Qualitätssiegel des DWV, die strengen Kriterien entsprechen: Wegführung, Belag und Breite spielen eine Rolle, sodann Wegweisung und Markierung, ferner Naturattraktionen und Landschaftsformationen sowie regionale Sehenswürdigkeiten und Baudenkmäler und schließlich auch die Anbindung an Haltepunkte des öffentlichen Nahverkehrs, Parkplätze sowie das gastronomische und sonstige Umfeld.

Beispiele für Qualitätswanderwege sind der Adolf-von-Nassau-Wanderweg in Rheinhessen, der Oberlausitzer Bergweg in Sachsen, der Märkische Landweg in Brandenburg oder der Hermannsweg über 156 Kilometer auf den Höhen des Teutoburger Waldes. Insgesamt gibt es in Deutschland 16.500 Kilometer Qualitätswanderwege.

PREMIUMWANDERWEGE

Auch Premiumwanderwege werden nach strengen Kriterien bewertet. Ihre Zertifizierung erfolgt durch das Deutsche Wanderinstitut in Marburg, für das unabhängige Experten Kilometer für Kilometer die erlebnisrelevanten Daten erheben und begutachten. Dabei geht es wie bei den Qualitätswanderwegen unter anderem um die Ausschilderung, den Erlebniswert und die Wegbeläge. So werden Schotter- oder Asphalttrassen negativ bewertet – ab 15 Prozent Anteil dieser Beläge an der Gesamtstrecke fällt der Wanderweg durch.

Vor allem aber die Dramaturgie macht das Besondere eines Premiumwanderwegs aus: Aussichten, schöne Waldbilder, Naturdenkmäler, Gewässer, Felsstrukturen, gepflegte Rast- und Ruheplätze, eindrucksvolle Bauwerke und kulturhistorische Kleinodien. Nach Erfüllung aller Voraussetzungen darf für einen solchen Weg mit dem Prädikat „Wandersiegel Premiumweg“ geworben werden. Dieses wird für jeweils drei Jahre verliehen und muss dann nachzertifiziert werden. Mit diesem Siegel ausgezeichnete Wege gibt es nicht nur in Deutschland, sondern auch in den Niederlanden, in Luxemburg, Frankreich, der Schweiz, Italien und Österreich – insgesamt mehr als 600.

Zu den Premiumwanderwegen in Deutschland gehören beispielsweise der Wasserfallsteig bei Todtnau in Baden-Württemberg, die Hochrhöntour in der bayerischen Rhön, der Lahn-Dill-Berglandpfad in Hessen oder der Wildnis-Trail Weiskirchen im Saarland.

FERN- ODER WEITWANDERWEGE

Per definitionem handelt es sich bei Fern- oder Weitwanderungen um solche Touren, die über mehrere Tage zu absolvieren sind und die eine große Entfernung überbrücken. Fern- oder Weitwanderwege verbinden oft mehrere Bundesländer miteinander. Der älteste und am häufigsten begangene Fernwanderweg ist der Rennsteig in Thüringen, der mehr als 170 Kilometer lang ist. Weitere bekannte Fernwanderwege sind der Heidschnuckenweg in der Lüneburger Heide (223 Kilometer), der Rheinsteig (320 km), der Harzer-Hexen-Stieg (96 Kilometer), der Fränkische Gebirgsweg (428 Kilometer) in Bayern oder der deutsch-französische Weitwanderweg Odenwald-Vogesen (624 Kilometer). Längster Fernwanderweg in Deutschland ist mit 660 Kilometern der Goldsteig im Osten Bayerns. Er führt von Marktredwitz durch den Oberpfälzer Wald und den Bayerischen Wald bis nach Passau.

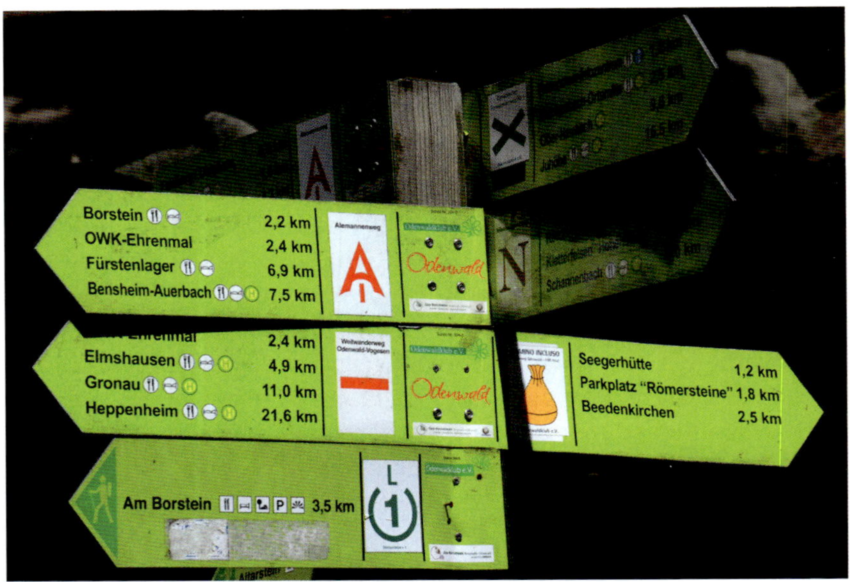

Beispiel Fernwandern: Der Weitwanderweg Odenwald-Vogesen fügt sich im Odenwald in ein dichtes Netz von Wanderwegen unterschiedlicher Kategorien ein.

Wer durchgängig in Deutschland noch weiter gehen mag, der kann den Nord-Süd-Trail nehmen. Aus einer privaten Initiative ist 2018 die Idee entstanden, 35 bereits bestehende Wanderwege zu einer einzigartigen Strecke von insgesamt 3.620 Kilometern zusammenzufügen. Sie verbindet den nördlichsten Punkt Deutschlands auf Sylt mit dem südlichsten in Bayern. Der Nord-Süd-Trail ist ein Fernwanderweg der Superlative: Er führt durch 30 Nationalparks beziehungsweise Schutzgebiete. 90.000 Höhenmeter im Auf- und Abstieg sind zu überwinden. Nur 15 Prozent der Wege verlaufen auf Asphalt. Zehn Bundesländer werden durchquert oder gestreift.

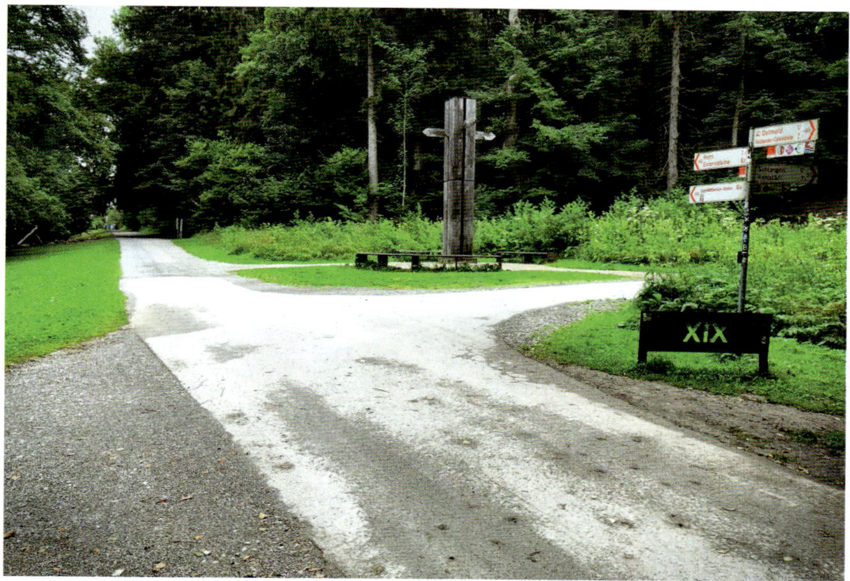

Beim Europäischen Wanderwegekreuz im Teutoburger Wald in der Nähe der berühmten Externsteine treffen die beiden Europäischen Fernwander- beziehungsweise Radwege E1 und R1 aufeinander.

EUROPÄISCHE FERNWANDERWEGE

Wie der Name schon sagt, handelt es sich hierbei um grenzüberschreitende Wanderwege, die ein gesamteuropäisches Fernwegenetz bilden. Sie sollen mindestens drei europäische Länder miteinander verbinden und werden von den Mitgliedsorganisationen der Europäischen Wandervereinigung (EWV) ehrenamtlich instand gehalten. Diese Wege werden mit dem Buchstaben E und einer Zahl gekennzeichnet. Ähnliches gilt für die grenzüberschreitenden Fernradwanderwege, die ein R tragen. Im Teutoburger Wald wurde an der Kreuzung des Fernwanderwegs E1 (vom Nordkap nach Sizilien) und dem Fernradweg R1 (von Boulogne-sur-Mer nach Sankt Petersburg) ein Monument aufgestellt, das diesen Knotenpunkt markiert.

In Europa gibt es zwölf Fernwanderwege mit einer Gesamtlänge von 52.000 Kilometern. Davon verlaufen neun mit einer Länge von rund 9.700 Kilometern auf dem Gebiet der Bundesrepublik.

Europäische Fernwanderwege wurden nicht eigens angelegt, sondern nutzen bestehende überregionale Wanderwege im jeweiligen Land. Wer auf einem der Deutschland durchquerenden Europäischen Fernwanderwege bis ans Ziel laufen möchte, kann beispielsweise den E8 nutzen, der von Irland an die ukrainische Grenze reicht. Der E11 wiederum führt von Scheveningen (Niederlande) bis nach Tallinn (Estland).

THEMENWANDERWEGE

Immer beliebter werden Themenwege, bei denen ein spezifischer Aspekt der umgebenden Landschaft in den Mittelpunkt gestellt wird oder der auf regionale Besonderheiten hinweist. Verantwortlich sind in der Regel regionale oder örtliche (Wander-)Vereine, Kommunen oder Tourismusorganisationen. Themenwanderwege stehen außerhalb der klassischen Hierarchie des Wanderwegenetzes; eine Weglänge ist nicht definiert. Es kann sich um Rund- oder Streckenwanderwege handeln. Manchmal zeigen sie eigens platzierte naturkundliche oder kulturhistorische Exponate oder führen an geografischen oder geologischen Besonderheiten vorbei, wie etwa die zahlreichen Georouten in Deutschland.

Beispiel für ein Themenwanderweg ist der 44 Kilometer lange „Lutherweg 1521" in Rheinhessen, ein 44 Kilometer langer Abschnitt auf der 400-Kilometer-Route, die der Reformator Martin Luther vor rund 500 Jahren von Wittenberg in Thüringen zum Reichstag in Worms und zurück zur Eisenacher Wartburg nahm. Der Themenwanderweg ist Teil eines in sechs Bundesländern ausgewiesenen Lutherwegenetzes, er verbindet historische Orte und bringt dem Wanderer Glaubens- und Reformationsgeschichte näher.

Eine besondere Form des Themenwanderwegs ist der Lehrpfad, bei dem ein pädagogisches Ziel im Vordergrund steht. Lehrpfade zeichnen sich fast immer durch Stationen aus, an denen Bildungsinhalte vermittelt werden, zum Beispiel zur Astronomie, Flora, Fauna, Bodenkunde,

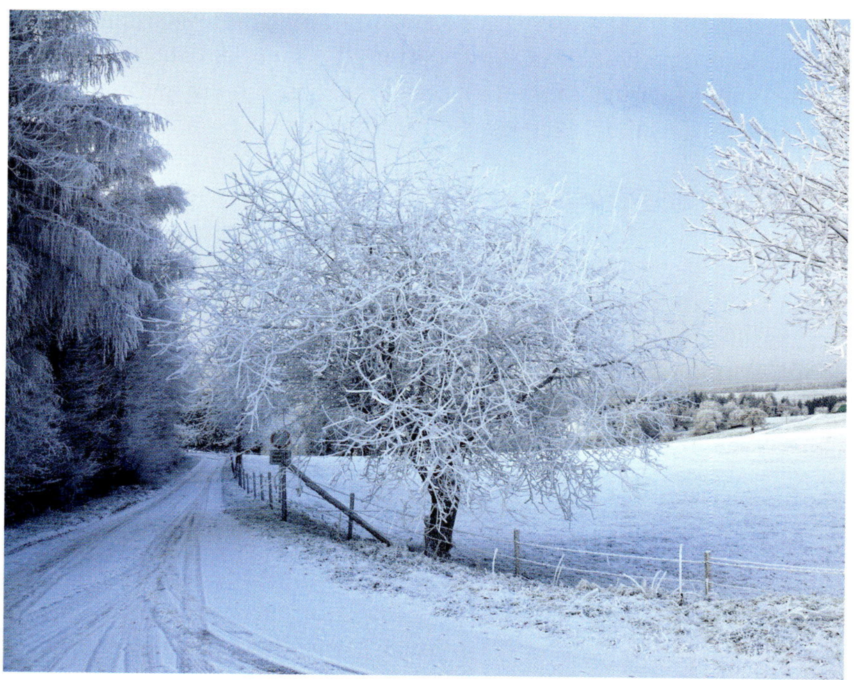

Auch Winterwandern wird zunehmend beliebter.
Die Wege sind meist gut präpariert, und verschneite Landschaften bieten eindrucksvolle Naturerlebnisse.

Ökologie, zum Bergbau oder zur Kulturgeschichte. Inzwischen wird das Wissen nicht mehr nur über Schau- und Infotafeln vermittelt, sondern auch mittels Experimentiergeräten oder Multimedia-Einrichtungen. In der Regel sind sie deutlich kürzer als Themenwanderwege.

WINTERWANDERWEGE

Wandern ist eine ausgesprochene Ganzjahresaktivität. Nach der Wanderstudie des Bundeswirtschaftsministeriums von 2010 geht mindestens ein Fünftel der Wanderer – und zwar eher die Altersgruppe ab 35 Jahren – in Deutschland auch in den Wintermonaten auf Tour.[27] Kein

Wunder also, dass Wandervereine und Tourismusorganisationen angesichts dieses Potenzials Wege ausweisen, die vor allem auch im Winter gut begangen werden können. Dabei handelt es sich um geräumte oder präparierte (gewalzte) Wege im Schnee mit einer besonderen Erlebnisqualität.

Während der Wanderer für diese Wege normales – wasserdichtes und wärmendes – Schuhwerk benötigt, ist das Schneeschuhwandern eine spezielle Fortbewegungsart, die etwas Übung erfordert. Vorzugsweise Gemeinden in Wintersportgebieten haben den Trend erkannt und zusätzlich zu Skiabfahrtspisten und Langlaufloipen auch Schneeschuh-Wanderstrecken ausgewiesen, bei denen man mit speziellen Schneeschuhen selbst in tiefem Schnee laufen kann – ohne Zweifel ein wunderschönes Eintauchen in die Natur.

JUGENDWANDERWEGE

Die Deutsche Wanderjugend, die Jugendorganisation des Deutschen Wanderverbands, hat einen Kriterienkatalog für Wanderwege entwickelt, die besonders attraktiv für junge Menschen zwischen 14 und 27 Jahren sind. „Abenteuer“ und „Herausforderung“ oder auch „Wahrnehmen und Erleben“ stehen dabei im Mittelpunkt. Sie sollen auf bereits markierten Wegen verlaufen und besonders naturnah mit einem hohen Pfadanteil sein. Wald, Wiesen und Felder wechseln sich ab. Jugendliche verstehen unter Wanderung ein bestimmtes Streckenpensum und keinen Spaziergang; Jugendwanderwege müssen daher mindestens zwölf Kilometer lang sein, es sei denn, es sind besonders viele Höhenmeter zu bewältigen. Bis zu 24 Kilometer sind laut Jugendwanderwegekonzept vorgesehen. Ist die Strecke länger als 24 Kilometer, soll eine jugendgerechte Übernachtungsmöglichkeit vorhanden sein (Wanderheim, Jugendherberge, Selbstversorgerhaus oder Zeltplatz). Der Start- und Endpunkt darf nicht weiter als zwei Kilometer von der nächsten Bushaltestelle oder Bahnstation entfernt sein, denn Jugendliche möchten nicht gern auf Fahrdienste der Eltern angewiesen sein.

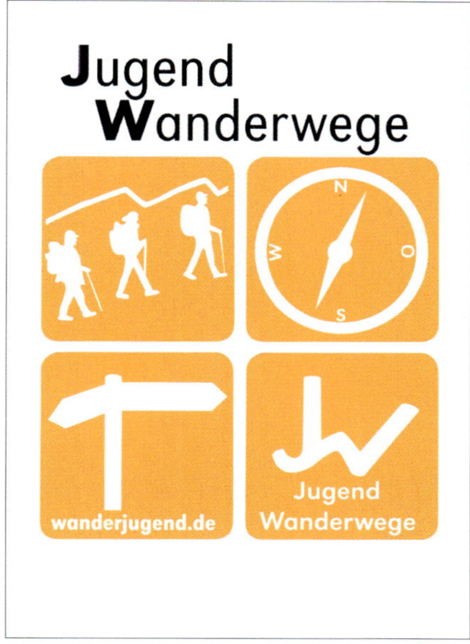

Markierungszeichen für Jugendwanderwege

Kategorien von Jugendwanderwegen sind:

- Natur und Wildnis
- Sport und Action
- Wasser und Chillen
- Lager und Feuer
- Abenteuer und Herausforderung
- Wahrnehmen und Erleben

Im Schnitt bieten Jugendwanderwege alle vier Kilometer einen Höhepunkt aus den jeweiligen Kategorien: zum Beispiel ein Biotop, eine Felsformation, ein Naturdenkmal, eine Naturerlebnisstation, eine Quelle, eine Schlucht, eine Badestelle, ein Abenteuerspielplatz, ein Kletterpark, eine Burg, ein Kulturdenkmal, ein Museum, ein Wasserfall oder ein Geocache.

Die Wege werden nicht gesondert ausgewiesen, sondern verlaufen auf bereits bestehenden Routen. Ein eigenes Markierungszeichen kann anzeigen, dass es sich auch um einen Jugendwanderweg handelt. Meist

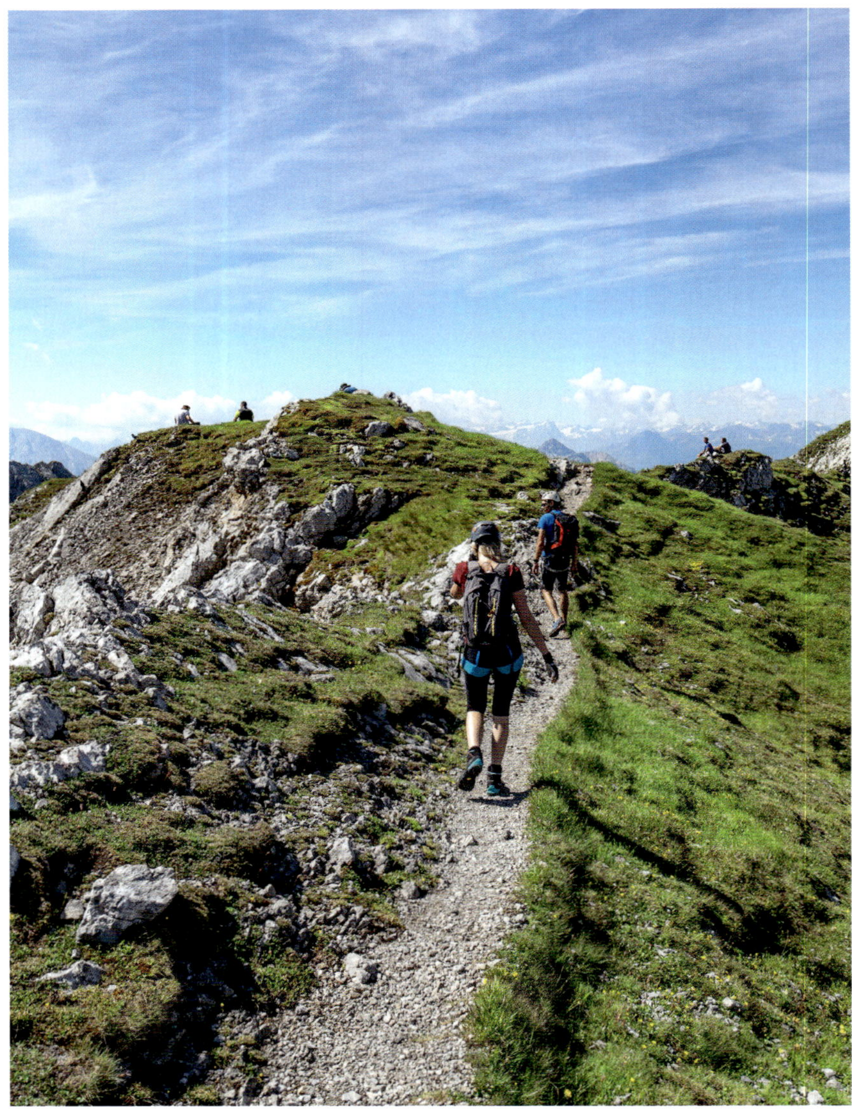

Weitblick garantiert: Wanderer auf einem Grad im Karwendelgebirge.
Für eine solche Tour benötigt man gute Kondition und Ausrüstung.
Auch das Wetter muss mitspielen.

orientieren sich die Jugendlichen aber ohnehin digital, deshalb sind nur rund zehn Prozent der Jugendwanderwege in der Natur markiert. Die Wege können als Tracks auf ein GPS-Gerät geladen werden. Das Konzept sieht vor, dass es Jugendliche selbst sind, die die Wege konzipieren und durch Infotafeln, Raststellen usw. ausstatten. Das Projekt Jugendwanderwege wurde 2015 ins Leben gerufen. Im Jahr 2022 waren 77 Wanderwege in Deutschland und Österreich als Jugendwanderwege erfasst – allesamt eine Werbung auch für die jeweiligen Regionen.

KLETTERSTEIGE

Klettersteige sind keine Wanderwege im eigentlichen Sinn, auch wenn sie gelegentlich an Wanderwegen vorkommen. Wandern ist an sich eine Fortbewegung in der Landschaft auf zwei Beinen – die Hände nimmt der Wanderer dabei nicht zu Hilfe (höchstens, um sich auf Wanderstöcken abzustützen). Aber Ausnahmen bestätigen die Regel.

Als Klettersteig bezeichnet man einen durch Einrichtungen unterschiedlicher Art gesicherten Weg an Felsen, dessen Begehung die Zuhilfenahme der Hände erfordert. Als Absicherungen können Seile, Leitern, Eisenstifte oder auch kürzere oder längere Hängebrücken dienen. Klassische Klettersteige hingegen werden grundsätzlich mit einem Klettersteigset begangen – eine Art Harness mit zwei Karabinern, von denen mindestens einer stets in die Sicherungsseile eingehängt sein muss, um gegen Absturz zu schützen. Wer so ausgestattet auf – meist alpine – Klettersteige geht, ist eher ein Bergsteiger als ein Wanderer. Klettersteige ermöglichen einem breiteren Publikum das Klettern. Aber wie gesagt, auch auf einem anspruchsvolleren Wanderweg können Seilversicherungen, Leitern oder Eisenstifte an ausgesetzten oder steilen Stellen vorhanden sein. Ein Wanderer sollte sie mit der nötigen Vorsicht passieren. Für Adrenalin und einen Hauch Abenteuer ist an diesen Abschnitten in jedem Fall gesorgt.

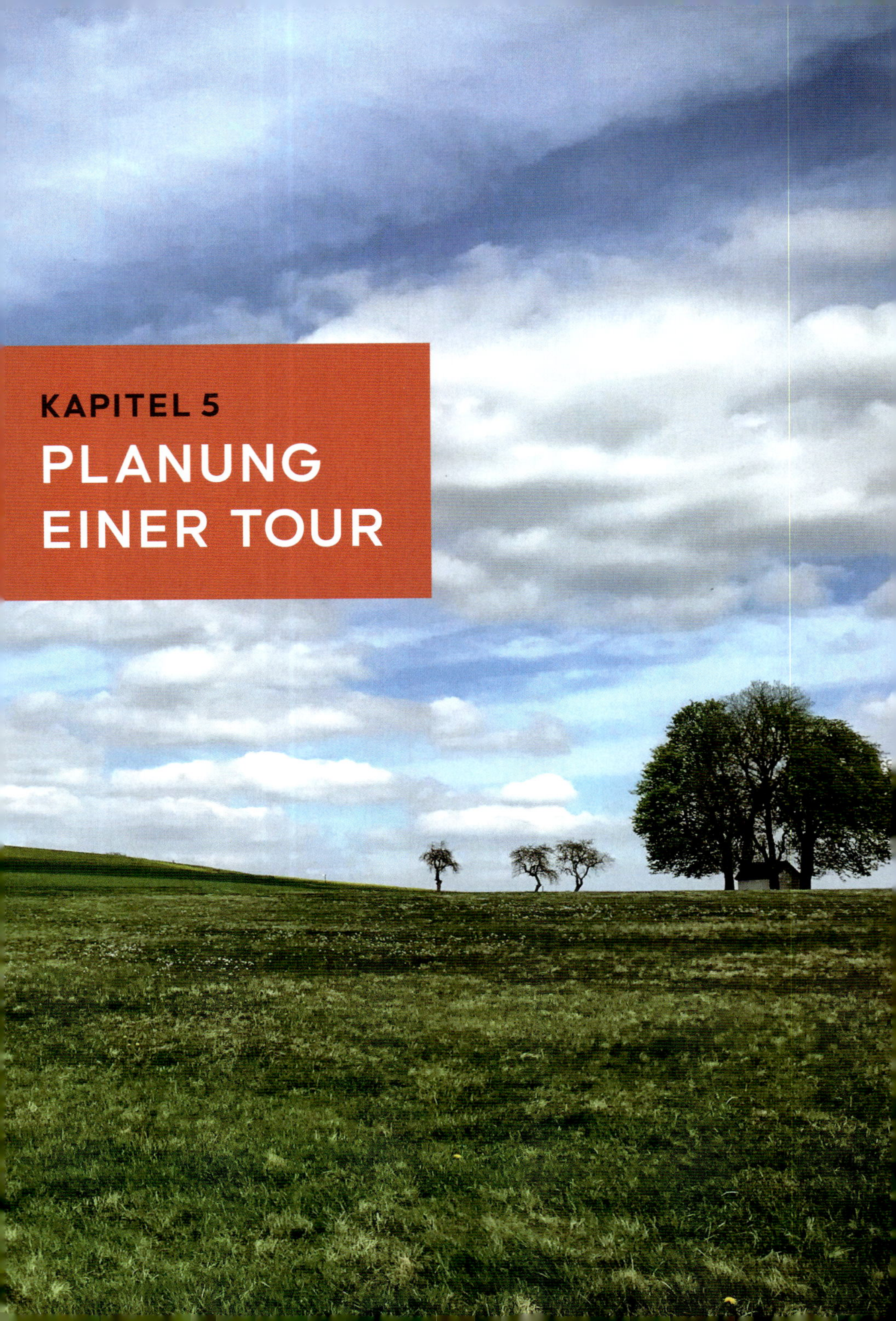

KAPITEL 5

PLANUNG EINER TOUR

WOHIN GEHT DIE WANDERUNG?

Die erste Frage, die sich ein Wanderer stellt, lautet: wohin? Von ihr leitet sich alles andere bei der Planung der Strecke ab. Will ich eine Tour vor den Toren der Stadt machen? Soll es weiter weggehen? Brauche ich eine Übernachtung? Rundwanderweg oder Streckentour? Schwierigkeitsgrad? Geht es ins Ausland? Welche Ausrüstung ist notwendig?

Das Wohin also ist entscheidend. Wenn die Wanderung in die nähere Umgebung führt oder in einem deutschen Mittelgebirge liegt, ist die Vorbereitung denkbar einfach. Hierzulande sind fast alle Wanderwege bestens ausgeschildert. Man sucht sich in einem Wanderführer oder im Internet eine Route aus und kann eigentlich sofort losmarschieren. Eine Rundtour erfordert kaum Vorbereitung, man kommt dort wieder an, wo man gestartet ist. Je nach Dauer an Rucksackverpflegung und Wasser denken, eine Karte für den Fall der Fälle einstecken, das GPS-Gerät – sofern vorhanden – nicht vergessen, die Wanderschuhe schnüren – und los geht's. Die durchschnittliche Länge einer Wanderung beträgt in Deutschland übrigens exakt 9,5 Kilometer und dauert 3,5 Stunden.[28] Diese Streckenlänge und Dauer wird von den meisten Menschen als angenehme Belastung empfunden. Dafür braucht es in der Tat keine größere Planung.

Wenn es allerdings eine Streckentour sein soll, stellen sich bereits erste Herausforderungen, vor allem logistischer Natur: Wie komme ich zum Ausgangspunkt und vor allem vom Endpunkt wieder zu meinem Fahrzeug, das ich am Ausgangspunkt geparkt habe? In unbekanntem Terrain anderer Länder benötigt man eine präzise Vorbereitung, um keine bösen Überraschungen zu erleben, etwa wenn das Wetter umschlägt oder Wege gesperrt sind. Grundsätzlich gilt: Eine Wanderplanung ist nie abgeschlossen, sondern wird bis zuletzt, nämlich der Ankunft am Zielpunkt, immer wieder aktualisiert und angepasst, also auch noch während der eigentlichen Tour.

HILFSMITTEL

WANDERFÜHRER-LITERATUR

An Hilfsmitteln mangelt es nicht, hat man sich erst einmal entschieden, wohin man wandern möchte. Die Wanderführer-Literatur lässt zumindest für Deutschland keine Wünsche offen. Eine Reihe spezialisierter Verlage halten für praktisch jede Wanderregion ein passendes Büchlein vor. Rother, Bruckmann, Kompass und DuMont sind die bekanntesten. In den Regionen gibt es oft auch noch kleinere Verlage, deren Angebot für das jeweilige Revier man ebenfalls studieren sollte – die Nähe macht oft den Unterschied, was Geheimtipps oder wertvolle Hinweise angeht.

GPS-TRACKS

In einem Wanderführer sind die schönsten Routen der jeweiligen Region genannt, es gibt meist auch jeweils eine kleine Übersichtskarte, das Streckenprofil ist abgebildet, und neben den wichtigsten Daten wie Streckenlänge, Wanderdauer und Höhenmeter sind oft noch die Sehenswürdigkeiten am Wegesrand beschrieben. In Wanderführern der neuesten Generation finden sich auch GPS-Tracks, also Angaben zu Koordinaten im GPX-Format, die den Streckenverlauf beschreiben. Diesen kann man sich auf einer digitalen Karte am Rechner oder auf einem Navigationsgerät anzeigen lassen.

Oft, aber nicht immer, folgen die Touren in den Wanderführern bereits ausgewiesenen und markierten Wegen. Manchmal werden bestehende Touren auch miteinander kombiniert oder ganz neue Wege beschrieben. In jedem Fall kann man davon ausgehen, dass der Autor jede einzelne Tour selbst abgewandert ist und die Angaben im Buch verlässlich sind – zumindest wenn der Wanderführer aktuell ist. Für beliebte Wanderregionen gibt es oft mehrere Auflagen der entsprechenden Führer, weil sich die Gegebenheiten in der Landschaft ändern können. So können beispielsweise Wege gesperrt oder neue Abschnitte ausgewiesen werden. Beim Kauf eines Wanderführers sollte auf eine möglichst aktuelle Auflage geachtet werden.

WANDERKARTE

Die Wanderkarte ist das zweite wichtige Hilfsmittel bei der Planung. Grundlegende Kenntnisse im Kartenlesen sollte ein Wanderer auch in Zeiten von Wander-Apps und Navigationssystemen haben (siehe Kapitel 8). Die Karten in Wanderführern sind im Maßstab zu groß, um verlässlich nach ihnen laufen zu können. In der Regel werden aber in den Wanderführern die für die angegebenen Touren relevanten Karten genannt, die man ergänzend erwerben kann. Maßstab 1 : 25.000 sollte die Regel sein; das ist die ideale Größe, um verlässlich nach Karte wandern zu können.

Wanderkarten werden von den Landesvermessungsämtern oder entsprechenden Dienstleistern herausgegeben, von spezialisierten Kartenverlagen oder von dem für die jeweilige Region zuständigen Wander- oder Gebirgsverein. Grundlage sind zumeist die – Messtischblätter genannten – topografischen Karten, die die gesamte Bundesrepublik im Maßstab 1 : 25.000 abbilden. Es lohnt sich, bei dem jeweiligen Verein nachzufragen, welches Kartenmaterial er empfiehlt. Für Wanderungen in exotischeren Gefilden als Spessart, Hunsrück und Co. empfiehlt sich ein Besuch in einer auf Reiseführer und Karten spezialisierten Buchhandlung. Wer beispielsweise in der griechischen Mönchsrepublik Berg Athos über die dortigen Jahrhunderte alten Tragtierpfade von Kloster zu Kloster wandern möchte, wird in der Vorbereitung kaum an einer Fachberatung in einer spezialisierten Buchhandlung vorbeikommen. Einfach eine Karte im Internet bestellen, ist zwar der einfachere Weg, oftmals aber halten die Karten nicht das, was man sich vorgestellt hat. Eine Wanderkarte sollte man im Idealfall beim Kauf einmal in den Händen gehalten haben und prüfen, ob sie aktuell ist, der Kartenausschnitt passt, der Maßstab stimmt und die Wege auch so eingezeichnet sind, dass sich die Karte gut zum Wandern eignet.

WANDERTOUREN-PORTALE

Hilfreich sind gängige Wandertouren-Portale im Internet wie Komoot oder Outdooractive. Es gibt hier eine Reihe anderer Angebote, zum Beispiel Bergfex, Alpenvereinaktiv oder AllTrails. Mit ihnen kann man sehr leicht seine individuelle Wanderung am heimischen Rechner planen.

Abgespeichert und synchronisiert sind die Touren dann mittels der entsprechenden App auf dem Handy verfügbar; die Angaben navigieren einen mehr oder weniger zuverlässig über die gewählte Route. Doch es sollte nicht vergessen werden, dass Handys auch mal keinen Empfang haben können oder der Akku leerläuft. Dann ist es gut, die klassische Wanderkarte dabei zu haben, auf die man sich jederzeit verlassen kann.

Die bekanntesten Portale, Komoot und Outdooractive, unterscheiden sich nur graduell voneinander. Komoot gilt mit mehr als fünf Millionen Installationen als die am weitesten verbreitete Wander-App. Der Funktionsumfang der freien Version ist allerdings stark eingeschränkt. Um sie vernünftig nutzen zu können, ist ein Premiumabo oder das kostenpflichtige Weltpaket der Karten nötig. User stellen ihre Touren online, geben damit allerdings auch die Rechte daran ab. Die Qualität der vorgeschlagenen Routen schwankt sehr stark. Wer eine eigene Tour planen will, hat jedoch ein intuitiv gut zu nutzendes und effizientes Werkzeug zur Verfügung.

Outdooractive steht mit momentan rund 500.000 Installationen an zweiter Stelle hinter Komoot. Es zeichnet sich dadurch aus, dass sich hier viele professionelle User wie beispielsweise Tourismusorganisationen einbringen. Das erhöht die Qualität der empfohlenen Touren. Auch hier sind die kostenpflichtigen Varianten die bessere Wahl.

BROSCHÜREN

Wer gerne auf gut markierten Wegen läuft, ist bei den Wander- und Gebirgsvereinen beziehungsweise den Tourismusorganisationen richtig. Letztere geben Broschüren heraus, die zuweilen Buchcharakter haben können und die manchmal den kommerziellen Wanderführern nahekommen – mit Kurzbeschreibungen, Karten und Profilen der markierten Wege. Es lohnt sich, bei den Tourist-Informationen nachzufragen, welche Touren für die jeweilige Region empfohlen werden.

GPS-NAVIGATIONSGERÄT

Digital affine Wanderer werden sich ein GPS-Navigationsgerät anschaffen, um Touren zu planen. Die Software BaseCamp von Garmin ist sehr weit verbreitet. Mit ihr kann man die Tour am heimischen PC ausarbeiten und anschließend mit dem GPS-Navigationsgerät synchronisieren.

GPS-Geräte haben gegenüber Smartphones den Vorteil, dass sie auch dort funktionieren, wo es keinen Handyempfang gibt, da sie sich auf Satellitendaten stützen. Sie geben während der Tour die zurückgelegte Strecke, die Durchschnittsgeschwindigkeit, die tatsächliche Gehzeit und die voraussichtliche Zeit bis zum Ziel an und sind genauer als Smartphone-Apps. Im Grunde ist es kaum mehr möglich, sich mit ihnen zu verlaufen. Und noch einen weiteren Vorteil haben GPS-Geräte: Muss man eine Tour wegen eines Wetterumschwungs oder aus anderen Gründen abbrechen, führen die GPS-Geräte den Wanderer auf exakt der gleichen Strecke zum Ausgangspunkt zurück, da sie sich permanent Trackpunkte merken.

In GPS-Geräten können Wanderer auch die Entdeckungsorte besonderer Pflanzen oder schöne Picknickstellen speichern, Fotos zuordnen, die Tour nach der Rückkehr am PC nachverfolgen und sie anderen Wanderern elektronisch per E-Mail oder als Download zur Verfügung stellen. Weitere Funktionen sind die Ermittlung der Höhe und die Bereitstellung eines elektronischen Kompasses. Die Karten auf den GPS-Geräten bieten – anders als die Karten von Wander-Apps – dieselben Informationen wie klassische Wanderkarten, teilweise sogar mehr. Nachteil gegenüber Karten auf Papier ist ebenso wie bei Smartphones, dass GPS-Geräte auf Akkus oder Batterien angewiesen sind und auch einmal ausfallen können. Eine klassische Wanderkarte sollte daher zur Grundausstattung gehören.

STRECKENPLANUNG

Haben wir uns für ein Wanderrevier und eine Tour entschieden, geht es an die Feinplanung. Auch im Zeitalter von Apps und GPS-Geräten kann es Spaß machen, die Tour händisch zu planen. Dazu ist eine Gehzeitberechnung vorzunehmen. Zwei Faustregeln helfen dabei:

- Ein Wanderer legt in der Ebene durchschnittlich einen Kilometer in 15 Minuten zurück, also 4.000 Meter in einer Stunde.
- Im Gebirge schafft er in einer Stunde bergauf 300 Höhenmeter und 500 Höhenmeter bergab.
- Je nach Kondition können diese Vorgaben nach oben oder nach unten verändert werden, um eine realistische Gehzeit zu erhalten.

Um die Gehzeit für eine Tour zu berechnen, müssen wir wissen, ob wir uns in einer Ebene bewegen oder ob wir bergauf beziehungsweise bergab laufen. In Wanderkarten sind die Höhenlinien als braune Linien unterschiedlicher Dicke angegeben (vgl. Kapitel 8). Der senkrechte Abstand zwischen diesen Linien ist für das gesamte Kartenblatt gleich und hängt vom Landschaftstyp ab. Für Hügelland und Mittelgebirge sind zehn Höhenmeter Abstand üblich. Je enger die Höhenlinien zusammenliegen, desto steiler ist das Gelände. Gelegentlich ist eine Höhenlinie von einer Zahl unterbrochen: Das ist die jeweilige Höhe, die auf dieser Linie überall gleich ist. Die Zahlen sind immer in Richtung des Aufstiegs lesbar. Beim Abstieg steht sie auf dem Kopf. Damit ist eine Verwechslung ausgeschlossen, ob es aufwärts oder abwärts geht.

Mit einem Stechzirkel messen wir zunächst die Wegstrecke der geplanten Tour aus, die in der Ebene verläuft, anschließend folgen Messungen für die Aufstiege und die Abstiege. Entsprechend der oben genannten Faustformeln errechnen wir die jeweiligen Gehzeiten. Dazu nehmen wir zunächst die Zeiten für den ebenen Weg und jene für den Aufstieg. Das machen wir auch für den ebenen Weg und den Abstieg. Den kleineren dieser Werte halbieren wir und addieren ihn zum größeren. Schließlich addieren wir die Summe für die ebene Wegstrecke plus Aufstieg sowie für die ebene Wegstrecke plus Abstieg. So erhalten wir die Gesamtgehzeit.

Das klingt komplizierter, als es ist. Diese professionelle Methode der Gehzeitberechnung mit den ihr zugrunde liegenden einfachen Formeln ist nicht nur hilfreich für die eigene Tourplanung, sondern insbesondere auch für Gruppen. Sie ist daher fester Bestandteil einer Wanderführerausbildung und wird auch geprüft. Tipp: Wer eine Wandergruppe führt, sollte die Gehzeit eher großzügiger als knapper bemessen. Zum einen kann es – aus welchen Gründen auch immer – in Gruppen immer zu Verzögerungen kommen. Zum anderen freut sich jeder, wenn er früher als erwartet am Ziel beziehungsweise am Ausgangspunkt ankommt. Wird es später als angekündigt, führt das manchmal zu Unmut.

BEISPIEL GEHZEITBERECHNUNG

Die Länge der geplanten Tour wurde mit 6 Kilometern und 600 Höhenmetern im Aufstieg sowie mit 6 Kilometern und 600 Höhenmetern im Abstieg ermittelt. Wie lange braucht ein Wanderer für diese Distanz?

1. Berechnung der Vertikaldistanz: Nach der Faustformel muss man 1 Stunde Gehzeit für 300 Höhenmeter einkalkulieren. Dies ergibt für einen Anstieg über 600 Höhenmeter eine Dauer von 2 Stunden. Im Abstieg schafft man pro Stunde durchschnittlich 500 Höhenmeter: Für 600 Höhenmeter im Abstieg muss man mit einer Gehzeit von 1 Stunde und 12 Minuten rechnen.
2. Berechnung der Horizontaldistanz: Durchschnittlich werden pro Stunde 4 Kilometer zurückgelegt. Für die ebene Teilstrecke von 6 Kilometern beim Aufstieg benötigt man eineinhalb Stunden. Dieselbe Zeit verstreicht für die ebene Teilstrecke beim Abstieg.
3. Nun wird der kleinere der beiden Werte für die erste Teilstrecke halbiert, in diesem Beispiel ist das die Horizontaldistanz von 1,5 Stunden. Das ergibt: 45 Minuten. Für die zweite Teilstrecke ist der kleinere Wert die Zeit für den Abstieg von 1 Stunde und 12 Minuten, halbiert ergibt das 36 Minuten.
4. Die Gesamtgehzeit errechnet sich nun wie folgt: Erste Teilstrecke im Aufstieg 45 Minuten plus 2 Stunden gleich 2 Stunden und 45 Minuten. Zweite Teilstrecke 90 Minuten plus 36 Minuten gleich 2 Stunden und 6 Minuten. Mithin ergibt sich eine Gesamtgehzeit für die Tour von 4 Stunden und 51 Minuten. Dieser Wert beinhaltet allerdings noch keine Pausen. Die müssen immer hinzugerechnet werden, ebenso eine gewisse Pufferzeit. Man kann mal stehen bleiben, um die Aussicht zu genießen oder eine schöne Blume zu fotografieren. In der Natur gibt es zahllose Gründe zu verweilen. Die Pufferzeit sollte je nach Länge der Tour eine halbe bis eine Stunde betragen, die Pausenzeiten sind individuell hinzuzurechnen.

VERKEHRSMITTEL

Die Geschichte des modernen Wanderns ist, wie wir gesehen haben (Kapitel 3), eng mit der Eisenbahn verbunden. Heute allerdings werden

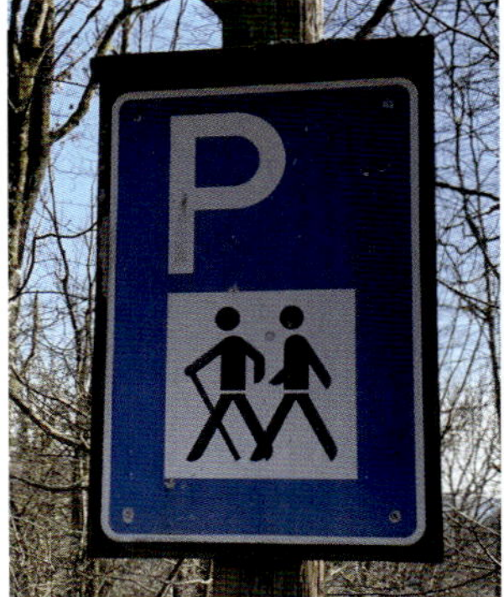

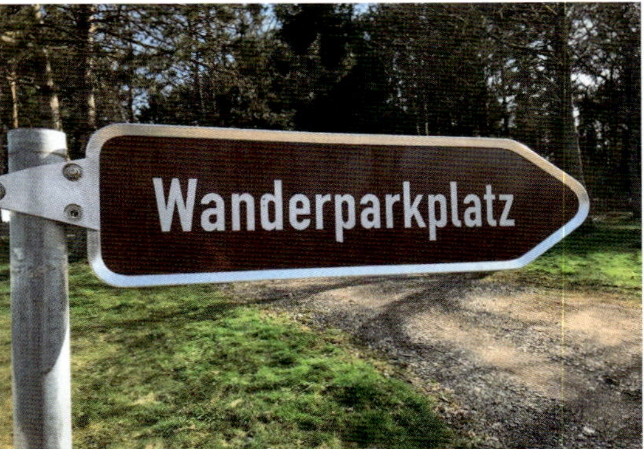

An Wanderparkplätzen beginnen viele Wandertouren.

die meisten Wanderziele mit dem Auto angefahren. Wenn man nicht gerade direkt von der Wohnungstür aufbrechen kann, gehört zur Vorbereitung einer Wanderung also auch die Frage, wie man zum Ausgangspunkt kommt. Dies geht nicht ohne das Studium von Fahrplänen und Straßenkarten beziehungsweise bei Autofahrern die Eingabe des Zielorts ins Navigationssystem des Fahrzeugs.

Am umweltfreundlichsten ist natürlich die Bahn. Unter www.bahn.de beziehungsweise der App DB Navigator sind die Bahnverbindungen leicht zu ermitteln. Problematisch ist häufig „die letzte Meile“, da nicht alle Touren an einem Bahnhof oder an einer Bushaltestelle starten. Gegebenenfalls ist hier die Nutzung eines Taxis angezeigt oder des eigenen Fahrrads, mit dem man natürlich auch zum Ausgangspunkt radeln kann – man muss es dann nur vorher in der Bahn mitnehmen. In Fernzügen wie dem ICE ist meistens eine Fahrradreservierung notwendig, im Regionalverkehr kann man mit seinem Radl einfach so in einen Regionalexpress oder eine Regionalbahn einsteigen.

Das Auto bietet den Vorteil, dass man bis direkt an den Ausgangspunkt – häufig ein Wanderparkplatz – heranfahren kann. Bei Streckenwanderungen ist die Frage des Rücktransfers zu klären – mit öffentlichen Verkehrsmitteln oder mit einem zweiten Fahrzeug, sofern man mindestens zu zweit wandert und also einen weiteren Fahrer an seiner Seite hat.

ÜBERNACHTUNGEN

Das Thema Übernachtungen stellt sich auf den ersten Blick zunächst bei Mehrtagestouren, bei denen unterwegs eine Unterkunft zur Verfügung stehen muss. Auch Tagestouren sind mit Übernachtungen verbunden, nämlich dann, wenn sie im Urlaub stattfinden, für den wir die Heimatregion verlassen. Tatsächlich sind in Deutschland die beliebteste Urlaubsform von Wanderern Aufenthalte in einer zentralen Unterkunft, von der aus dann innerhalb der Region verschiedene Touren unternommen werden. Rund 80 Prozent der Wanderurlaube oder Urlaube mit hoher Wanderaktivität sind dieser Form zuzuordnen. Nur ein kleiner Teil aller unternommenen Wanderurlaube werden dagegen als Mehrtagestour durchgeführt, bei denen täglich die Unterkunft gewechselt wird. Dabei zeigen vor allem jüngere Wanderer ein wesentlich höheres Interesse an Mehrtagestouren als die Älteren.[29]

Wenn wir also im Urlaub wandern wollen, benötigen wir so oder so eine Unterkunft – und dies bedarf einer Planung. Je nach Größe des Geldbeutels und des Anspruchs an Komfort kommt alles infrage, vom Campingplatz oder von einer Jugendherberge bis zum Luxusresort. Es muss halt nur vorher gebucht werden. Viele Wanderer sind Mitglied im Deutschen Jugendherbergswerk, das ebenso eng mit der Wanderbewegung verbunden ist wie die Eisenbahn. Jugendherbergen bieten heute ein modernes Ambiente, Behaglichkeit, Einzel- und Familienzimmer sowie ein gediegenes Verpflegungsangebot. Zudem befinden sie sich oft in landschaftlich reizvollen Gegenden, in denen sich Wanderungen lohnen. Und sie sind preiswerter als Hotels.

In Deutschland gibt es mehr als 400 Jugendherbergen. Als Mitglied im Jugendherbergswerk steht dem Wanderer somit ein dichtes Netz an Unterkunftsmöglichkeiten zur Verfügung, in dessen Häusern es ebenso ungezwungen zugeht wie auf Tour. In Jugendherbergen lernt man rasch andere Gäste – häufig Wanderer – kennen. Sie stehen für Jugendaustausch und Völkerverständigung, sind aber nicht an ein bestimmtes Lebensalter gebunden.

Eine Alternative zu Jugendherbergen können Naturfreundehäuser sein. Das Angebot reicht hier von Selbstversorgerhütten bis zu Naturfreundehotels, von saisonal bis zu ganzjährig bewirtschafteten Häusern. Die Naturfreunde bieten eine sozialverträgliche Preisgestaltung, manchmal regionale Küche und Angebote für Familien und Gruppen. So wie Jugendherbergen sind auch Naturfreundehäuser Orte der Begegnung; sie legen ebenfalls Wert auf nachhaltige Nutzung von Ressourcen und auf einen schonenden Umgang mit der Natur. Mitglieder bei den Naturfreunden erhalten in den Häusern einen Preisnachlass. Weltweit gibt es 700 Naturfreundehäuser – im internationalen Sprachgebrauch Naturfriends Houses genannt.

Wer im Hochgebirge mehrere Tage unterwegs ist, wird zumeist auf Berghütten übernachten. Hier empfiehlt sich die Mitgliedschaft im Deutschen Alpenverein, der die meisten der Hütten betreibt. Sie wurden einst von Bergsteigern für Bergsteiger gebaut und werden heute liebevoll von Pächtern betrieben, die in der Regel die gesamte Saison auf ihrer Hütte verbringen. Eine Hüttenübernachtung ist für jeden Wanderer etwas Besonderes; die Atmosphäre in diesen winzigen Inseln der Zivilisation inmitten einer oft ergreifend schönen Bergwildnis ist unbeschreiblich. Die Hütten verfügen neben einfach ausgestatteten Matratzenlagern oft auch über Mehrbettzimmer, manchmal auch Zweierzimmer. In der Hochsaison empfiehlt sich in jedem Fall eine Reservierung. Indes wird niemand, der ohne Anmeldung eintrifft, abgewiesen – schon aus Sicherheitsgründen nicht. Im Hochgebirge kann es auch im Sommer zu Wetterstürzen kommen. Wer kommt, ist da. Allerdings kann es sein, dass man als nicht angemeldeter Wanderer auf der Bank in der Gaststube übernachten muss, wenn alle Betten belegt sind.

Wichtig ist, dass man einen Hüttenschlafsack dabei hat, da in Berghütten Bettwäsche und Überwurfdecken nicht nach jeder Benutzung gereinigt werden können. Wer nachts mal raus muss, sollte eine Stirnlampe dabeihaben. Und wer es im Matratzenlager oder Mehrbettzimmer mit Schnarchern zu tun hat, sollte an Ohrstöpsel denken. Ein kleiner Müllsack gehört ebenfalls zu einer Tour im Hochgebirge, denn dort nimmt jeder seinen Müll selbst wieder mit ins Tal. Eigenes Handtuch, Zahnbürste und Zahnpasta sowie Waschzeug sollte sowieso jeder Bergwanderer im Rucksack haben. In vielen Hütten ist keine Kartenzahlung möglich, daher an Bargeld denken! Mitglieder im Deutschen Alpenverein zahlen für die Übernachtung etwas weniger als Nichtmitglieder. Da sehr viele Hütten exponiert liegen und nicht an die öffentliche Strom- und Wasserversorgung angeschlossen sind, sparen alle Hüttenbesucher Strom und Wasser, so gut es geht. Viele Hütten sind nur in den Sommermonaten bewirtschaftet. Für Winterwanderer und Schneetourengeher gibt es zumeist einen Schutzraum, in dem man auch einmal in der dunklen Jahreszeit – gewollt oder nicht – eine Nacht verbringen kann.

Die bequemste Art, eine Wanderreise zu absolvieren, ist die Buchung bei einem spezialisierten Reiseveranstalter. Auf dem deutschen Markt gibt es mehrere Hundert Unternehmen, die entsprechende Angebote vorhalten. Meist sind Wanderungen dabei nur eine Aktivität von mehreren. Fahrrad- oder Kanutouren gehören ebenso dazu. Kleinveranstalter kooperieren häufig miteinander und bieten in ihren Katalogen Reisen anderer Veranstalter an. Manche Veranstalter richten sich an eine bestimmte Klientel; so gibt es Wanderreiseangebote nur für Frauen. Andere sind auf eine bestimmte Region spezialisiert (Trekkingreisen nach Indien oder Nepal). Man unterscheidet auch bei diesen zwischen Standortwanderungen – die Teilnehmer wohnen also in einem festen Quartier und starten von dort aus jeden Tag zu einer anderen Tour – und Streckenwanderungen mit wechselnden Quartieren.

In der Regel handelt es sich um Pauschalreisen, bei denen also auch die An- und Abreise und die Verpflegung im Preis enthalten sind – und natürlich der Wanderführer, der die Gruppe begleitet. Stichwort Gruppe: Bei diesen Angeboten ergibt sich eine gewisse Gruppendynamik, da man über den gebuchten Zeitraum mit ein und denselben Menschen zusammen ist, mit denen man die Herausforderungen der Tour teilt. Das kann schön sein und zusammenschweißen (und zuweilen auch zu neuen Partnerschaften führen). Aber wer dem Herdentrieb und dem Wanderführer nicht folgen mag, sollte auf eine Wanderpauschalreise besser verzichten und seinen Urlaub individuell planen.

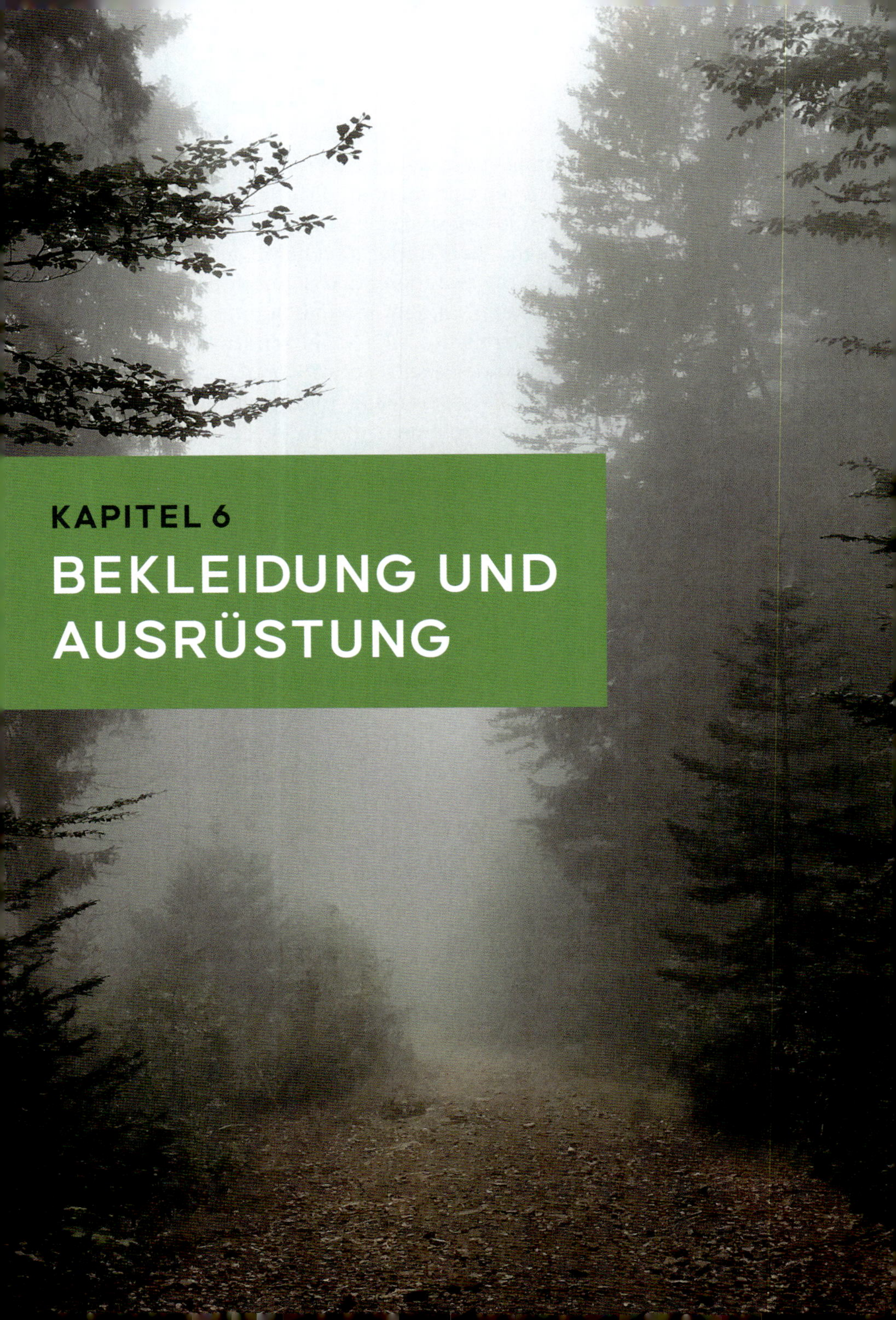

KAPITEL 6
BEKLEIDUNG UND AUSRÜSTUNG

DAS WICHTIGSTE: PASSENDES SCHUHWERK

Wandern ist eine herrlich einfache Sportart, zu der man eigentlich nichts braucht – außer gute Wanderschuhe. Zur Not kann man sogar in Jeans und T-Shirt wandern (viele tun es auch), das ist zumindest bei gelegentlichen und kürzeren Touren kein Problem. Aber ohne angepasstes Schuhwerk zu wandern, kann schon bei einer kleinen Runde zu ernsthaften Problemen führen. Auch das tun viele leider – und so sieht man insbesondere jüngere Wanderer manchmal in Turnschuhen, Tennisschuhen, Sneakers oder sogar in Flip-Flops laufen. Nun ist es natürlich jedem selbst überlassen, wie sehr er sich um das gute Gefühl bringt, das sich beim Wandern einstellen soll – aber ratsam ist es nicht, mit den falschen Schuhen ins Gelände zu ziehen. Turnschuhe ohne Profilsohle führen dazu, dass man auf Schotter rutscht wie auf einem Kugellager. Plastiksohlen sind glatt und halten nicht lange. Damit gefährdet man sich und andere, etwa wenn man ausrutscht und schlimmstenfalls auch den Wanderpartner mitreißt. Drückt und reibt ein Schuh, wird die Wanderung zur Qual.

Für fast jedes Wandervorhaben gibt es unterschiedliche Schuhe. Je ursprünglicher und unbefestigter der Weg und je länger die Tour ist, desto angepasster muss der Schuh sein. Für eine leichte Runde von wenigen Kilometern im Wald in der Nähe brauche ich keinen High-End-Schuh. Will ich aber im Hochgebirge auf unbefestigten Wegen wandern, muss das Schuhwerk entsprechend beschaffen sein. Ich muss mich also entscheiden, *wie und wo* ich eigentlich wandern will. Bevor dies nicht geklärt ist, ist ein Schuhkauf verfrüht. Und wenn ich dann die richtigen Schuhe für mein Vorhaben gefunden habe, sollte ich sie nicht sofort auf die geplante Tour mitnehmen, ohne sie vorher eingelaufen zu haben. Dies kann beim Einkauf im Supermarkt, bei Spaziergängen, in der Freizeit geschehen. Jeder Schuh muss sich dem Fuß anpassen und umgekehrt, daher sollte man beiden Zeit geben, sich aneinander zu gewöhnen, ehe es dann ernst wird.

Grundsätzlich sollte das Obermaterial aus Leder sein. Je weniger Nähte vorhanden sind, desto widerstandsfähiger sind die Schuhe gegenüber Wasser. Es ist unangenehm, in einem Schuh zu laufen, der Wasser durchlässt. Eine vulkanisierte, rundum verlaufende Gummiabdichtung zwischen Sohlenrand und Oberleder macht den Schuh wetterfest und robust.

Das Innenfutter ist bei guten Schuhen aus hochwertigem, weichem Leder beziehungsweise aus schweißdurchlässigem Synthetikmaterial.

Unterschieden werden:

- leichte Wanderhalbschuhe für Freizeitaktivitäten, den Alltag, Reisen oder für Walkingrunden und Spaziergänge. Sie eignen sich auf Wald- und Wiesenpfaden und für kurze bis mittellange Touren bei leichtem Gepäck. Wanderschuhe dieser Art haben eine flexible Sohle und wenig Dämpfung und sind für überwiegend flache und befestigte Wege geeignet.
- hohe Wanderhalbschuhe für längere Tagestouren oder Touren mit Übernachtung auf überwiegend befestigten Wegen, aber schon mit deutlichen Anstiegen und gelegentlichem losen Untergrund – geeignet also fürs Flachland, Mittelgebirge und die Hochalmregion der Alpen auf guten Wegen. Die Sohle ist steif und dick.
- Trekkingstiefel mit verwindungsfreier Sohle, guter Dämpfung und hoher Schnürung. Sie empfehlen sich auch für anstrengende Touren in bergigem und streckenweise unwegsamem, auch alpinem Gelände.
- Schwere Trekkingstiefel sind für ambitionierte Touren in unwegsamem und steilem Gelände gedacht, in dem es keine Wegführung mehr gibt. Die Sohle hat ein tiefes Profil, die Schnürung ist sehr hoch, der Schaft ist stabil.
- Bergstiefel müssen im Hochgebirge, auf Eis oder Firn getragen werden; sie sind geeignet für Fels und Geröll. Mehrtägige Touren im Winter sind mit ihnen möglich, denn sie schützen auch vor Kälte. Eine Kante an der Ferse erlaubt die Verwendung von Steigeisen. Bergstiefel sind schwer und aus besonders robusten Materialien gearbeitet.
- Expeditionsstiefel verfügen über einen herausnehmbaren Innenschuh und sind, wie der Name schon sagt, für die spezifischen Anforderungen von Expeditionen und extremen Höhen und in kritischem Gelände konzipiert. Dazu gehören auch Gletscherüberquerungen oder ausgedehnte Hochgebirgs-Wintertouren.

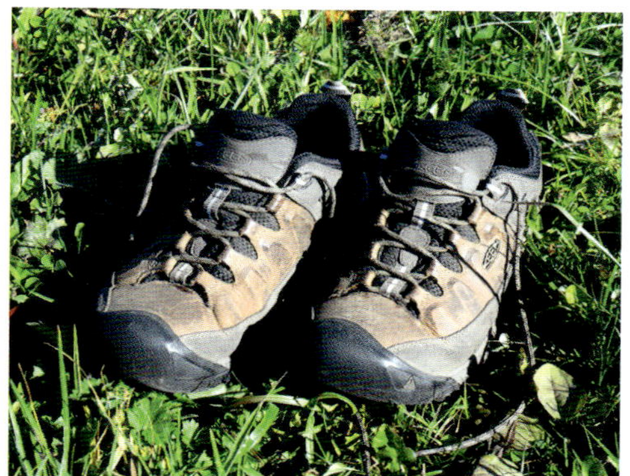

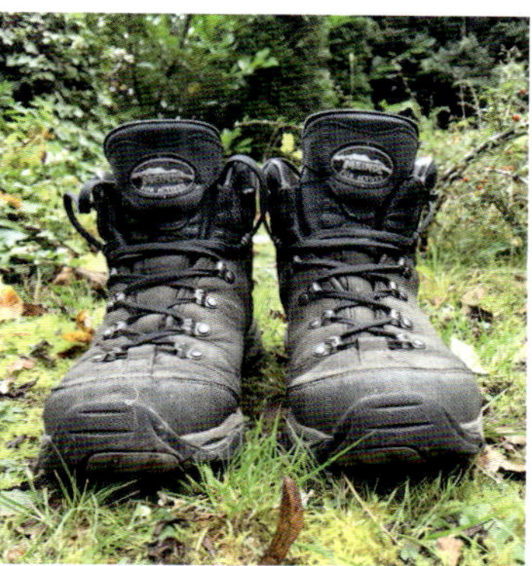

Ob Wanderschuhe (links) oder Wanderstiefel (rechts) – sie müssen vielfältigen Anforderungen genügen. Für ihren Kauf ist eine gute Beratung unerlässlich.

Der durchschnittliche Wanderer wird mit einem Schuh aus den ersten drei Kategorien gut auskommen. Bei allen Schuhen ist beim Kauf ein Blick auf die Sohle wichtig: Sie muss rutschfest sein und einen Weichtrittteil enthalten, um die Kräfte beim Auftreten zu dämpfen. Je unebener die Wege sind, auf denen man läuft, desto steifer muss die Sohle sein, denn auf unebenen und steinigen Pfaden kann ein Wanderer nur dann ermüdungsfrei laufen, wenn die Sohlenkonstruktion eine entsprechende Steifheit aufweist.

Der Fuß muss im Innern des Schuhs geschützt sein vor Steinen oder Dornen und stabil umschlossen werden, ohne zu drücken. Luftaustausch ist wichtig, wobei das Prinzip „Wasser bleibt draußen, Schweiß geht raus" nur bei einem größerem Temperaturgefälle zwischen den rund 30 Grad im Innern des Schuhs und der Außentemperatur funktioniert. Nützlich ist die Verwendung von ergonomisch geformten Wandersocken aus Funktionsmaterialien. Der Wollanteil im Socken sollte gering sein, sonst bleibt der Schweiß im Schuh. Das kann zu Blasen führen, weil Feuchtigkeit im Schuh immer kritisch ist. Moderne Wandersocken wärmen oder kühlen, sie führen den Schweiß ab und tragen in erheblichem Maß zum Tragekomfort bei. Sie sind für den linken und den rechten Fuß gesondert geschnitten und erhöhen so die Passform.

Beim Anprobieren eines Wanderschuhs ist darauf zu achten, dass der Schuh den Fuß angenehm fest umschließt. Die Zehen dürfen vorne nicht anstoßen – auch nicht beim Abwärtsgehen – und seitlich nicht zusammengedrückt werden. Wer schon beim Anprobieren Druckstellen spürt, sollte ein anderes Modell wählen. Je nach Hersteller sind die Schuhe mal schmaler, mal breiter im Spann. Jede Firma verfolgt hier ihre eigene Philosophie. Wanderschuhe sollte man übrigens nachmittags kaufen, weil dann der Fuß breiter ist als am Morgen. Und man probiert die Schuhe mit den gegenüber Alltagssocken etwas dickeren Wandersocken an.

BEKLEIDUNG: ZWIEBELSCHALENPRINZIP

Ein kritischer Faktor bei der Wanderbekleidung ist Nässe – und zwar von außen als Nebel, Regen oder Schnee und von innen als Schweiß. An zweiter Stelle steht die Umgebungstemperatur, die bei einer Wanderung erheblich schwanken kann: Morgens ist es womöglich empfindlich kalt, vormittags kann ein kalter Wind wehen, nachmittags wird es warm. Abends gibt es vielleicht einen heftigen Regenguss. Bergauf kommt man ins Schwitzen, bergab kann es einen frösteln. Auf diese Herausforderungen muss die Wanderbekleidung Antworten finden. Optimale Wanderbekleidung führt zu Wohlbefinden, wenn sie Schutz vor äußeren Einflüssen bietet, Körperwärme und Schweiß abführt und somit wie eine zweite Haut empfunden wird.

Funktionsmaterialien, die den Schweiß nach außen leiten, äußere Nässe aber nicht eintreten lassen, sind das Mittel der Wahl. Auch bei kürzeren Touren kommt man ins Schwitzen. Baumwolle klebt dann bald nass am Körper und trocknet nicht. Deshalb ist das Wandern im Baumwoll-T-Shirt zwar möglich, aber nicht zu empfehlen.

Ideal ist das Zwiebelschalenprinzip aus drei beziehungsweise vier Lagen Funktionsmaterial, weil die Luftschicht zwischen den Lagen hilft, die Körpertemperatur zu regulieren und gleichzeitig gegen Kälte und Wärme zu isolieren. Außerdem schützt diese Luftschicht bei Wanderpausen vor rascher Auskühlung.

Kriterien für ideale Wanderkleidung:

- eng anliegende Funktionsunterwäsche am Körper (T-Shirt oder Langarmshirt, im Winter lange Unterhose)
- eine isolierende Schicht (Pulli)
- eine Außenschicht, die Nässe und Wind abhält (Softshell-Jacke) – in 90 Prozent der Wetterverhältnisse bietet sie ausreichenden Schutz
- eine optionale Schicht für lang anhaltenden oder stärkeren Regen (Hardshell-Jacke), die – wenn sie nicht gebraucht wird – im Rucksack verbleibt

Die Ärmel sollten weit und lang geschnitten sein, damit die Achselhöhlen gut belüftet werden. Gute Anoraks haben eine Verstärkung im Bereich der Schulter. Sie entlastet und unterstützt das Tragen des Rucksacks. Jacken sollten mindestens zwei Außentaschen haben, die mit einem Reißverschluss versehen sind. Optimal sind zwei verschließbare Innentaschen. Reißverschlüsse müssen robust sein und sollten eine Abdeckung haben, damit durch diese Schwachstelle im Bekleidungssystem keine Nässe eindringen kann.

Das Material der Wanderhose sollte ebenfalls wind- und nässeabweisend sein. Je nach Jahreszeit wird man hier unterschiedliche Stärken wählen. Viele Sommerwanderhosen haben einen Reißverschluss oberhalb des Knies, sodass man sie an heißen Tagen mit wenigen Handgriffen in kurze Hosen verwandeln kann. Sehr nützlich ist eine aufgenähte Tasche am Oberschenkel, in die eine Wanderkarte passt.

Ergänzt wird die Bekleidung durch eine Kopfbedeckung. In manchen Soft- oder Hardshell-Jacken ist im Kragen eine Kapuze untergebracht, die bei einem Regenschauer oder im Winter bei Schneefall sehr hilfreich sein kann. Vorteilhaft ist es, wenn sie mit einem Regenschild ausgestattet ist. Jedoch ist eine Kapuze keine dauerhaft sinnvolle Kopfbedeckung, sofern man nicht gerade in der Arktis unterwegs ist. Sie schützt zwar sehr gut, schränkt aber die Sicht und die akustische Wahrnehmung ein und dürfte vor allem im Sommerhalbjahr auch einfach zu warm sein.

Eine Schirmmütze schützt vor Regen und Sonne und verhindert, unter der Kapuze getragen, dass diese in die Stirn und vor die Augen rutscht. Der Nachteil einer Schirmmütze ist, dass sie weder Nacken noch Ohren bedeckt; diese Körperpartien erweisen sich an Sommertagen oft als sonnenbrandgefährdet. Ein Bandana, also ein modernes Kopftuch, kann hier Abhilfe verschaffen, indem man es wie ein Piratenkopftuch trägt und über die empfindliche Seite der Ohrmuschel zieht. Den Nacken schützt der Stoffzipfel des Bandanas, wenn es entsprechend gewickelt ist. Es lässt sich auch gut unter der Schirmmütze tragen. Im nassen Zustand kühlt es an heißen Tagen den Kopf und bewahrt den Wanderer vor einem Sonnenstich.

Im Winter ist eine klassische Mütze ein unerlässliches Accessoire, da sie sich durch ihren engen Sitz am Kopf ideal als Kälteschutz eignet. Allerdings ist sie kein guter Regenschutz, da sie sich schnell mit Wasser vollsaugt und dabei schwer und kalt wird. Ein Wanderhut wiederum hilft nicht so gut gegen Kälte, bietet aber wegen seiner breiten Krempe Schutz vor Regen und Sonne.

Im Winter sind Handschuhe ein Muss. Fingerhandschuhe erhalten die Greiffähigkeit der Hand, schützen aber bei entsprechenden Minusgraden nicht vor Auskühlung der Finger, da sie wenig Luftpolster zwischen Handschuh und Haut bieten. Klamme, kalte Finger können eine Wanderung unangenehm werden lassen. Der Fäustling weist demgegenüber eine gute Wärmewirkung auf, weil die Hand in ihm mehr Spielraum und Luft hat und sich die Finger gegenseitig wärmen können. Nachteil ist, dass die Greiffähigkeit der Hand beeinträchtigt ist.

Eine Sonnenbrille kann zu jeder Jahreszeit nützlich sein – auch im Winter, wenn man beispielsweise bei Sonnenschein über ausgedehnte Schneefelder wandert. Sonnencreme ist dann auch im Winter zu empfehlen.

RUCKSACK

Was zum Wandern neben gutem Schuhwerk unbedingt dazugehört, ist ein Rucksack. Bei Touren von mehr als ein oder zwei Stunden Dauer ist er im Grunde genommen unerlässlich, weil man ab einer gewissen Streckenlänge zwangsläufig einige Dinge mitnehmen muss, die zu verstauen sind – eine Wasserflasche etwa, Verpflegung oder Wechselwäsche, wenn man durchgeschwitzt ist. Im Handel gibt es eine Vielzahl von Rucksacktypen: Das Spektrum reicht von A wie Alpinrucksack bis Y wie Yoga-Rucksack. Dazwischen liegen je nach Verwendung Stadt-, Skater-, Fahrrad-, Kurier-, Handgepäck-, Foto-, Crossbody-, Canvas- und Businessrucksäcke – und das ist nur eine kleine Auswahl. Wanderer benötigen natürlich einen Wanderrucksack aus dem Outdoor-Fachhandel. Hier gibt es große Unterschiede.

Wichtigstes Auswahlkriterium ist neben der Qualität die Größe. Sie richtet sich nach dem Umfang des jeweiligen Vorhabens. Wie bei den Wanderschuhen gibt es auch bei Rucksäcken verschiedene Modelle für die unterschiedlichen Anforderungen:

- Ein Tagesrucksack (Daypack) ist – wie der Name schon sagt – für Tagesausflüge gedacht. Das Packvolumen von 20 bis 30 Litern reicht für die genannten Utensilien, dazu noch eine kleine Notfallausrüstung und die Regenjacke. Durch das geringe Eigengewicht ist er im leeren Zustand auf dem Rücken kaum zu spüren. Ein Tagesrucksack hat in der Regel nur Schultergurte, vielleicht noch einen Brustgurt, aber meist keinen Hüftgurt. Das Tragegewicht beträgt wenige Kilogramm. Die meisten Wanderer sind nicht länger als einen Tag unterwegs und werden daher mit einem Daypack auskommen.
- Der Trekkingrucksack findet auf mehrtägigen Touren Anwendung. Er umfasst ein Packvolumen von 40 bis 45 Litern und zeichnet sich durch ein Tragegestell und ein System aus Schulter-, Brust- und Hüftgurten aus. Mit ihm können maximal 15 bis 20 Kilogramm getragen werden.
- Schwerlastrucksäcke beispielsweise für alpine Mehrtageswanderungen mit Hüttenübernachtungen sind größere Trekkingrucksäcke (Packvolumen bis zu 70 Litern), mit denen weitaus mehr als 20 Kilogramm transportiert werden können. Es gibt Modelle mit Innen- und Außengestell, wobei die Innengestelle inzwischen die Außengestelle weitgehend ersetzt haben.

Wanderrucksäcke sind heute nicht nur Rucksäcke, sondern ein ganzes Tragesystem. Beim Rucksack ist es wie mit den Wanderschuhen: Der richtige Sitz ist alles. Deshalb sollte ein Rucksack beim Kauf unbedingt anprobiert werden. Er sollte dicht am Körper anliegen, denn sonst wirkt das Gewicht wie ein Hebel. Größere Modelle werden nicht nur mit den Schultern, sondern auch auf den Hüften getragen. Nur so können wir über längere Zeit Leistung bringen, ohne Schmerzen zu verspüren. Ein entsprechendes Gurtsystem ist hier ein Muss. Sehr nützlich ist ein wasserundurchlässiger Überzug für den gesamten Rucksack. So bleibt der Inhalt auch bei Regengüssen trocken.

Wichtigster Teil eines größeren Rucksacks ist der Hüftgurt, denn auf den Hüften (und nicht auf den Schultern!) sollte hauptsächlich das Gewicht lasten. Sitzt der Hüftgurt optimal, werden Schultern und Rücken entlastet. Optimal bedeutet: Die Polsterung des Hüftgurts geht etwa zu einem Drittel über den Hüftknochen hinaus.

Die Schultergurte müssen einem Bogen über die Mitte der Schulter folgen. Zwischen den Schultergurten und den Schultern darf keine Luft sein. Der Brustgurt verbindet die Schultergurte miteinander, um einen ordentlichen Sitz sicherzustellen und das Gewicht gleichmäßig über den Brustkorb zu verteilen. Er sollte auf einer Linie mit den Schultergelenken liegen. Wenn die Schultergurte über den Brustgurt fixiert sind, ist der obere Teil des Rucksacks richtig eingestellt.

Nun noch die Riemen an den Schultergurten ziehen, damit der obere Teil des Rucksacks eng am Körper anliegt. Dadurch liegt der Schwerpunkt des Rucksacks näher am Körper – das schont die Knochen, Muskeln und Gelenke und hilft, das Gleichgewicht besser zu behalten.

WANDERSTÖCKE

Ob man mit oder ohne Wanderstöcke marschiert, ist unter Wanderern eine immer wieder viel diskutierte Glaubensfrage. Es gibt gute Gründe für und gegen Wanderstöcke. Bei durchschnittlichen Weg- und Steigungsverhältnissen sowie bei normaler körperlicher Verfassung bringen sie grundsätzlich kaum Vorteile.

Für ihren Einsatz spricht die Entlastung der Kniegelenke vor allem beim Bergablaufen. Sie verbessern im unwegsamen Gelände außerdem

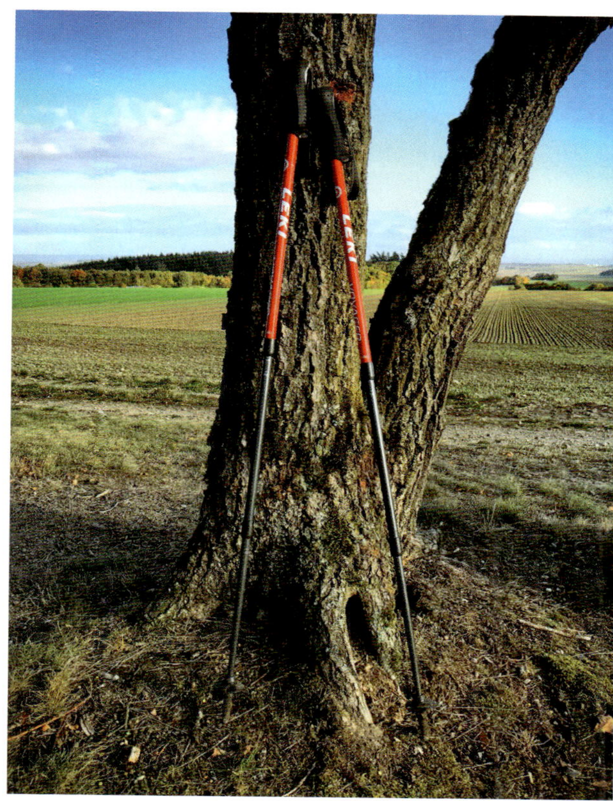

Können nützliche Helfer sein: Wanderstöcke

die Stabilität und geben in rutschigem Gelände zusätzliche Sicherheit. Beim Bergaufgehen bringen sie – vergleichbar mit einem Allradantrieb beim Auto – mehr Kraft auf den Boden. Wie beim Nordic Walking trainieren Wanderstöcke die Arme und den Oberkörper mit. Insbesondere im unwegsamen, steilen oder alpinen Gelände sind sie nützlich, auf extremem Untergrund sogar unerlässlich.

Wer sich jedoch ständig beim Wandern auf Stöcke verlässt, der vernachlässigt sein Koordinationsvermögen und seinen Gleichgewichtssinn. Auch verringert ihr dauernder Einsatz die körpereigenen Reize und Schutzmechanismen, die für den Aufbau gesunder Gelenkknorpel

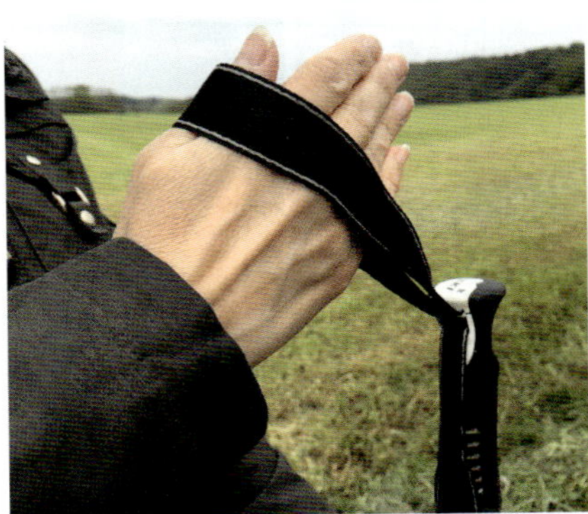

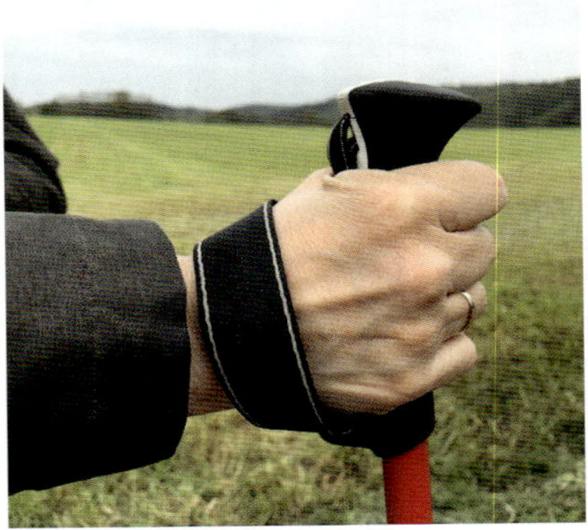

Die Hand wird zusammen mit dem Daumen von unten in die Schlaufe des Wanderstocks geschoben, bis sie den Griff umfasst und der Daumen auf der Schlaufe liegt.

wichtig sind. Je nach Tour sollte man sich also überlegen, ob man die Stöcke wirklich braucht oder sie auch zu Hause lassen kann. Bei flachen Touren auf befestigten Wegen stören sie eher.

Die Ausführung ist bei nahezu allen Modellen gleich: Immer handelt es sich um dreiteilige Aluminium- oder Karbonrohre, die wie ein Teleskop ineinander schiebbar oder faltbar sind. Der wesentliche Unterschied besteht in der Fixierung der einzelnen Elemente: Entweder handelt es sich um Schraub- oder Klickverschlüsse. Beide Systeme sind gleichwertig. Wanderstöcke müssen individuell auf die Körpergröße eingestellt werden. Die Schlaufen sind so weit herauszuziehen, dass die Hand bequem umschlossen wird. Man greift den Stock, indem man die Hand von unten durch die Schlaufe führt und dann den Handgriff umfasst. Auf diese Weise kann die Armkraft effizient auf den Stock übertragen werden, ohne das Handgelenk übermäßig zu belasten. Weil Wanderstöcke explizit dazu vorgesehen sind, sich auf ihnen abzustützen, eignen sich Nordic-Walking-Stöcke gerade *nicht* zum Wandern. Sie haben eine andere Funktion, werden anders geführt und besitzen eine andere Schlaufen- und Griffmechanik.

WEITERE AUSRÜSTUNG

Wanderer sollten auch an Hilfsmittel denken, die – hoffentlich – nicht bei jeder Wanderung zum Einsatz kommen, die aber im Falle eines Falles nützlich sind. Hier ist an erster Stelle an eine kleine Erste-Hilfe-Ausrüstung zu denken. Allerdings bieten die handelsüblichen Sets aus der Apotheke oder dem Outdoor-Fachhandel nicht das, was ein Wanderer benötigen könnte, da sie in der Regel nur mit Verbandsmaterial bestückt sind. Ein Erste-Hilfe-Set ist deshalb nur die Grundlage für eine Notfallausrüstung. Es sollte ergänzt werden durch ein Dreieckstuch, eine elastische Binde, eine Rettungsdecke, eine Zeckenzange, Hühneraugenpflaster, Pinzette und Insektencreme. Achtung: Alles, was an Verbandsmaterial im Erste-Hilfe-Set ganz oder teilweise in Papier eingepackt ist, ist steril. Bitte also die entscheidenden Stellen nicht in Kontakt mit verunreinigten Oberflächen bringen oder mit den Händen berühren.

Ein Dreieckstuch kann vielfältig eingesetzt werden, beispielsweise als Verband bei Kopfverletzungen oder als Tragehilfe bei Armbrüchen. Auch kann es als Unterlage dienen, um weitere Hilfsmittel – etwa Verbandsmaterial – neben einem Verletzten auszulegen (vgl. auch Kapitel 11). Eine elastische Binde kann bei Verstauchungen beispielsweise des Fußgelenks Erleichterung verschaffen – eine Verletzung, die leider häufiger bei Wanderern vorkommt. Eine Rettungsdecke ist eine ebenso leichte wie reißfeste metallisierte Plastikfolie, sie schützt einen Verletzten vor Auskühlung, Nässe und Wind. Ob man dem Verletzten die silberne oder goldene Seite zuwendet, ist unerheblich. Letztere kann auch bei einem Notfall im Winter genutzt werden, um auf einem Schneefeld Helfer auf sich aufmerksam zu machen.

Eine Zeckenzange oder Zeckenpinzette hilft, das Tier zu entfernen, wenn es sich einmal festgesetzt hat. Es gibt in Apotheken auch Zeckenkarten, mit denen Zecken leicht herausgehoben werden, indem man mit der Einkerbung unter den Kopf greift und sie dann herauszieht. Hühneraugenpflaster können den Schmerz beim Gehen mindern, wenn sich ein Hühnerauge – oder auch eine Blase – gebildet hat. Mit einer Pinzette lässt sich ein Dorn aus der Haut entfernen. Insektencremes schließlich helfen bei Insektenstichen oder auch bei Sonnenbrand.

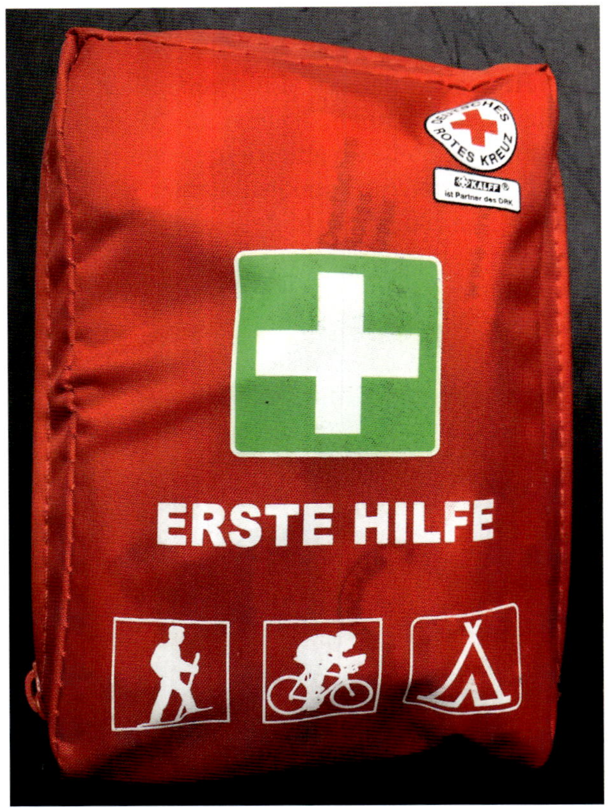

Erste-Hilfe-Set: Grundausstattung für den Rucksack

Wanderer sollten sich in Apotheken beraten lassen, welche Creme am besten für ihre Zwecke geeignet ist.

Als weiterer nützlicher Ausrüstungsgegenstand kann sich eine Stirnlampe erweisen. Bei Wanderungen in der Dunkelheit ist sie ohnehin notwendig, aber auch wenn man sich mal im Herbst oder Winter mit der Gehzeit vertan hat oder aufgehalten wurde und es dunkel wird. Sie hilft, bei schlechten Lichtverhältnissen den Fuß richtig zu setzen oder die Karte zu studieren. Bei Übernachtungen auf Hütten ist sie hilfreich, wenn man nachts die Toilette aufsucht. Und selbst am hellen Tag kann man sie gebrauchen, wenn man als Wanderer beispielsweise an einer

Höhle vorbeikommt, die man gerne erkunden möchte. Eine Stirnlampe sollte eine ausreichende Leuchtkraft haben: mindestens 100 Lumen.

Ein Taschenmesser hilft im Notfall, Tragstöcke zuzuschneiden und im Wandernormalbetrieb einen Apfel zu schälen. Praktisch sind die Schweizer Armeemesser. Sie beinhalten eine Vielzahl von Werkzeugen, die auf einer Wanderung nützlich sein können – zum Beispiel einen Korkenzieher oder Flaschenöffner, wenn es darum geht, den erfolgreichen Abschluss einer Tour zu feiern.

Papier und Bleistift braucht der Wanderer, um sich Notizen zu machen. Das geht natürlich auch auf dem Smartphone – aber wenn man mal in die Lage kommt, eine Nachricht hinterlassen zu müssen, ist die analoge Variante in jedem Fall die einzig mögliche. Eine Schnur gehört in jeden Rucksack. Mit ihr kann man beispielsweise einen abgerissenen Schnürsenkel ersetzen oder eine geklebte Schuhsohle, die sich gelöst hat, fixieren. Eine Sicherheitsnadel hilft bei aufgerissenen Bekleidungsstücken. Eine Signalpfeife ist ein einfaches, aber wirkungsvolles Hilfsmittel zum Herbeirufen von Hilfe in Notfällen. Hierzu wird das alpine Notsignal verwendet: sechsmal in der Minute ein Signal geben, dann eine Minute warten. Dann Wiederholung des Notsignals.

Ein Stirnband oder ein kleines Handtuch helfen bei schweißtreibenden Aufstiegen. Wer ein Bandana auf dem Kopf trägt, kann dies idealerweise auch als Schweißtuch nutzen. Tief in die Stirn gezogen, verhindert es, dass Schweiß in die Augen läuft.

Ein letzter Ausrüstungsgegenstand ist Toilettenpapier. Wer sein Geschäft in der Natur verrichten muss, sollte aus Umweltschutzgründen keine Papiertaschentücher verwenden. Diese sind imprägniert, sodass sie sich auf Jahre hinaus nicht zersetzen. Einfaches Toilettenpapier hingegen löst sich in kurzer Zeit auf und stellt keine Belastung für die Umwelt dar.

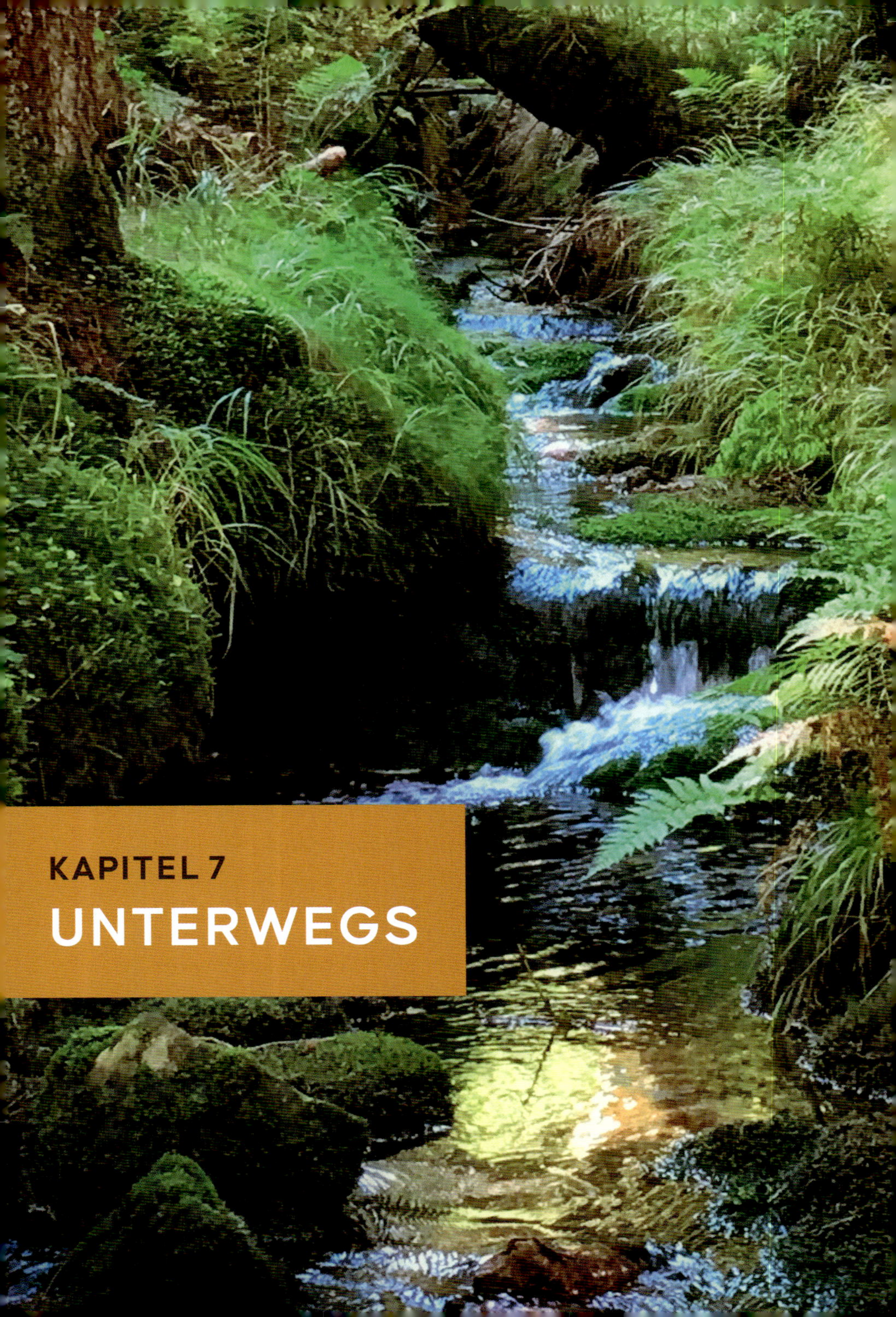

KAPITEL 7

UNTERWEGS

DEN RUCKSACK RICHTIG PACKEN

Das oberste Gebot lautet: Gewicht reduzieren! Alles was wir mitnehmen, müssen wir auch ständig mit uns rumschleppen. Die richtigen Dinge wegzulassen, ist allerdings eine Kunst. Sie erfordert – wie jede Kunst – Übung und speist sich aus Erfahrung. Es gibt Dinge, die wir hoffentlich nicht brauchen werden und die wir dennoch dabeihaben sollten: alles, was uns bei Verletzungen und in Notlagen hilft. Bei Mehrtageswanderungen wird man auch ein Set für die Körperpflege mitführen, ebenso Wechselwäsche. Aber alles darüber hinaus ist im Grunde Luxus, den wir uns gut überlegen sollten.

Der Rucksack sollte nicht schwerer sein als 20 bis 25 Prozent des eigenen Körpergewichts – und das ist schon viel! Dieser Faustregel liegt zudem ein trainierter mitteleuropäischer Wanderer zugrunde. Wir sind alle keine Sherpas aus dem Himalaja – die schultern auch schon mal bis zu 80 Kilogramm, allerdings für eine zahlende Kundschaft.

Nachdem wir alles aussortiert haben, was wir nicht brauchen, besteht die nächste Kunstfertigkeit darin, das Übriggebliebene möglichst optimal zu verstauen. Hier können wir auf vielfach erprobte Erfahrungswerte zurückgreifen. Der Schwerpunkt des Rucksacks sollte erstens recht hoch und zweitens dicht am Körper liegen. Wichtig ist, dass der Rucksack seinen Träger nicht nach unten zieht. Das belastet zu sehr die Schultern.

Also packen wir zuerst ganz unten die leichteren Gegenstände ein – beispielsweise einen Hüttenschlafsack oder eine Daunenjacke. Dann folgt körpernah an der Innenseite des Rucksacks auf der Höhe des mittleren Rückens die schwere Ladung: etwa das Zelt. An die Außenseite, also weiter weg vom Körper, kommen auf dieser Höhe mittelschwere Dinge, zum Beispiel die Wechselwäsche. Ganz oben folgen nochmals mittelschwere Gegenstände wie die Regenbekleidung, und in das Deckelfach gehört Kleinkram wie Schlüssel oder Geldbörse. Alles, was man häufiger braucht, sollte in den Außenfächern des Rucksacks verstaut werden – die Trinkflaschen in die Seitenschuber, die Sonnenbrille und der Wanderführer.

Mehrtagesrucksäcke haben häufig den Vorteil, dass sie neben dem Deckelfach noch ein Bodenfach, Seitenöffnungen und eine Frontöffnung

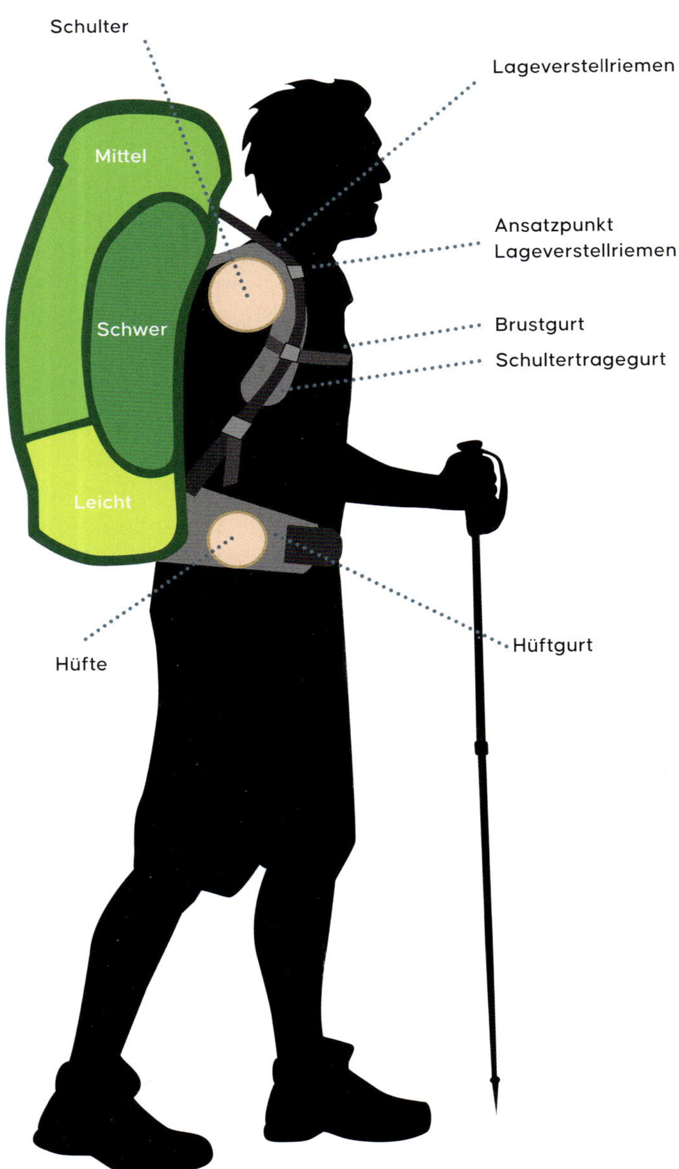
Schulter
Lageverstellriemen
Mittel
Ansatzpunkt
Lageverstellriemen
Schwer
Brustgurt
Schultertragegurt
Leicht
Hüfte
Hüftgurt

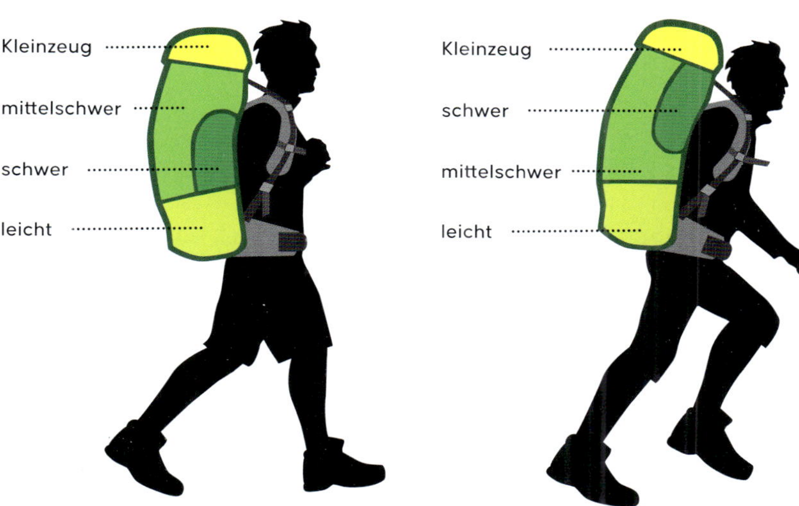

haben. So kann man jede Sektion gezielt und unabhängig voneinander befüllen, und es muss nicht alles durch die obere Öffnung mit den Kompressionsgurten entnommen werden, mit denen man die Größe des Rucksacks an das Volumen des Gepäcks anpassen kann. Noch leichter geht das Rucksackpacken mithilfe von Packbeuteln aus Plastik oder Nylon. In diesen sollten zueinander gehörende Gegenstände gemeinsam verstaut werden, etwa alles, was zur Körperpflege gehört. Diese Packbeutel schaffen wie von alleine Ordnung und erleichtern die Suche, wenn man etwas Bestimmtes braucht. Zu Beginn einer Tour sollten sich auch immer zwei leere Plastikbeutel im Rucksack befinden: einer für die Schmutzwäsche und einer für den Müll. Denn aus Naturschutzgründen sollte man grundsätzlich nichts zurücklassen; es sei denn, an einer Schutzhütte oder einer Parkbank in der Landschaft findet sich ein Mülleimer.

Von der Packregel „Schweres hoch und nah am Körper“ sollte man teilweise abweichen, wenn steileres Gelände erwartet wird. Beim Gehen in der Ebene sollte der Schwerpunkt des Rucksacks deutlich oberhalb der Hüfte liegen. Der Rucksack unterstützt dann die leicht nach vorn gebeugte Gehbewegung, ohne dass das Gewicht zu sehr nach hinten zieht. Deshalb dürfen bei Wanderungen im Flachland die schweren Gegenstände durchaus auf Schulterhöhe platziert werden. Anders beim Aufstieg im Gebirge. Hier sollte der Schwerpunkt weiter unten liegen, denn wir brauchen hier stärker als in der Ebene die Arme. Diese sollten frei beweglich sein, ohne dass das Rucksackgewicht seitlich ausschwenkt.

Das Gewicht des Rucksacks liegt an zwei Gelenken auf: auf den Schultern und auf der Hüfte. Idealerweise wird es hauptsächlich auf den Hüften getragen, die deutlich robuster sind als unsere komplex gebauten Schultern. Deshalb haben größere Rucksäcke immer auch einen Bauchgurt, der das Gewicht besser um die Hüfte herum verteilt. Die Schultergurte sollten nicht zu straff gezogen werden, denn das kann zu Verspannungen im Schulter- und Nackenbereich führen. Wer viel und weit wandert, dem sei regelmäßiges Rückentraining im Fitnessstudio empfohlen, durch das nicht nur Problemen beim Rucksacktragen vorgebeugt werden kann, sondern auch viele andere Beschwerden der Volkskrankheit „Rücken“.

DER WEG

Beim Wandern ist in der Regel der Weg das Ziel. Wir wollen uns in einem angepassten Tempo über einen längeren Zeitpunkt in der Landschaft bewegen und sie in uns aufnehmen, zu einem Teil von ihr werden. Die Landschaft in Deutschland ist auf engstem Raum so vielfältig wie sonst kaum irgendwo auf der Welt

Wir durchstreifen Felder und Wälder, kommen durch Dörfer und an einzelnen Gehöften vorbei, die Route kann topfeben, wellig, hügelig oder steil mit knackigen Auf- und Abstiegen sein. Gewässer begleiten uns als Bäche, Teiche oder Seen, manchmal geht es auch durch Sumpfgebiete und Moore, wir kommen an Felsen oder Dünen vorbei und gehen durch Heidelandschaften und über Wiesen.

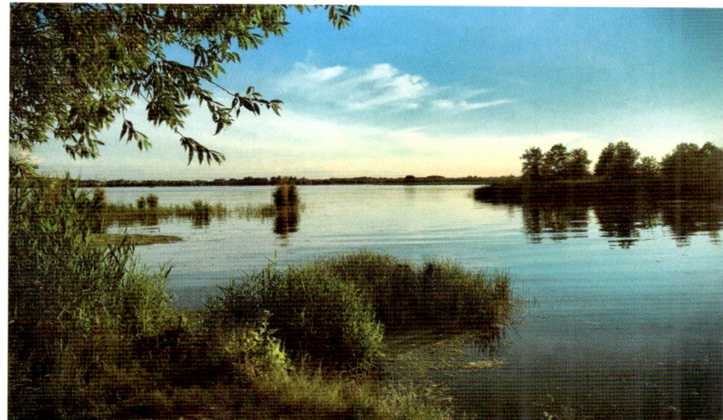

Großer Zernsee
bei Potsdam

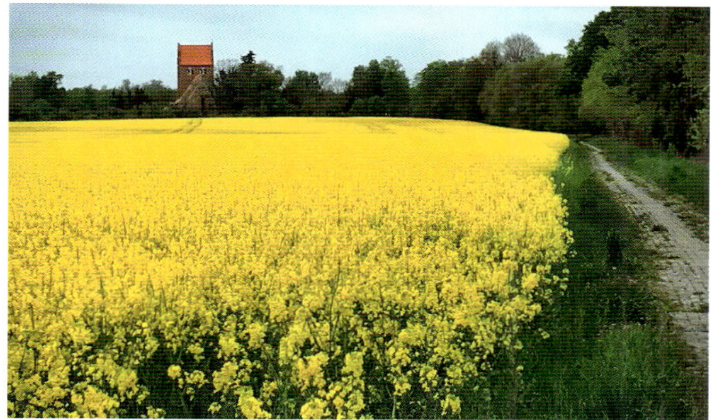

Rapsfeld
bei Tangermünde

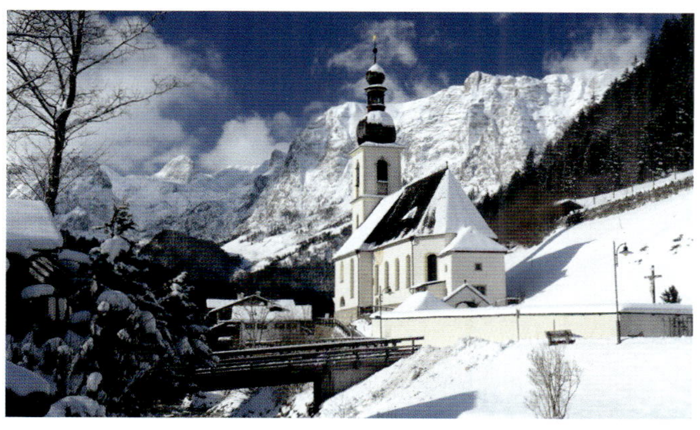

Ramsau bei
Berchtesgaden

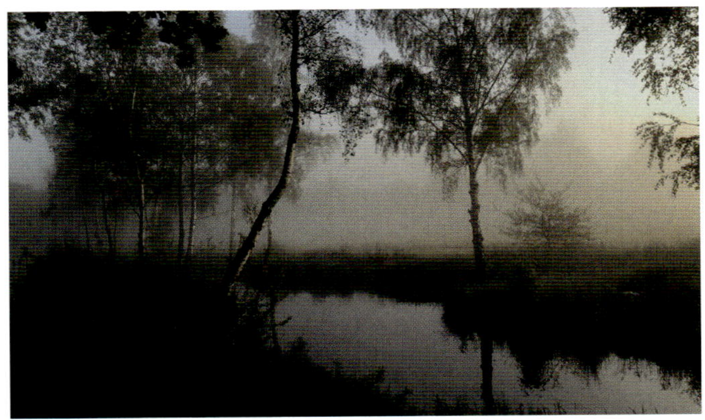

Kladdinger Wiesen in Stuhr bei Bremen

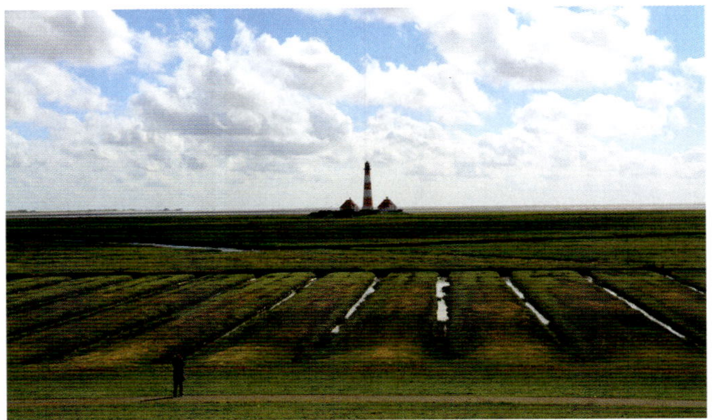

Westerhever Leuchtturm an der Nordseeküste

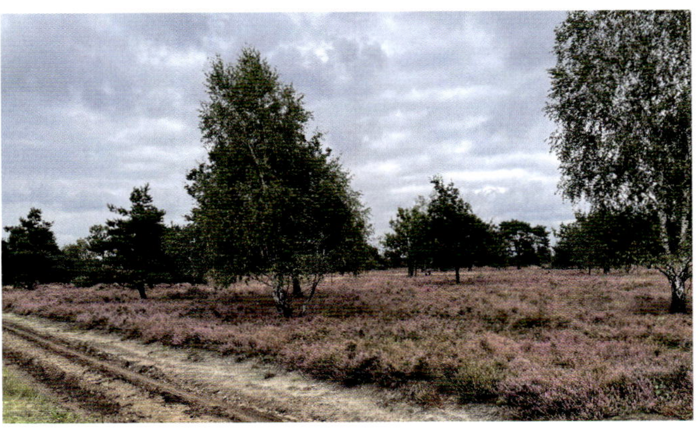

Lüneburger Heide

Unser Wanderweg führt uns, egal wo unsere Route innerhalb Deutschlands liegt, durch eine einzigartig schöne und abwechslungsreiche Kulturlandschaft. Unberührte Natur und echte Wildnis gibt es in Deutschland allerdings nur noch im Hochgebirge der Alpen und im Lebensraum Watt an der Nordseeküste. In der durchstreiften Landschaft begegnen uns Sakralbauten wie Kirchen und Klöster, Profanbauten wie Schlösser und Burgen, Kleindenkmale wie Wegekreuze, Heiligenhäuschen, Grenzsteine oder Gedenksteine. Manche Wege führen an früheren Verteidigungsanlagen entlang wie dem Limes oder dem Westwall. Auch Industrieanlagen gehören zur Landschaft: Mühlen, Säge- oder Hammerwerke, Kanäle, Schleusen und Staudämme, Bergwerke, Stollen, Förderanlagen, Sendetürme, Windkraftanlagen und Wassertürme. Oft lohnt es sich, an Sehenswürdigkeiten am Wegesrand oder Museen haltzumachen und sie sich genauer anzuschauen.

Wandern ist immer auch Auseinandersetzung mit dem Weg und mit der Landschaft. Wer mit offenen Augen durch die Umgebung geht, will oft mehr wissen. Wir kaufen uns irgendwann vielleicht ein Pflanzenbestimmungsbuch, laden uns eine Vogelstimmen-App herunter, setzen uns mit regionalem Brauchtum auseinander, lesen einen Reiseführer über die durchstreifte Region, einen Krimi oder historischen Roman, der in der Umgebung spielt. Und abends genießen wir, was die regionale Küche, die örtlichen Brauereien oder die Weinberge der Umgebung für uns bereithalten. Insofern ist Wandern ein Geschenk, das uns mit jedem Schritt auf unserem Weg bereichert. Und es ist (lebenslanges) Lernen durch Erfahrenes und Erlesenes im eigentlichen Sinne, durch Gehen und (Nach-)Lesen.

Der Wanderweg ist nicht nur ein Weg durch den Raum, sondern auch durch die Zeit, die sich in unseren Breiten in jeder Jahreszeit anders darstellt. Im Frühjahr erfreuen wir uns an den ersten warmen Sonnenstrahlen, an der erwachenden Natur, am Vogelzwitschern. Im Sommer sind die Tage lang und warm, viele Pflanzen blühen jetzt, es duftet besonders. Im Herbst färben sich Wald und Flur, die Natur gibt noch einmal alles, die Ernte wird eingefahren. Im Winter müssen wir besonders präzise planen, denn die Tage sind kurz, und wegen des Schnees sind nicht alle Wege begehbar. Dafür ist die Landschaft verzaubert, eine Innerlichkeit macht sich bereit, und eine Winterwanderung weckt Vorfreude auf Wärme und Behaglichkeit.

DER SCHRITT

Es ist eine Binsenweisheit: Jeder Mensch hat seinen eigenen Schritt. Die berühmte „Schrittgeschwindigkeit“ hängt eng mit der individuellen Körpergröße und der Beinlänge zusammen, aber nicht nur. Auch Kondition und Lauftechnik spielen eine Rolle – und natürlich das Gelände. Deshalb hilft die vielfach genannte durchschnittliche Schrittlänge von 60 Zentimetern nicht weiter, denn wir Menschen sind nun einmal selten exakt der Durchschnitt.

Dies sind die üblicherweise angegebenen durchschnittlichen Schrittlängen und die jeweils zurückgelegten Strecken nach 1.000 Schritten bei gegebener Körpergröße:

Körpergröße	Schrittlänge	Zurückgelegte Strecke nach 1.000 Schritten
1,40 m	50 cm	500 m
1,50 m	55 cm	550 m
1,60 m	65 cm	650 m
1,70 m	75 cm	750 m
1,80 m	80 cm	800 m
1,90 m	85 cm	850 m
2,00 m	90 cm	900 m

Es sind wie gesagt statistische Normwerte. Wer beim Wandern die zurückgelegte Strecke mithilfe eines Schrittzählers feststellen möchte, muss seine eigene Schrittlänge möglichst exakt bestimmen. Am einfachsten geht das, indem man einen Schritt macht und dann mit einem Maßband die Schrittweite ausmisst. Diese gewissermaßen unter Laborbedingungen festgestellte Länge eines einzelnen Schritts ist indes nur begrenzt aussagefähig, da wir beim Wandern ganz unterschiedliche Schrittlängen haben – je nach Gelände, Art der Schuhe und Ermüdung.

Am besten nimmt man sich also eine Teststrecke, deren Länge genau bekannt ist (diese kann über Google Earth ermittelt werden). Je länger und je abwechslungsreicher sie beschaffen ist, desto aussagekräftiger ist die auf dieser Strecke ermittelte durchschnittliche Schrittlänge. Am besten geht man sie mehrere Male ab und zählt dabei die Schritte. Hilfreich können dabei auch manuelle oder elektronische Schrittzähler sein. Als recht genau gelten auch entsprechende Apps auf Smartphones. Aus der Anzahl der ermittelten Schritte bildet man einen Mittelwert. Die Distanz der Strecke wird nun durch diesen Mittelwert der Schrittanzahl geteilt, und so erhält man die durchschnittliche Schrittlänge. Bei der nächsten Wanderung kann man dann wiederum die Anzahl der gemachten Schritte mit der festgelegten durchschnittlichen Schrittlänge multiplizieren und ermittelt so die zurückgelegte Strecke.

Neben der quantitativen Frage des Schritts gibt es natürlich auch noch die qualitative. Wandern ist die einfachste Sportart der Welt, weil man nur einen Fuß vor den anderen setzen muss. So weit, so richtig. Um aber trittsicher zu werden und fußschonend auch lange Strecken zurückzulegen, sollte man sich ein wenig näher mit dem Thema Gehtechnik beschäftigen.

Ein hochwertiger Wanderschuh ist die Voraussetzung für gesundes Wandern mit Freude (vgl. Kapitel 6). Der richtige Schritt beginnt mit der Körperhaltung. Beim Wandern sollte der Körperschwerpunkt immer über den Füßen sein. Wir haben – anders als beim Joggen – stets einen Fuß auf dem Boden. Es gibt also keine Flugphase. Das macht das Wandern gelenkschonender als das Joggen. Durch leichtes Vorneigen des Oberkörpers verteilt man das Körpergewicht gleichmäßig auf die gesamte Fußsohle.

Während wir in der Ebene über unsere Schritte gar nicht groß nachdenken müssen, ist dies bei An- oder Abstiegen anders. Je steiler das Gelände, je mehr der Weg über Geröll führt oder je stärker er vereist ist, desto mehr Konzentration und Koordination ist notwendig. Anstiege beginnen wir langsam, um den Kreislauf an die erhöhte Anforderung zu gewöhnen. Das Tempo sollte so gewählt werden, dass man den Anstieg lange Zeit durchhalten kann. Der Glaubenssatz „Je schneller ich gehe, desto schneller bringe ich die unangenehme Steigung hinter mich“ ist falsch. Hilfreich ist vielmehr die Vorstellung, dass die Steigung bis zum Ziel so weitergeht – dann wird man automatisch langsamer. Ob man sich zu viel zumutet, kann man leicht am eigenen Puls feststellen. Dazu tasten wir den Puls am Hals oder am Handgelenk für 15 Sekunden und multiplizieren die ermittelte Pulszahl mit vier. Die maximale Wanderer-Herzfrequenz sollte keinesfalls höher als 180 pro Minute minus Alter liegen, bei plus/minus fünf Schlägen.

Im Anstieg verlagern wir das Körpergewicht noch ein wenig mehr nach vorn. So wird ein Ausrutschen verhindert. Lange Schritte kosten beim Aufstieg viel Kraft; wir sollten sie vermeiden. Kurze Schritte sind jetzt angebracht, auch wenn sie uns vielleicht merkwürdig vorkommen. In kritischem Gelände oder an unsicheren Stellen machen wir sehr kleine und ruhige Schritte, lassen uns auch nicht von nachfolgenden Wanderern drängen. Das Körpergewicht ruht zunächst auf dem hinteren Bein, sodass das vordere Bein unbelastet aufgesetzt werden kann, um sicheren Stand zu suchen. Dann drücken wir mithilfe der Gesäß- und Oberschenkelmuskulatur das Körpergewicht über den vorderen Fuß und stehen sicher auf dem vorderen Bein.

Ist der Weg stufig, nutzen wir möglichst kleine Absätze. Dabei immer den ganzen Fuß an einer Stufe aufsetzen, nicht nur den Vorderfuß. Große Stufen zu gehen, ist sehr anstrengend. Je stärker wir das Knie anwinkeln müssen, desto höher ist der Kraftaufwand, und umso schneller schwindet die Kondition. Bei glattem Untergrund setzen wir bewusst mit der Ferse und der Taille der Sohle auf und suchen uns nach Möglichkeit kleine Mulden im Untergrund. Die Zauberformel lautet „Zeit zum Zielen“: Wer langsam geht, kann den nächsten Schritt bewusst anpeilen und optimal belasten.

Auf lose Steine sollte man nur treten, wenn es sich nicht vermeiden lässt, und dann nur vertikal von oben. Wer von der Seite auf einen Stein tritt, rollt ihn meist nur weg und rutscht womöglich aus. Im Gebirge kann ein den Hang herunterrollender Stein zu schweren Verletzungen bei weiter unten gehenden Wanderern führen. Deshalb sollten wir solche Erdbewegungen unbedingt vermeiden.

Sowohl beim Auf- wie beim Abstieg meiden wir steile Abkürzungen, sondern gehen die Serpentinen voll aus. Abkürzungen können unangenehm steil oder gar gefährlich sein. Es gilt: Je länger der Weg, desto geringer ist die Steigung. Die Serpentinenkurve sollten wir daher auch immer im Außenbereich nehmen. Im weglosen Gelände macht eine weitblickend vorausschauende Wahl der besten Aufstiegslinie das Wandern leichter und sicherer.

Vor dem Abstieg schnüren wir die Wanderschuhe enger, das gibt mehr Halt. Die Schritte werden wiederum, je nach Neigung des Geländes, kleiner. Auch beim Abwärtsgehen ruht das Gewicht zunächst auf dem hinteren Bein, der vordere Fuß sucht einen sicheren Stand. Dann wird das Körpergewicht über das vordere Bein gezogen, das leicht gebeugt bleibt. Aufgesetzt wird zuerst mit dem Fußballen. Große Schritte im Abstieg belasten die Knie, Sprunggelenke und Hüfte. Auch beim Abstieg in stufigem Gelände bevorzugen wir die kleineren Absätze, weil dies schonender ist. Wichtig ist es, jeden Schritt kontrolliert zu setzen und keinesfalls zu springen! Häufigster Fehler beim Bergabgehen ist das Aufsetzen des Fußes mit der Ferse oder dem gestreckten Bein. Dabei kann man rasch auf dem Po landen. Bergabgehen führt zu einer besonders raschen Ermüdung. Deshalb sollte man alle 15 bis 20 Minuten eine kurze Pause einlegen, um Beine und Füße zu entspannen und neue Konzentration für den nächsten Wegabschnitt zu sammeln. Wanderstöcke helfen beim An- und beim Abstieg sehr und tragen zu einem gelenkschonenden Gang bei.

Ist kein Weg an einem Hang vorhanden, sollte dieser nicht steil angegangen werden, sondern in schräger Spur und gegebenenfalls in Serpentinen. Auf Grashängen empfiehlt es sich manchmal, den Fuß parallel zum Hang seitlich in die Grassoden zu pressen, anstatt die Fußsohle in Richtung des Gefälles aufzusetzen. Vor allem wenn das Gras nass ist, verringert die seitliche Kantung die Gefahr eines Sturzes. Wenn wir quer zum Hang gehen, neigen wir uns nicht zu diesem, sondern gehen aufrecht. Das mag sich merkwürdig anfühlen, verhindert aber das Abrutschen. Denn je weiter ich mich zur Hangseite neige, desto mehr weisen die physikalischen Kräfte hangabwärts. Die aufrechte Körperhaltung hingegen gibt in dieser Situation mehr Stabilität.

In der Wandergruppe halten wir umso mehr Abstand, je schwieriger das Gelände wird. Wer anhalten möchte, um etwas zu trinken oder ein Foto zu machen, tritt seitlich aus der Gruppe heraus, damit die anderen weitergehen und in ihrem Rhythmus bleiben können. Wer kurz zurückbleiben muss, sollte anschließend keinen Sprint einlegen, um die Gruppe wieder einzuholen, das kostet viel Kraft. Die Gruppe wird irgendwann ohnehin anhalten, dann kann man sie ohne Mühe wieder einholen. In geführten Wandergruppen gibt es entweder einen zweiten Wanderführer am Ende. Oder es wird ein Gruppenteilnehmer zum „Pinkelsheriff" ernannt, der darauf achtet, dass ein Wanderfreund oder eine Wanderfreundin, der oder die austreten musste, auch wieder den Anschluss findet.

GEHEN AUF SCHNEE

Durch eine verschneite Landschaft zu laufen, ist ein großartiges Erlebnis – und wird immer beliebter. Immerhin 20 Prozent der aktiven Wanderer gaben an, selbst im tiefsten Winter – im Januar – zu wandern. Im Dezember und im Februar sind es sogar 22 Prozent.[30] Winterwandern wird noch stärker als das Wandern zu anderen Jahreszeiten als aktiver Sport verstanden. Die Stärkung der eigenen Gesundheit (insbesondere der Abwehrkräfte) hat hier einen besonders hohen Stellenwert.

Die Natur ist im Winter verzaubert. Der Schnee dämpft die Geräusche, die Stille ist überwältigender als im Sommer. Schnee- und reifbedeckte Sträucher und Bäume gleichen weißen Skulpturen. Auf den meisten Wanderwegen begegnen uns noch weniger Wanderer als zur warmen Jahreszeit. Die Landschaft lässt sich so noch intensiver genießen.

Das Wandern auf Schnee weist einige Besonderheiten auf, die wir uns bewusst machen sollten. Es kommt nun erst recht auf die richtige Kleidung an. Wärmere wind- und wasserabweisende Wanderklamotten sind Pflicht. Man sollte sich aber auch nicht zu warm einpacken, denn durchgeschwitzte Kleidung trocknet im Winter nur langsam. Ein winddichter Fleecepullover gehört zum Überziehen bei Pausen in den Winterrucksack. Wenn man beim Losgehen leicht fröstelt und man sich nach ein, zwei Kilometern gut fühlt, passt die Kleidung.

Besonders wärmebedürftig sind Füße, Hände und Kopf. Gutes Schuhwerk ist nun noch wichtiger als ohnehin. Die Sohlen müssen stabil und rutschfest sein, der Wanderstiefel muss Kälte und Feuchtigkeit fernhalten. Die Hose wird grundsätzlich über dem Stiefelschaft getragen, damit von oben kein Schnee in den Schuh hineinkommen kann. Noch besser sind spezielle Gamaschen, die man über die Schuhe zieht. Wanderstöcke geben Sicherheit, wenn der Weg vereist ist oder die Schneedecke hoch. Es kann vorkommen, dass man bei einem Schritt im Schnee buchstäblich versinkt; der nächste Schritt ist dann oft noch schwieriger zu bewerkstelligen, weil beim Anheben des hinteren Beins das gesamte Körpergewicht auf dem vorderen, eingesunkenen Fuß ruht. Die Folge ist ein noch tieferes Einsinken. Nicht selten fällt man dann einfach um. Wanderstöcke geben in solchen Situationen den nötigen Halt.

Zeigt sich die Sonne, ist eine Sonnenbrille nützlich, denn Schnee reflektiert das Sonnenlicht stark. Auch Sonnencreme und eine UV-Schutz-Lippencreme gehören in jeden Rucksack – vor allem im Gebirge. Die UV-Strahlung nimmt pro 1.000 Höhenmeter um etwa 15 Prozent zu.

Das Gehen kostet im Winter mehr Kraft. Das ist bei der Planung einer Route ebenso zu berücksichtigen wie der frühe Einbruch der Dunkelheit. Im Dezember und Januar ist gegen 16 Uhr Schluss mit Tageslicht. Die Länge der Route muss entsprechend angepasst werden. Für den Fall der Fälle sollte man eine Stirnlampe dabeihaben. Auch sind Wanderkarte und GPS nun wichtiger denn je, da Markierungen und Wegweiser im Winter zugeschneit sein können. Mehr noch als sonst muss der Wetterbericht geprüft werden, damit es keine bösen Überraschungen gibt. In der Höhe kann das Wetter ganz anders sein als im Tal. Im Gebirge sind insbesondere die Lawinenwarnungen zu beachten. Vor dem Abmarsch sollte man sich bei einem vertrauten Menschen – Familienmitglied, Freund, Hüttenwirt oder Hotelier – abmelden und diesen über die Route informieren. Sollte irgendetwas die rechtzeitige Rückkehr verhindern, kann der- oder diejenige die Rettungskräfte alarmieren. Zu dieser Vorsichtsmaßnahme zählt natürlich auch, dass man sich wieder zurückmeldet, wenn man an der Unterkunft eingetroffen ist.

In den Rucksack gehört eine Thermoskanne mit Kaffee, Tee oder einer heißen Brühe, denn Hütten sind im Winter oftmals geschlossen. Wer einmal eine Zeit lang bei Minusgraden durch die Natur gestapft ist, weiß einen warmen Schluck zu schätzen. Die Verpflegung sollte gut sättigen und vor dem Frieren schützen. Scharfe Gewürze wie Ingwer oder Chili kurbeln die Durchblutung und den Stoffwechsel an und helfen uns, warm zu bleiben.

Je glatter der Weg ist, desto mehr sollten wir in den „Pinguingang" übergehen: das Körpergewicht über den vorderen Fuß schieben und mit ganzer Sohle auftreten, wobei der auftretende Fuß leicht nach außen zeigen soll. Sieht zwar etwas merkwürdig aus, stabilisiert aber den ganzen Körper. Die Hände nicht in die Taschen stecken, wir brauchen die Arme zum Austarieren des Gleichgewichts. Wenn es total vereist ist, helfen Spikes an den Schuhsohlen, die man mit wenigen Handgriffen an den Wanderstiefeln befestigen kann. Sie sollten einen elastischen Gummigurt haben und aus rostfreiem Stahl hergestellt sein. Für sehr steiles Gelände wird man sogenannte Grödel benötigen, eine einfache Form des Steigeisens mit ausgeprägten Zacken, die sich in den Boden krallen.

Kommt es trotz aller Vorsicht zum Sturz, möglichst nicht die Arme ausstrecken, sonst kann man sich leicht das Handgelenk brechen. Lieber beim Fallen den Kopf schützen, indem man die Arme vor dem Gesicht kreuzt. Beim Sturz nach hinten einen runden Rücken machen und das Kinn auf die Brust pressen. Ein Sturz nach hinten wird meist durch den Rucksack abgemildert.

Gefahren entstehen im Winter unter anderem durch die Schneelast auf den Bäumen. Ist der Schnee feucht, steigt die Gefahr, dass Äste oder auch manchmal ganze Bäume unter der Last zusammenbrechen. Deshalb ist bei Winterwanderungen im Wald ganz besondere Vorsicht geboten. Zu meiden sind Skigebiete. Eine Skipiste zu queren ist für einen Wanderer ein No-Go und extrem gefährlich. Und auch das ist wichtig: In der Kälte des Winters geben Akkus von Smartphones oder GPS-Geräten früher den Geist auf. Daher stets Ersatzbatterien oder eine Powerbank mitnehmen und das Gerät möglichst nah am warmen Körper tragen.

TEMPO UND PAUSEN

Die durchschnittliche Distanz, die man beim Wandern in der Ebene üblicherweise schafft, liegt bei etwa vier Kilometern pro Stunde. Trainierte Wanderer sind in der Regel schneller unterwegs, weshalb sie die in Wanderführern angegebenen Gehzeiten meist unterschreiten und sich dann über ihre Fitness freuen. Tatsächlich ist es so, dass man mehr Kalorien verbraucht, je schneller man geht. Der Kalorienmehrverbrauch beim

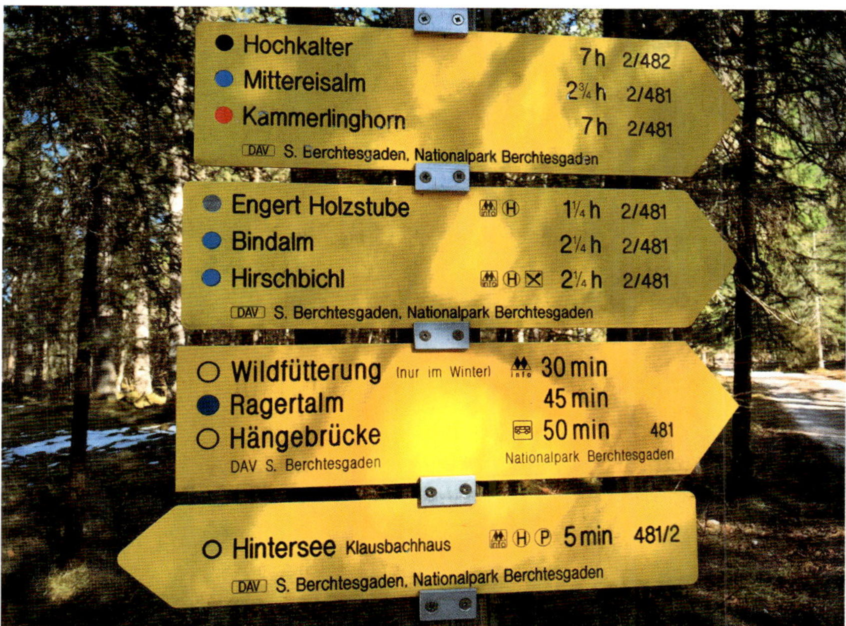

In den Alpen werden auf den Hinweisschildern für Wanderer Gehzeiten angegeben. Das ist in den Bergen aussagekräftiger als eine Entfernungsangabe.

Wandern liegt bei ungefähr 20 Prozent über dem beim Radfahren für eine vergleichbare Strecke. Wichtig ist, dass jeder seinen individuellen Rhythmus findet. Man wird dann feststellen, dass das Laufen nach diesem persönlichen Tempo weniger anstrengend ist als wiederholte Rhythmuswechsel.

Grundsätzlich hängt die Schrittgeschwindigkeit von der eigenen Kondition und dem Anspruch an die Wanderung ab. Liegt der Fokus auf Erholung, Naturerlebnis oder Geselligkeit, wird das Tempo niedriger sein als bei einem Leistungsmarsch. Man kann zwei Typen von Wanderern unterscheiden: zum einen den konstanten Geher, der mit mäßiger Geschwindigkeit kontinuierlich wandert, und den forschen Geher, der schneller unterwegs ist, dafür aber häufiger verschnauft.

Gehzeiten auf Wanderwegweisern werden nach DIN-Norm ermittelt, und zwar nach der DIN 33466. Im Jahr 2000 wurde ein nationales Gremium zur Normung von Wegweisern für Wanderer gegründet. 2004 wurde besagte DIN-Norm veröffentlicht, auf der die in Kapitel 5 vorgestellte Gehzeitberechnung basiert. Hauptziele der DIN 33466 sind die Verbesserung der Wegfindung, Optimierung der Besucherlenkung, Vermeidung von Sicherheitsrisiken und Steigerung des Erlebniswerts. Diese Norm hat Eingang in die Beschilderung vieler Wanderreviere in Deutschland gefunden. Manche Bundesländer wie Rheinland-Pfalz oder Sachsen haben eigene Leitfäden hierzu herausgegeben, die auf der DIN 33466 basieren.

Es wurde schon erwähnt: Angegeben ist stets die reine Gehzeit, also ohne Pausen. Das ist auch logisch, da kein Wander- oder Gebirgsverein, keine Tourismusorganisation bei der Berechnung der Gehzeiten auf den Schildern weiß, wie lang die individuellen Pausen eines Wanderers auf der Strecke sind. Der eine verweilt länger, der andere kürzer. Wenn man mit Kindern unterwegs ist, sind die angegebenen Gehzeiten reine Richtwerte, weil beim Wandern mit Kindern ganz andere Eventualitäten zu bedenken sind.

Wer mit dem Wandern beginnt, sollte sich beim Tempo nicht zu viel vornehmen. Wandern ist kein Leistungssport, sondern soll vor allem Freude machen. Zwei Schritte pro Sekunde sind für Anfänger ein moderates Tempo. Wer den Winter über pausiert hat, sollte im Frühjahr gemächlich wieder einsteigen und den Körper sanft auf die ersten Kilometer und Höhenmeter vorbereiten. Krafttraining, Fahrradfahren und leichtes Jogging sind – behutsam betrieben – die idealen Vorbereitungen. Nicht nur Herz und Kreislauf, auch Bänder und Sehnen müssen sich erst wieder an die Belastung gewöhnen.

In einer Gruppe sollte das Tempo so bemessen sein, dass die Teilnehmer zusammenbleiben. Niemals darf ein Teilnehmer so weit zurückfallen, dass er im Falle einer Verletzung nicht sofort Hilfe bekommen kann. Rechtzeitige Pausen sind zur Regeneration wichtig. Sie sind nicht nur für den Körper von Bedeutung, der ab und an Erholung braucht, sondern dienen auch der Psyche, indem sie neuen Raum zur Aufnahme der Landschaft und zur Reflexion bieten. Insofern motivieren sie zugleich zur Bewältigung des nächsten Abschnitts. Wie oft Pausen eingelegt werden, hängt vom Charakter der Wanderung, der individuellen Kondition und dem Tagesziel ab. Ständiges Anhalten und Verschnaufen sind jedenfalls Zeichen für eine schlechte Taktik bei der Tour. Generell kann man sagen, dass alle ein bis zwei Stunden eine Pause eingelegt werden sollte. Bei Tageswanderungen empfiehlt sich eine kürzere Pause von 20 bis 30 Minuten jeweils am Vormittag und am Nachmittag sowie eine längere Mittagspause von etwa 45 Minuten. Hinzu kommen kürzere Trinkstopps ungefähr jede Stunde, um dem Körper die nötige Flüssigkeit zuzuführen, denn Dehydration und Mineralverlust mindern die Leistungsfähigkeit. Trinkpausen können im Stehen an beliebiger Stelle erfolgen und dauern nur wenige Minuten.

Der Pausenplatz sollte sorgfältig gewählt sein: Schutz vor Sonne und Wind sind wichtig, ein reizvoller Blick oder Sitzgelegenheiten sind ideal. Längere Pausen folgen bestimmten Ritualen: Die Rucksäcke werden abgelegt, man setzt sich hin, zieht gegebenenfalls Schuhe und Socken aus, was einen ungemein erfrischenden Effekt hat, macht vielleicht ein paar Dehn- und Streckübungen und packt am Ende alles wieder zusammen, bevor man sich mit dem nächsten Streckenabschnitt vertraut macht. Keinesfalls sollte eine Pause zu lange dauern, weil der Körper ansonsten in den Ruhemodus abgleitet und schwer wieder in Gang kommt.

WANDERETIKETTE

Selbst wenn wir allein in der Landschaft sind, gibt es bestimmte Dos und Don'ts, die wir beachten sollten. Das gilt erst recht, wenn wir in der Gruppe unterwegs sind oder anderen Wanderern begegnen.

Schon die Anfahrt sollten wir so organisieren, dass dies umweltfreundlich geschieht. Das Auto ist dabei nur die zweitbeste Wahl, in vielen Regionen ist es allerdings alternativlos. Nach Möglichkeit verlassen wir den Wanderweg nicht – schon gar nicht in Naturschutzgebieten oder in empfindlichen Biotopen. Am Ausgangspunkt angekommen, lautet das Motto: „Verlasse die Straße, aber nicht den Pfad!" Abkürzungen bergen Gefahren wie Umknicken oder Einsinken, außerdem gehen Wanderer mit der Natur sorgsam um und treten nicht auf womöglich seltene Pflanzen.

Bei der Begegnung mit Kühen, Pferden oder Schafen bleiben wir ruhig und füttern die Tiere nicht. Eine Weide sollte zügig überquert werden, die Tore sind stets sorgsam zu verschließen.

Lautes Reden oder gar Musikhören ist ein absoluter Frevel. Als Wanderer sollten wir so wenig wie möglich auffallen und vielmehr eins werden mit der uns umgebenden Landschaft. Das bedeutet, dass wir eher hören und lauschen, als selbst laut zu werden. Nicht zuletzt können Wildtiere durch Lärm gestört werden.

Fotografieren auf Wanderungen gehört einfach dazu. Dagegen ist nichts einzuwenden. Wenn jedoch eine Wanderung einzig und allein unternommen wird, um sich vor einer spektakulären Landschaft selbst abzulichten und dann auf Instagram damit anzugeben, dann zeigt dies, wie wenig derjenige vom Wandern verstanden hat. Leider gibt es immer mehr landschaftliche Hotspots, die von Instagram-Jägern aufgesucht werden – zum Teil weit entfernt von Wanderwegen, mit allen Nachteilen für die Natur wie zertrampelten Pflanzen, verschreckten Tieren, zurückgelassenen Müllbergen. Manche Naturschönheiten mussten bereits von den Behörden aufgrund solcher Instagram-Exzesse gesperrt werden. Die Jagd nach schönen Motiven sollte auch bei normalen Wanderungen nie so weit gehen, dass man sich oder andere dafür gefährdet – indem man sich beispielsweise zu nah an einen Abhang wagt.

Wer mit dem Hund wandert, muss wissen, dass in den meisten Schutzgebieten Leinenzwang besteht. Frei umherlaufende Hunde können Wild aufscheuchen oder andere Wanderer gefährden. Besonders an Engstellen auf dem Wanderweg ist eine sichere Führung des Hundes Pflicht.

Schließlich noch eine grundlegende Verhaltensregel: Obwohl es im Allgemeinen nicht üblich ist, dass sich zwei Unbekannte unter freiem Himmel bei einer Begegnung grüßen, tun wir dies beim Wandern dennoch. Wir kennen einander zwar nicht, aber als Wanderer teilen wir dieselbe Leidenschaft. Und die schweißt zusammen, sodass ein freundlicher Gruß nicht nur erwartet, sondern auch erwidert wird – gern begleitet von einem Lächeln. Selbstverständlich gewähren sich auch Wanderer gegenseitig Hilfe – sei es, indem sie sich mit einem Taschentuch aushelfen, einen Hinweis zum Wegverlauf geben oder einen gemeinsamen Blick in die Karte werfen.

NICHTS ZURÜCKLASSEN

Wanderer lieben die Natur, in der sie sich bewegen. Deshalb hinterlassen sie keinen Müll auf einer Tour. Noch besser: Sie vermeiden ihn von vorneherein. Zurückbleiben dürfen beim Wandern nur unsere Fußabdrücke – und selbst die nicht überall. In Naturschutzgebieten haben wir außerhalb der Wege nichts zu suchen. Wir sind in der Natur zu Gast und verhalten uns auch so. Mülleimer stehen an Wanderwegen eher selten. Für mögliche Abfälle haben wir daher stets eine kleine Plastiktüte im Rucksack dabei.

Abfall lässt sich von vorneherein reduzieren, indem man etwa das Brot in einer wiederverwendbaren Frühstücksbox verstaut. Energieriegel kann man schon vor der Wanderung aus der Packung nehmen und in eine solche Box legen. Die Reste exotischer Früchte und sonstiger Müll haben nichts in der Landschaft zu suchen. Eine Bananenschale oder Orangenreste brauchen in unserem Klima bis zu fünf Jahre, ehe sie verrotten! Und bei anderen Hinterlassenschaften ist es noch schlimmer, wenn man sich einmal diese Verrottungszeiträume vor Augen führt:

- Papier ein bis drei Jahre
- Papiertaschentücher ein bis fünf Jahre
- Gummibärchentüten oder Schokoriegelverpackungen zehn bis 120 Jahre
- Plastikflaschen 100 bis 1.000 Jahre
- Weißblech (zum Beispiel Wurst- und Fischkonserven, Getränkedosen) 80 bis 500 Jahre
- To-go-Becher und Tetrapack 50 bis 120 Jahre
- Babywindeln bis 500 Jahre
- Kaugummireste drei bis fünf Jahre
- Zigarettenkippen eins bis sieben Jahre
- Glasflaschen nahezu ewig

Ebenso wie man nichts zurücklässt, sollte man natürlich nichts mitnehmen und auch keine Pflanzen pflücken – egal ob sie unter Naturschutz stehen oder nicht.

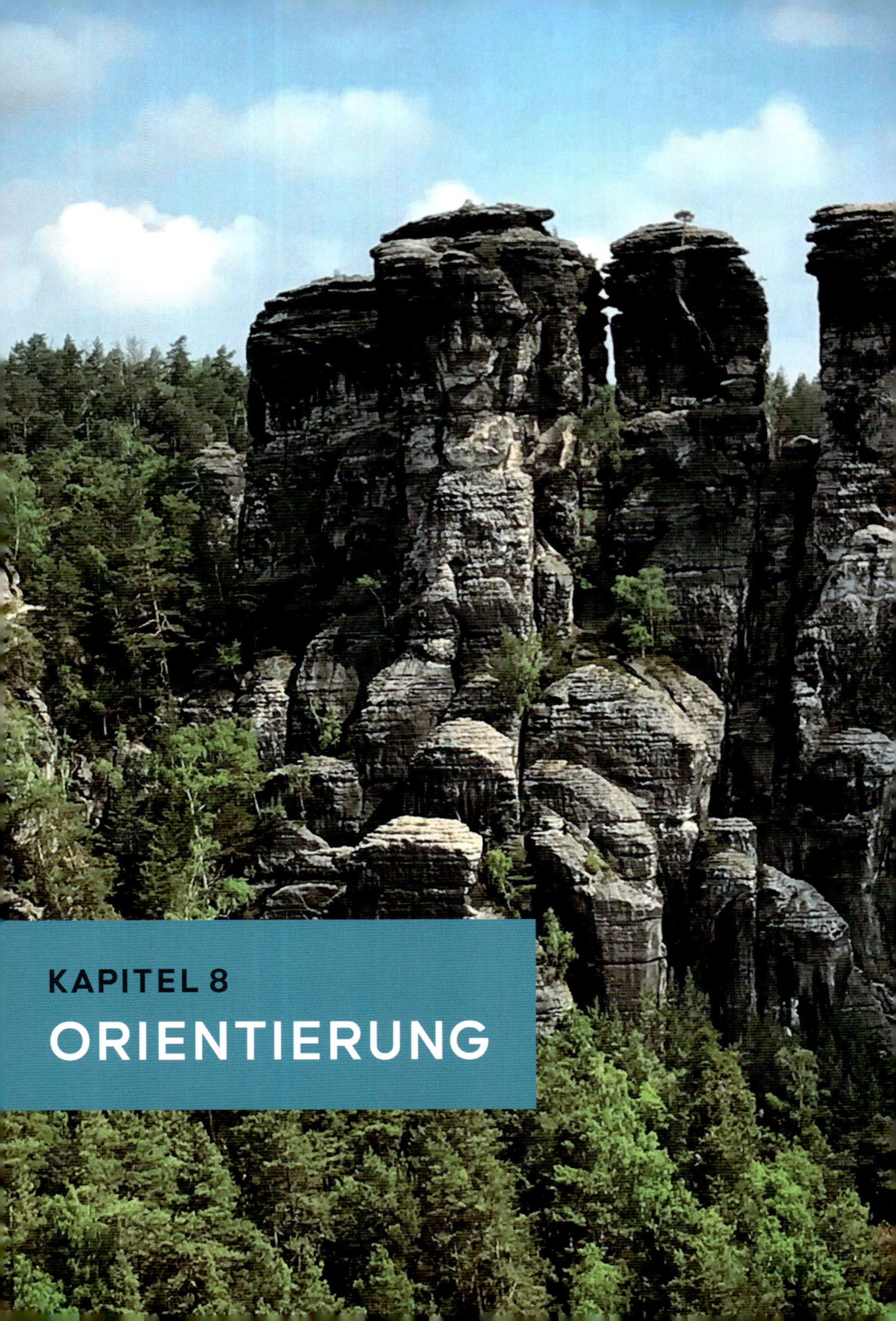

KAPITEL 8
ORIENTIERUNG

WEGZEICHEN

Die Wanderwege in Deutschland zeichnen sich im Allgemeinen durch ein sehr gutes Leitsystem aus. Wegweiser, Markierungszeichen und Hinweistafeln machen dem Wanderer die Orientierung leicht – und sind im Wandertourismus auch ein wichtiges Qualitätskriterium für den Gast. Auf gut ausgeschilderten Wanderwegen kann man sich kaum verlaufen, und es bedarf keiner weiteren Hilfsmittel.

Grundlage jeder Wanderinfrastruktur sind die Wegzeichen. Nordrhein-Westfalen hat als einziges Bundesland die Wegemarkierung umfassend rechtlich geregelt. Für die Ausschilderung der Wege dort sind laut Gesetz „befugte Organisationen" – in der Regel sind damit die Wander- und Gebietsvereine gemeint – zuständig. Die Befugnis zur Kennzeichnung von Wanderwegen wird von der oberen Naturschutzbehörde erteilt. Auch die Zeichen selbst sind in Nordrhein-Westfalen genehmigungspflichtig. Dort, wie auch in den Wandervereinen im Rest Deutschlands, achten die jeweiligen Wegewarte oder Wegepaten auf die korrekte Markierung der Wege. Waldbesitzer und Landwirte haben eine Duldungspflicht, was die Markierungen angeht. Ein neuer Wanderweg wird in der Regel in Zusammenarbeit mit den Eigentümern von Wald und Flur geplant. Die Wegemarkierung hat umsichtig und fachgerecht zu erfolgen.

In manchen Wanderregionen hat der Klimawandel dazu geführt, dass Hunderte, wenn nicht sogar Tausende Kilometer Wanderwege neu markiert werden müssen, weil die Bäume, an denen die Markierungen angebracht waren, schlicht und einfach nicht mehr da sind. Meist sind es Fichten, die dem Borkenkäfer oder Stürmen zum Opfer fielen und gefällt werden mussten. Sie stehen dadurch als Markierungsträger nicht mehr zur Verfügung. Im Bereich des Sauerländischen Gebirgsvereins beispielsweise wurden daher mehr als 1.500 Pfosten als Markierungsträger in den Boden gesetzt, am Harzer Hexenstieg waren es 300. Ausgebildete Wegemarkierer kann es in Zeiten des Klimawandels gar nicht genug geben, um auch weiterhin das Kerngeschäft der Wander- und Gebirgsvereine zu betreiben – die Markierung von Wanderwegen.

Der Deutsche Wanderverband fordert ein einheitliches, gesetzlich verankertes System zur Wegeausweisung, so wie es in der Schweiz existiert,

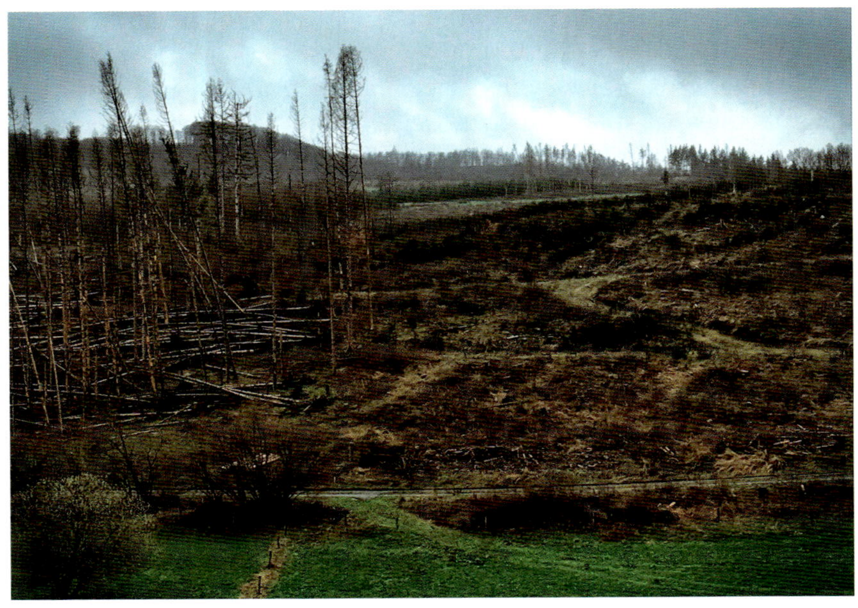

In vielen Teilen Deutschlands – so wie hier im Sauerland – stehen Bäume aufgrund der Folgen des Klimawandels als Markierungsträger nicht mehr zur Verfügung.

wo Wanderwege – anders als in Deutschland – als staatliche Infrastrukturaufgabe verstanden werden. Derzeit ist es in Deutschland noch nicht so weit, und der Wanderer wird sich je nach Region nicht nur mit verschiedenen Ausformungen der Wegzeichen vertraut machen müssen, sondern auch mit einer durchaus sehr unterschiedlichen Ausschilderungsdichte.

Markierungszeichen sollten möglichst einfach, aber auffällig gestaltet sein und so angebracht werden, dass sie aus beiden Laufrichtungen erkannt werden können. Die Regel, dass ein Wanderweg in beiden Richtungen markiert wird, gilt sowohl für Rund- als auch für Streckenwanderwege – mit einer Ausnahme: Der Jakobsweg nach Santiago de Compostela führt nur zu diesem Ziel, aber nicht zurück. Ursprünglich sollten die gelben Strahlen der Jakobsmuschel auf blauem Grund in

Richtung Santiago weisen. Seit 2018 ist die Muschel immer gleich ausgerichtet (nämlich mit den Strahlen nach rechts). Im Schwäbischen Albverein und im Rhönklub werden zum Teil andere Stilisierungen der Muschel verwendet. Zur Orientierung sind häufig Pfeile angebracht. Gasthäuser oder Hotels dürfen die Muschel nicht mehr verwenden. Allerdings sollten Jakobspilger aufpassen, denn noch nicht überall wurde von dem alten auf das neue System umgestellt. Erfunden wurde das Jakobsweg-Symbol übrigens 1984 von dem spanischen Pfarrer Elías Valiña, der seine Doktorarbeit über den Jakobsweg geschrieben hat. Allein in Deutschland gibt es mehr als 50 Jakobswege.

Überholt ist auch die früher auf allen Wanderwegen weitverbreitete Parallelmarkierung. Sie fand sich parallel zu den Wegen, daher ihr Name. Manchmal sieht man solche alten Markierungen noch mit einem Pfeil, der in beide Richtungen zeigt. Parallelmarkierungen haben den Nachteil, dass sich der Wanderer aktiv nach ihnen umschauen, den Blick also zur Seite wenden muss. Nach dem heute üblichen Laufrichtungssystem läuft er hingegen auf das jeweilige Schild zu, es springt ihm buchstäblich in die Augen, was die Ausschilderung sicherer macht.

Man findet die Markierungszeichen an Bäumen, an eigens aufgestellten Pfosten, auf der Rückseite von Verkehrsschildern und an Laternenpfählen oder Mauern. Genagelte Schilder an Bäumen sind in vielen Regionen nicht mehr erlaubt. An lebendem Holz dürfen sie nur noch mit einem speziellen umweltfreundlichen Klebstoff angebracht werden. An Kruzifixen, Bildstöcken, Kapellen und Naturdenkmälern sind Markierungen nicht erlaubt.

Früher wurden Wegzeichen gemalt. Die Wegemarkierer nannten sich deshalb auch „Wegezeichner". Es gab unter ihnen Rembrandts und Picassos. Aber nicht alle Zeichen waren akkurat aufgemalt, was sich an Farbnasen oder verwaschenen Rändern zeigte. In jedem Fall haben sich gemalte Markierungen als ungünstig erwiesen – nicht nur weil sie abhängig vom Talent des Wegezeichners waren, sondern weil sie an Bäumen auch mitwuchsen. So konnte aus einem Punkt für einen Rundweg durchaus mit zunehmendem Alter des Baums ein Oval werden. Heute sind die gemalten Zeichen fast überall durch Alu- oder Blechplaketten beziehungsweise Aufkleber ersetzt worden.

Wir unterscheiden bei den Wegzeichen Farbmarkierungen und Nummernschilder, geometrische Symbole, grafische Darstellungen, Wortschilder und Steinmännchen-Markierungen.

A. FARBMARKIERUNGEN UND NUMMERNSCHILDER

Farbmarkierungen gibt es in zwei ursprünglichen Formen: als farbigen Balken auf weißem, rechteckigem Grund oder als farbigen Punkt in einem weißen Quadrat. Der farbige Balken steht dabei üblicherweise für einen Streckenwanderweg, der farbige Punkt für einen Rundwanderweg. In der DDR waren alle Wanderwege zwischen Ostsee und Erzgebirge nach diesem einfachen und einheitlichen System bezeichnet. In den neuen Bundesländern wird dieses Markierungssystem noch immer weitgehend angewendet, auch in etlichen östlichen europäischen Nachbarstaaten. In einzelnen Gebietswandervereinen, zum Beispiel im Vogelsberger Höhen Club, wird darüber hinaus eine Vielzahl von Symbolen verwendet: neben Punkten und Balken auch Kreise, Kreuze, Dreiecke sowie Buchstaben, jeweils in unterschiedlichen Farben.

Im Westen waren es häufig Nummern, die einen Wanderweg kennzeichneten. Dieses System geht auf eine 1962 zwischen Automobilclubs und Wandervereinen geschlossene Vereinbarung zurück. Sie stand im Zusammenhang mit den damals ausgewiesenen „Wanderparkplätzen", mit der die zunehmende Motorisierung und freie Natur zusammengebracht werden sollten. So wie Kreis-, Landes- und Bundesstraßen durchnummeriert sind, so sollten es auch die Wanderwege sein, die die Familien des Wirtschaftswunders mit Isetta, VW Käfer oder Opel Kadett ansteuerten.

Manche Europäischen Fernwanderwege sind streckenweise durch ein schlichtes Kreuz ausgewiesen, beispielsweise im Bereich des Odenwalds der E1, der vom Nordkap bis nach Italien führt.

In der Regel werden diese grenzüberschreitenden Wege aber mit dem bekannten Europasymbol gekennzeichnet: gelbe Sterne im Kreis auf blauem Grund, darin in Gelb die Bezeichnung des jeweiligen Wegs, zum Beispiel E1.

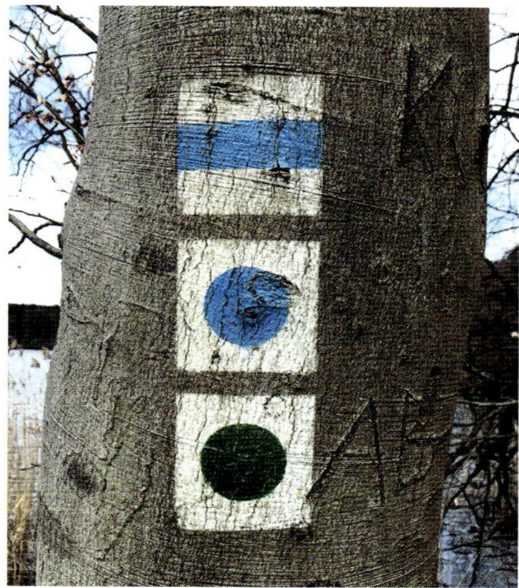

Farbmarkierungen
als Punkt oder Strich

Nummerierter Wanderweg
bei Neunkirchen in der Eifel

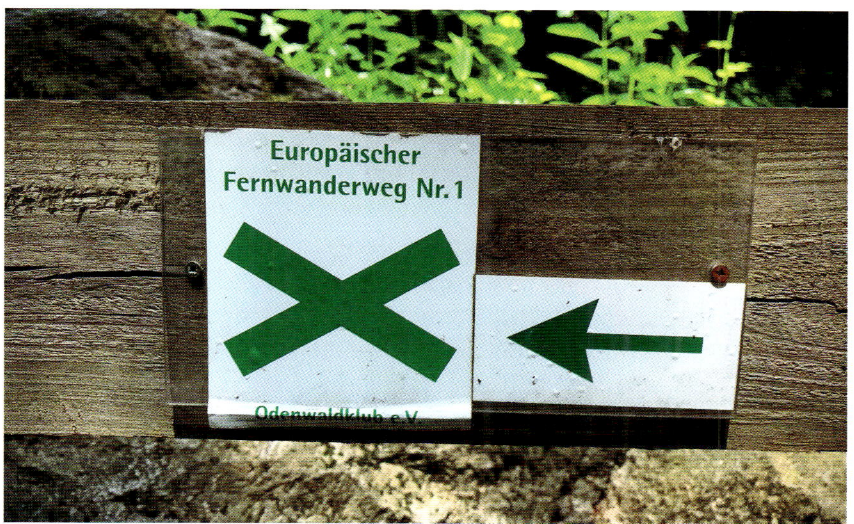

Der Europäische Fernwanderweg E1 führt
vom Nordkap bis nach Salerno in Italien.

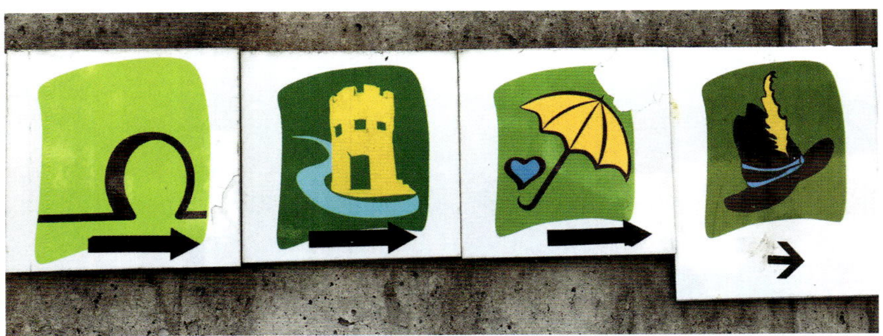

Wanderwegmarkierungen mit Symbolen

B. GRAFISCHE DARSTELLUNGEN

Es wäre schön gewesen, wenn sich das simple, aber effiziente Farbmarkierungssystem der DDR nach der Wiedervereinigung in ganz Deutschland durchgesetzt hätte. Die Marketingexperten in der Tourismusbranche wollten es anders. Seit Jahrzehnten werden laufend neue Wege, Steige, Pfade und Schleifen mit mehr oder weniger fantasievollen Namen kreiert, die das Besondere einer Wanderregion repräsentieren. Oft steht geschicktes *Storytelling* hinter dem Namen eines Wanderweges, also eine Geschichte, eine Persönlichkeit oder ein Ereignis, die das Interesse an diesem Weg steigern soll. So wird aus einem Wanderweg ein „Themenweg" oder, noch besser, ein „Erlebnisweg" mit einem unverwechselbaren Logo. Beispiele aus der Umgebung von Bad Bertrich in der Eifel: Spazierweg Elfengrotte, Erlebnisweg „Ritter, Räuber, Römer", Erlebnisweg „Kurschattensteig", Erlebnisweg „Auf den Spuren der Moselbande".

Überhaupt die Inflation der „Steige". Es entsteht bislang der Eindruck, Deutschland werde verSTEIGert, so viele „Steige" genannte Fernwanderwege sind inzwischen entstanden: Rheinsteig, Moselsteig, Eifelsteig, Saar-Hunsrück-Steig, Frankenwaldsteig, Harzer-Hexen-Stieg, Kellerwaldsteig, Uplandsteig, Jurasteig, Druidensteig, Donausteig und viele, viele mehr. Ein Steig bezeichnete früher einen engen Weg über Berge, der nicht von Fahrzeugen befahren werden konnte. Heute ist es der Inbegriff eines besonders schönen Wanderwegs. Solcherart benannte Wege

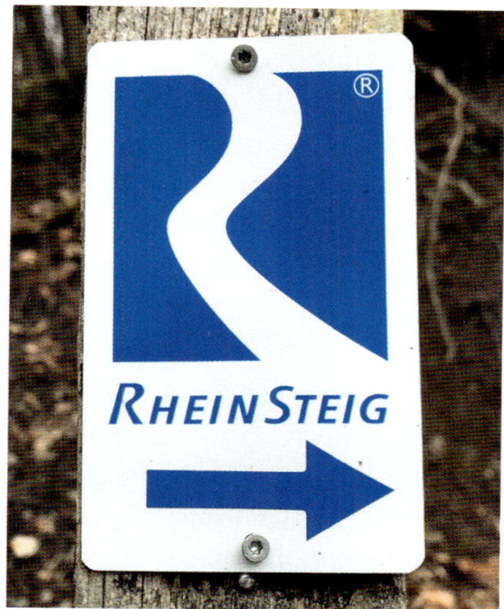

Der Rheinsteig ist einer der beliebtesten Fernwanderwege in Deutschland.

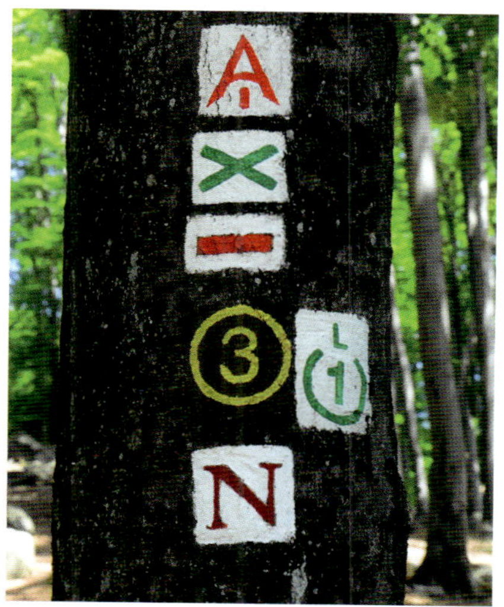

Im Schilderwald: verschiedene Wanderwegmarkierungen im Odenwald

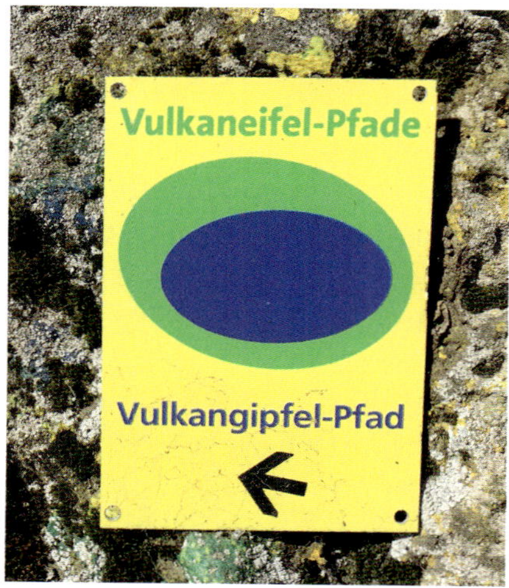

Wanderwege tragen oft landschaftsbezogene Namen.

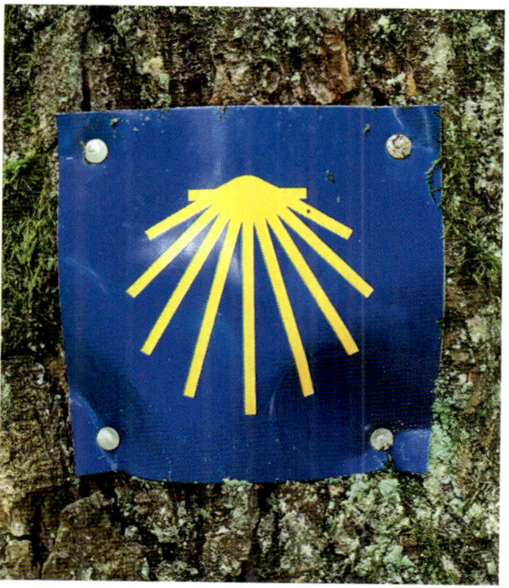

Europaweit bekannt: Die gelbe Jakobsmuschel auf blauem Grund ist das Symbol für einen Jakobsweg.

sind oft Hunderte Kilometer lang und in mehr oder weniger zahlreiche Etappen unterteilt. Ihnen liegt nicht selten ein markenrechtlich geschütztes, unverwechselbares grafisches Symbol zugrunde, das auch in der Landschaft schnell zu erkennen ist und die Orientierung erleichtert.

Zuweilen kann es zu einer auf den ersten Blick verwirrenden Vielzahl von Farb-, Nummern- und grafischen Markierungen kommen, – nämlich dort, wo unterschiedliche Wanderwege aufeinandertreffen oder abschnittsweise denselben Streckenverlauf haben – so wie am Felsenmeer im Odenwald.

Nicht nur Fernwanderwege werden durch einen landschaftsbezogenen Namen und ein fantasievolles Piktogramm „gebrandet“, wie es im Marketing-„Denglisch“ heißt, sondern auch kürzere Themenwege. Zu den mit einem Piktogramm gekennzeichneten Wanderrouten zählen auch die zahlreichen Pilgerwege, insbesondere der Jakobsweg mit seiner stilisierten gelben Jakobsmuschel auf blauem Grund. Dieses Symbol findet man in ganz Deutschland.

C. WORTSCHILDER

In manchen Wanderrevieren wie im Thüringer Wald oder im Berchtesgadener Land finden sich bevorzugt Wortschilder als Orientierungszeichen. Sie können in der jeweiligen Region gestalterisch und farblich einheitlich sein, müssen es aber nicht, und bieten eine gute Orientierung. Im Flachland und in Mittelgebirgen wird meist die Entfernung bis zum (Zwischen-)Ziel angegeben, in den Alpen die Gehzeit – was angesichts der Auf- und Abstiege die aussagekräftigere Angabe ist. Im Bayerischen Wald findet der Wanderer durchaus Streckenlängen *und* Gehzeiten auf einem Schild. In den Berchtesgadener Alpen sind die Wanderwege sogar noch nach Schwierigkeitsgrad klassifiziert, was bei der Auswahl einer Wanderroute besonders hilfreich ist. Die Klassifizierung richtet sich nach dem System des Deutschen Alpenvereins:

- Gelb: Talwege, Forststraßen und einfache Bergwege. Für diese wird keine besondere Ausrüstung benötigt, und manchmal sind sie sogar barrierefrei.

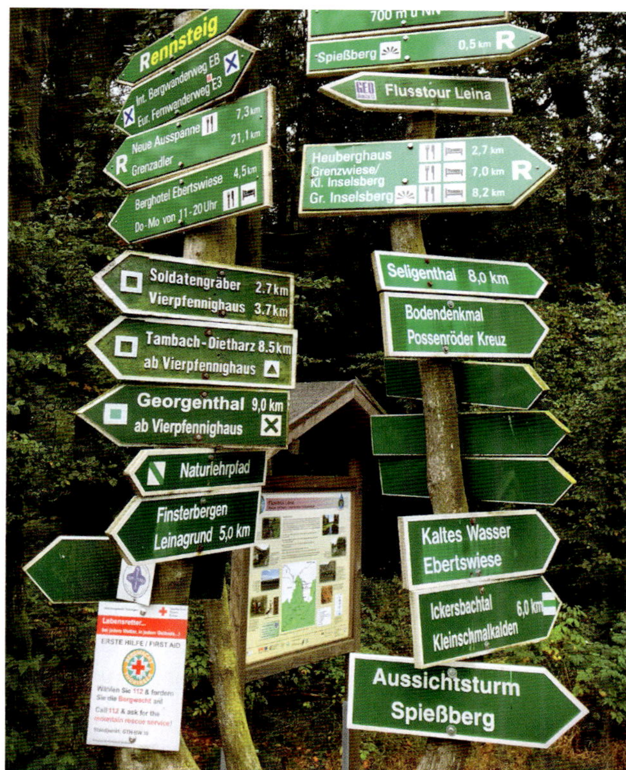

Wortschilder finden sich beispielsweise im Thüringer Wald.

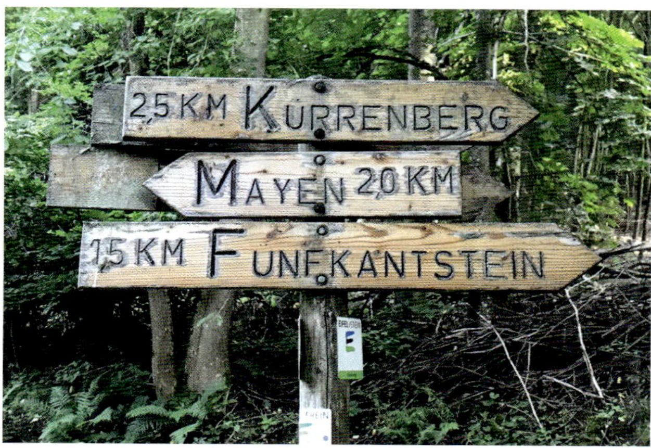

Wegweiser im Mayener Stadtwald

- Blau: Einfache, gelegentlich auch schmale und steile Wege, die aber keine absturzgefährdeten Stellen aufweisen. Ein gewisses Maß an Trittsicherheit sollte vorhanden sein.
- Rot: Mittelschwere Bergwege, die schmal und steil sind. Rote Wege haben eventuell absturzgefährdete Stellen. Kurze Passagen können auch mit Drahtseilen versichert sein.
- Schwarz: Schwere Bergwege sind schmal und steil und führen oft durch absturzgefährdetes Gelände. Drahtseilgesicherte Passagen erfordern im Gegensatz zu roten Passagen Kraft und eine gute Trittsicherheit.

Die Klassifizierung richtet sich stets nach der schwierigsten Passage auf einem Weg.

KNOTENPUNKTSYSTEM: WANDERN NACH ZAHLEN

Neben den genannten Wanderwege-Markierungen gibt es auch noch das – allerdings in Deutschland wenig verbreitete – Knotenpunktsystem. Es stammt ursprünglich aus Flandern, wo der Ingenieur Hugo Bollen Ende der 1980er-Jahre dieses Ordnungsprinzip zunächst für Radwege entwickelt hatte. Ziel war es, die Orientierung zu vereinfachen.

Nummerierte Knotenpunkte weisen hier den Weg. Jede Wegkreuzung bekommt eine Nummer, Stationen einer Wanderung reihen sich dadurch wie eine Zahlenkette aneinander. Wanderer müssen sich die Nummern der ausgewählten Knotenpunkte merken oder aufschreiben und folgen dann einfach den Zahlen. Befürworter sehen die leichte Handhabbarkeit bei den Nutzern sowie die Kompatibilität mit technischen Planungsgrundlagen und die Installation in der Landschaft als wichtigste Vorteile.

Die Stadt Aachen hat 2015 das Wander- und Spazierwegenetz im Aachener Stadtwald auf diese Weise erschlossen. Einen weiteren Ansatz findet man beispielsweise im Wurm- und Broichbachtal nördlich von Aachen und seit 2021 auch im deutschsprachigen Ostbelgien.

Knotenpunktsysteme sind mit Blick auf ihre Planung gewiss weniger komplex und einfacher zu realisieren, denn animierende Bezeichnungen und fantasievolle Namen müssen nicht gefunden werden. Der

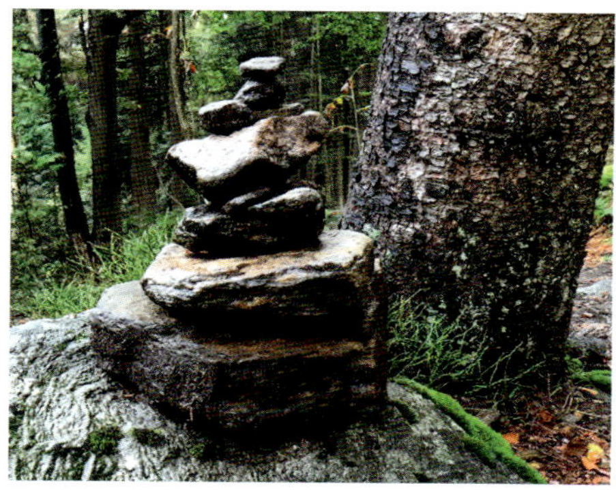

Steinmännchen zur Orientierung finden sich oft im Hochgebirge, seltener in tieferen Lagen, wie hier im Bayerischen Wald.

Wanderer kann innerhalb des Knotenpunktnetzes seine Route frei wählen. Nachteil aus Sicht des Tourismus und des Naturschutzes: Eine gezielte Besucherlenkung findet nicht statt. Dass der Wanderer seine Route selbst zusammenstellen muss, mag der Einzelne als Vorteil oder Nachteil empfinden – in jedem Fall muss er sich mit dem Revier und seinen Wegen im Vorhinein intensiver auseinandersetzen, denn feste Routen gibt es nicht.

Der Deutsche Wanderverband sieht das Knotenpunktsystem kritisch. In einer Stellungnahme heißt es: „Die Qualität der Wegeführung, die Bildung einer touristischen Marke sowie die regionale Identität, die sich in über mehrere hundert Jahre gewachsenen Wegstrukturen widerspiegelt, gehen im System der Knotenpunkte verloren." Und weiter: „Wandergäste wollen thematisch profilierte Wanderwege, die höchsten Wandergenuss versprechen. Ein eigenes Markierungszeichen pro Route ist ein wesentlicher Faktor für die Sichtbarkeit des Angebotes. Das wird durch ein Knotenpunktsystem nicht abgeholt oder nur unter massiver Erweiterung."[31]

STEINMÄNNCHEN-MARKIERUNGEN

Im Hochgebirge – übrigens nicht nur in den Alpen, sondern auch in Wüsten- und Steppengebieten – gibt es oft keine Schilder als Wegweiser, sondern Steinmännchen: aufgetürmte Steine, die dem Wanderer den Weg weisen. In den deutschen Mittelgebirgen sind sie vereinzelt zu finden, beispielsweise im Bayerischen Wald. Wer längere Zeit ohne ein Hinweisschild gelaufen ist, wird froh darüber sein, dass vor ihm Wanderer zur Orientierung einen Stein auf den anderen gelegt haben – und legt gerne noch einen dazu.

MARKIERUNG VON WEGEN: GRUNDSÄTZE

Der Deutsche Wanderverband hat einen Markierungsleitfaden herausgegeben, der die Ausschilderung von Wanderwegen vereinheitlichen soll. Dessen Grundsätze zu kennen, hilft bei der Orientierung. Die wichtigsten Punkte lauten:

- Übersichtlichkeit und Zuverlässigkeit: Eine Wanderweg-Markierung muss lückenlos, fehlerfrei und eindeutig sein.
- Sichtbarkeit und Ästhetik: Markierungszeichen sollen möglichst auf Augenhöhe oder etwas darüber angebracht werden, sodass sie einfach und schnell zu erkennen sind und bereits von Weitem auffallen.
- Markierungszeichen sind in Blickrichtung in einem Winkel von 90 oder 45 Grad zum Weg gleichermaßen in beiden Wanderrichtungen anzubringen, auf längeren Strecken möglichst auf derselben Seite des Weges. Sie sollten bereits aus der Ferne beim Draufzugehen voll sichtbar sein.
- An jeder Kreuzung oder Verzweigung ist der Verlauf des Weges eindeutig zu kennzeichnen. Alle Markierungszeichen sind vom Schnittpunkt der Kreuzung oder Verzweigung sichtbar.
- Bis maximal 50 Meter nach der Kreuzung oder Verzweigung soll eine Markierung angebracht sein, die dem Wanderer sagt, dass er richtig abgebogen ist („Quittungszeichen“ oder auch „Bestätigungsmarkierung“).
- An längeren kreuzungsfreien Abschnitten wird gelegentlich ein „Beruhigungszeichen“ angebracht, damit der Wanderer weiß, dass er noch immer auf dem richtigen Weg ist.
- Wege, die nach freien Strecken oder Ortschaften in einen Wald führen, sind am Waldrand zu kennzeichnen.

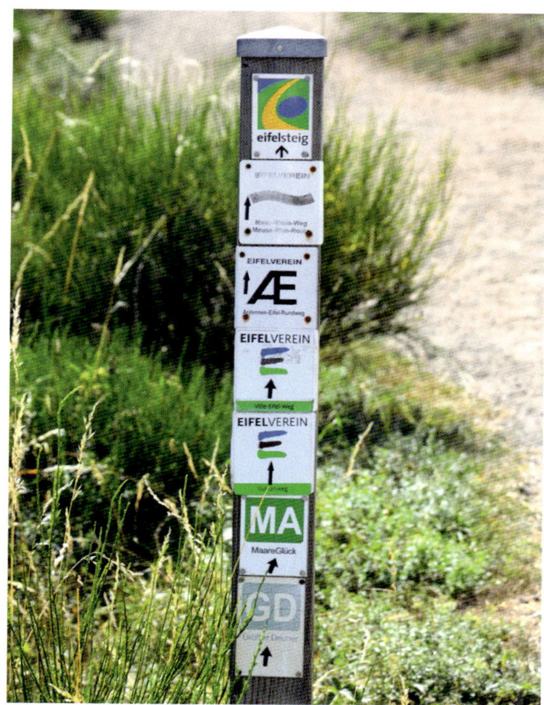

Pfosten mit hierarchisch angebrachten Markierungszeichen

- An lebenden Bäumen werden die Markierungen nicht mehr genagelt, sondern angeklebt.
- Markierungen für parallel verlaufende Wege sollten nicht an unterschiedlichen Markierungsträgern angebracht werden, sondern an ein und demselben.
- Sie sind dann hierarchisch zu gliedern: Ganz oben finden sich überörtliche Wanderwege, es folgen grenzüberschreitende Wege und Europäische Fernwanderwege, Hauptwanderwege, regionale Wanderwege, Ortswanderwege und – sofern vorhanden – Zustiege zu einem übergeordneten Weg.

Ob die Theorie der Ausschilderung in der Praxis jederzeit mustergültig umgesetzt ist, steht auf einem anderen Blatt. In jedem Fall sollte der

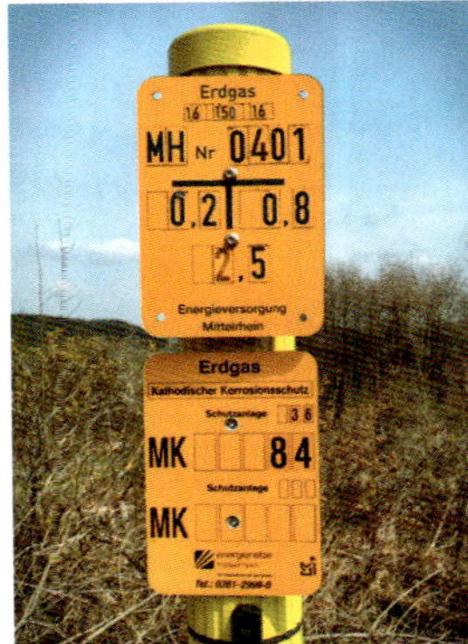

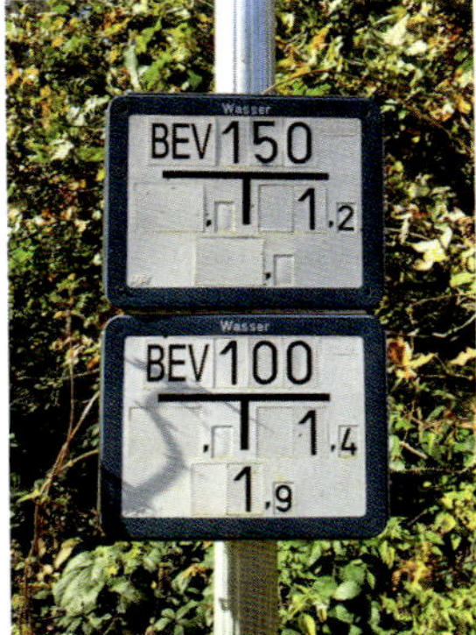

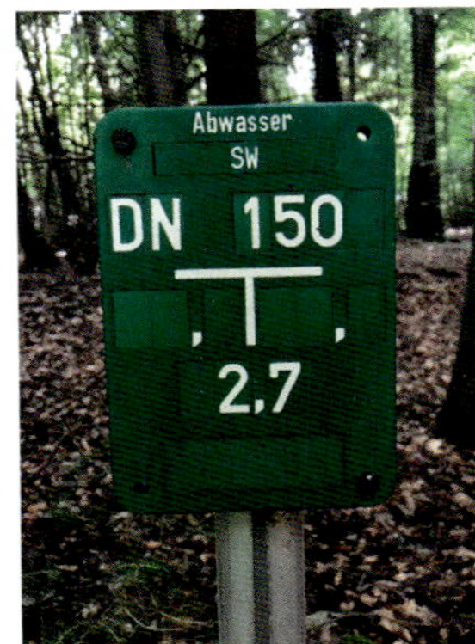

Die Schilder weisen auf Leitungen im Boden hin:
Gas (gelb), Wasser (blau), Abwasser (grün).

Wanderer aufmerksam nach Markierungen Ausschau halten und ihre Plausibilität stets kurz überprüfen. Dort, wo der Weg nicht ganz eindeutig markiert ist, wo vielleicht auch einmal ein Schild fehlt, kommt es auf den gesunden Menschenverstand und Orientierungsvermögen an. Und im Zweifel hilft immer ein Blick in die Karte. Leider kommt es immer wieder vor, dass Markierungen als Souvenir mitgenommen werden. Das ist doppelt ärgerlich, weil sich Wanderer dadurch zum einen natürlich verlaufen können und weil es zum anderen die Markierungszeichen durchaus auch in manchen Tourist-Informationen zu kaufen gibt. In der Rhön sah sich der Wegewart des Rhönklubs gezwungen, auf eigens hergestellten Schildern darauf hinzuweisen, dass Markierungszeichen nicht entfernt werden dürfen.

Der Vollständigkeit halber: Zuweilen kommt der Wanderer an weit von jeder Bebauung entfernten Stellen in der freien Natur an Schildern vorbei, die in unterschiedlichen Farben merkwürdige Zahlen- und Buchstabenkombinationen zeigen. Es handelt sich hier um Bezeichnungen für in der Erde verlegte Leitungen. Gasleitungen tragen ein gelbes Schild, Wasserleitungen sind blau markiert und Abwasserrohre grün. Die Zahlen auf den Schildern zeigen dem Fachmann, in welcher Entfernung und welcher Tiefe die Rohre oder Leitungen verlaufen und wo sich „Leitungsorgane“ in der Nähe befinden, beispielsweise Absperrschieber oder Unterflurhydranten.

KARTENKUNDE

Wer die vorgezeichneten und ausgeschilderten Routen verlassen und sich eine individuelle Tour vornehmen möchte oder wer im Ausland mit weniger gut ausgebauter Wanderinfrastruktur unterwegs ist, der kommt ohne eine Wanderkarte nicht aus. Er benötigt Kenntnisse im Kartenlesen. Man kann sich natürlich auch auf sein Handy mit Wander- und Navigations-App oder ein GPS-Gerät verlassen. Aber eine Wanderkarte lesen zu können, ist beim Ausfall der elektronischen Geräte nicht nur nützlich, sondern notwendig. Außerdem macht es einfach auch Spaß. Gerade Kinder lassen sich fürs Kartenlesen begeistern! Sich eine Karte zu erschließen, ist gar nicht schwer.

Eine Wanderkarte verrät uns viel mehr über unsere Umgebung, als es die kleinen Ausschnitte auf den Bildschirmen von Handy und GPS tun. Zu wissen, wie einem die Karte hilft, kann also nicht schaden. Ich selbst habe große Freude daran, mich in eine Karte zu vertiefen und nach und nach in ihre ganz eigene Welt mit ihrer Symbolik einzutauchen. Vor meinem inneren Auge entstehen Bilder von den realen Landschaften, die die Karte zweidimensional abbildet. Wenn ich diese Landschaften dann durchwandere, staune ich manchmal, wie sehr meine inneren Bilder sich mit der Realität decken – oder wie sehr sie auch manchmal davon abweichen.

EIN WENIG GEODÄSIE

Grundlage aller Karten ist die Geodäsie – die Wissenschaft von der Vermessung und Abbildung der Erdoberfläche. Das Wort kommt aus dem Griechischen und bedeutet „Erde teilen“. Von größter Bedeutung ist dabei der Umstand, dass die Kugelgestalt der Erde zweidimensional auf einer Ebene – der Karte – dargestellt werden muss. Das geht nicht ohne Verzerrung. Dieses Problem stellt Kartografen von jeher vor Schwierigkeiten.

Schon der griechische Philosoph Aristoteles vermutete im 4. Jahrhundert vor Christus, dass die Erde eine Kugel sein müsse. Der Beweis dazu gelang rund 150 Jahre später dem Gelehrten Eratosthenes, der die berühmte Bibliothek von Alexandria leitete. Er legte gleich auf zweierlei Weise dar, dass die Erde eine Kugel ist: zum einen weil ein Schiff mit zunehmender Entfernung von der Küste hinter dem Horizont „verschwindet". Zum anderen mittels einer Mondfinsternis, bei der der Erdschatten ein Kreissegment auf der Mondoberfläche beschreibt, ehe der Erdtrabant vollends durch den Schatten der Erde verdunkelt wird. Und noch ein Phänomen fiel dem Griechen auf, das eine Kugelgestalt der Erde nahelegte: Der Sonnenhöchststand verändert sich, je weiter man nach Norden oder Süden reist. Das kann nur der Fall sein, wenn man sich auf einer gekrümmten Linie bewegt, wie es auf einer Kugel der Fall ist.

Eratosthenes war es übrigens auch, der im 3. Jahrhundert v. Chr. als Erster den Erdumfang berechnet hat und dabei auf 39.325 Kilometer kam –, was erstaunlich nah an den tatsächlichen Umfang unseres Planeten herankommt, der am Äquator 40.075 Kilometer beträgt. Nebenbei bemerkt: Entlang der Pole weist der Erdumfang nur 40.007 Kilometer aus. Die Erde ist eben keine ideale Kugel, sondern hat durch ihre Rotation einen Wulst am Äquator und eine Abflachung an den Polen.

Wie hat Eratosthenes den Umfang so genau berechnen können? Um es vorwegzunehmen: auf ziemlich geniale Weise. Ihm war nämlich beim Blick in einen Brunnen in der Stadt Syene in Ägypten, dem heutigen Assuan, aufgefallen, dass am Tag der Sommersonnenwende (21. Juni) die Sonnenstrahlen genau senkrecht auf die Erde treffen, also keinen Schatten werfen. Am selben Tag warf jedoch in Alexandria, 800 Kilometer nördlich von Syene, ein dort stehender Obelisk durchaus einen Schatten, dessen Winkel Eratosthenes aus der Schattenlänge und der Höhe des Obelisken leicht berechnen konnte – nämlich 7,2 Grad, genau der 50. Teil eines Kreises. Eratosthenes folgerte daraus, dass die Entfernung von Syene nach Alexandria dem 50. Teil des Erdumfangs entsprechen muss. Die Frage war nun: Wie weit liegen die beiden Städte auseinander? Aus der Zeit, die eine Kamelkarawane von der einen Stadt zur anderen benötigt (50 Tage), und ihrer täglichen Marschleistung (100 Stadien, dem damals üblichen Längenmaß) errechnete Eratosthenes eine Entfernung zwischen Syene und Alexandria von 5.000 Stadien. Nun musste er nur noch diese Entfernung mit 50 multiplizieren und kam zu dem (in Kilometer umgerechneten) genannten Ergebnis des Erdumfangs. Es war eine aus Anschauung, Nachdenken und Berechnung geborene intellektuelle Meisterleistung.

Hätte sich übrigens mehr als tausend Jahre später Christoph Kolumbus an Eratosthenes gehalten, wäre er womöglich gar nicht erst nach Westen auf der Suche nach einem Seeweg nach Indien aufgebrochen – ihm wäre die Fahrt womöglich zu lang und zu unwägbar erschienen. Doch Kolumbus kannte die Berechnung von Eratosthenes nicht. Er orientierte sich an dem griechischen Gelehrten Ptolemäus, der den Erdumfang auf lediglich 25.000 Kilometer geschätzt (!) – nicht berechnet – hatte. Auf einer derart kleinen Erdkugel würde er relativ schnell Richtung Westen nach Indien kommen müssen, dachte sich Kolumbus und segelte los. Wie gut, dass ihm auf seinem Weg Amerika dazwischenkam, das er auf diese Weise entdeckte. Sonst wären er und seine Männer auf einem schier unendlich scheinenden Ozean vermutlich verdurstet und verhungert. Kolumbus ist ein gutes Beispiel dafür, dass falsche Annahmen zuweilen zu einem überraschenden und unerwarteten Ergebnis führen.

Wie kann man aber nun die Oberfläche der Erdkugel auf einer Karte darstellen? Dazu bieten sich kegel- oder zylinderförmige Projektionen an. Bei Kegelprojektionen wird die Erde auf einem gedachten Kegel abgebildet, dessen Achse durch den Erdmittelpunkt verläuft – wie ein spitz zulaufendes Hütchen auf einem Ball. Bei der Zylinderprojektion wird ein gedachter Zylinder entlang des Äquators um den Globus gelegt. Die bekannteste Zylinderprojektion ist die des Duisburger Kartografen Gerhard Mercator (1512–1594). Breitenkreise und Längenkreise (Meridiane) werden in dieser Projektion zu Geraden. Die Verzerrung wird umso größer, je mehr sich die Karte Nord- und Südpol nähert.

Auf der Mercator-Projektion beruht das Gauß-Krüger-Koordinatensystem, das erlaubt, hinreichend kleine Gebiete der Erde mit metrischen Koordinaten darzustellen. Dieses System wurde von dem Mathematiker Carl Friedrich Gauß (1777–1855) erdacht und von dem Geodäten Louis Krüger (1857–1923) weiterentwickelt. Das Gauß-Krüger-System wurde 1923 eingeführt und war im deutschsprachigen Raum und darüber hinaus bis 2010 in Gebrauch. Mithilfe des Koordinatennetzes des Gauß-Krüger-Systems gelang die winkelgenaue Übertragung der Kugelform der Erde auf eine zweidimensionale Karte. Sehr viele amtliche Kartenwerke beruhen bis heute auf diesem System.

Im Gauß-Krüger-System wird das Gitternetz der geografischen Koordinaten in drei Grad breite Meridianstreifen aufgeteilt, also Streifen zwischen zwei Linien, die von Pol zu Pol laufen. Man nimmt nicht einen kompletten Zylinder, um die Erdoberfläche abzubilden, sondern bildet nur schmale Meridianstreifen ab, um die Verzerrung gering zu halten. Auf jedem dieser Meridianstreifen entsteht ein rechtwinkliges Koordinatensystem, dessen Winkel mit denen in der Natur übereinstimmen. Innerhalb dieses Systems kann jeder Punkt der Erde mit zwei Ziffernfolgen benannt werden kann, einem Rechtswert (R) und einem Hochwert (H). Der Rechtswert bezeichnet die Entfernung zum nächstliegenden Hauptmeridian des Systems, der Hochwert die Entfernung vom Äquator in Metern. So lauten die Gauß-Krüger-Koordinaten für das Brandenburger Tor in Berlin: R 4593643.515 / H 5821235.605.

HEUTE ÜBLICH: DAS UTM-SYSTEM

Ebenfalls auf der Mercator-Projektion beruht das seit 2010 weltweit angewandte UTM-System. Es funktioniert ähnlich wie das Gauß-Krüger-System. UTM steht für *Universal Transverse Mercator* und ist als Koordinatensystem auch für Wanderer von großer Bedeutung. Alle neueren topografischen Wanderkarten sind im UTM-System dargestellt. Auch finden sich an bestimmten Stellen im Gelände Plaketten mit UTM-Koordinaten, mit deren Hilfe Wanderer nicht nur ihren aktuellen Standort feststellen, sondern auch ihr GPS-Gerät kalibrieren können.

Das UTM-Gittersystem teilt die Erde in 60 Meridianstreifen (in diesem Fall Zonen genannt) von jeweils sechs Grad Breitenausdehnung ein. Die Zonen werden von der Datumsgrenze am 180. Längengrad ostwärts durchgezählt, von Süd nach Nord hingegen alphabetisch mit Buchstaben bezeichnet. Jede Zone bildet in sich ein eigenes UTM-Koordinatensystem. Deutschland liegt zum allergrößten Teil in den Zonen 32U und 33U. Was im Gauß-Krüger-System der Rechtswert war, ist im UTM-

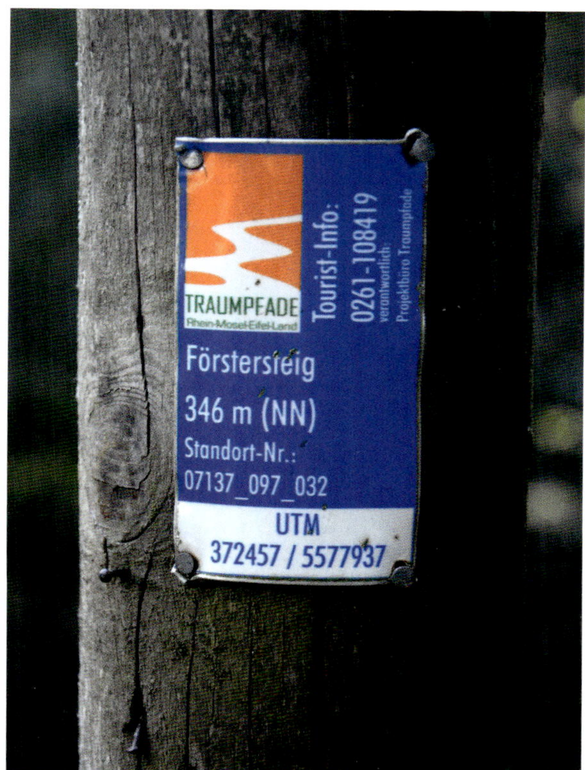

Plaketten mit den örtlichen UTM-Koordinaten dienen zur Orientierung und zur Kalibrierung von GPS-Geräten.

System der Ostwert (E wie engl. East). Der Hochwert wird zum Nordwert (N). Wie bei Gauß-Krüger bezeichnet der Ostwert auch im UTM-System die Entfernung zum Bezugsmeridian und der Nordwert die Entfernung vom Äquator in Metern. Im UTM-System lautet die Koordinate für das Brandenburger Tor: 33U E: 389918 / N: 5819699. Hier bezeichnet 33U also die Zone, in der sich das Brandenburger Tor befindet, und die Ziffern 389918 stehen für den Ostwert in Metern innerhalb der Zone, die Ziffern 5819699 für den Nordwert in Metern gemessen vom Äquator. Bei Eingaben in ein GPS-Gerät muss beim Ostwert übrigens noch eine Null vorangestellt werden – GPS-Geräte verlangen siebenstellige UTM-Angaben.

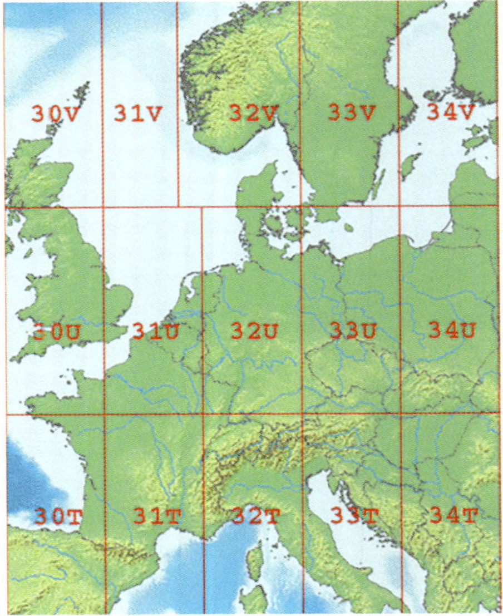

Die UTM-Zonen in Mitteleuropa. Deutschland liegt hauptsächlich in den Zonen 32U und 33U.

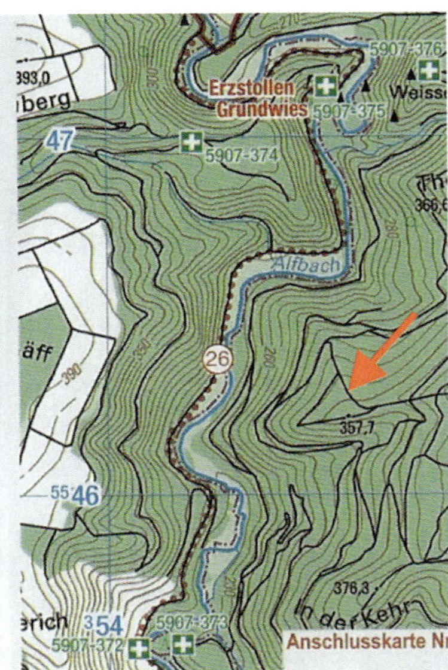

UTM-Gitternetzbezeichnungen in blauer Schrift am linken Rand einer Wanderkarte

In neueren Wanderkarten ist das UTM-Gitter als dünnes blaues Netz eingezeichnet. Am Rand der Karte sind die Nummern der jeweiligen Gitterlinie angegeben, der Einfachheit halber aber nur einmal mit der jeweils übergeordneten Ziffer, die etwas kleiner und hochgestellt abgedruckt ist. In der Kartenlegende findet sich zudem ein Hinweis auf die UTM-Zone und den Ost- und den Nordwert in Kilometern.

Um einen UTM-Punkt in der Karte zu finden, benötigt man einen Planzeiger. Es funktioniert aber auch mit einem Lineal. Auf dem Planzeiger ist ein kleines Gitternetz eingezeichnet. Das Gitternetzquadrat ist exakt so groß wie das Quadrat der Gitternetzlinien auf einer Wanderkarte im Maßstab 1:25.000. Wird ein UTM-Punkt auf der Karte gesucht, folgt man zunächst den in den Koordinaten angegebenen Ziffern für die jeweilige Breitenlinie bzw. Höhenlinie und legt dann in den ermittelten Quadranten das Gitternetz des Planzeigers. Mit dessen kleine-

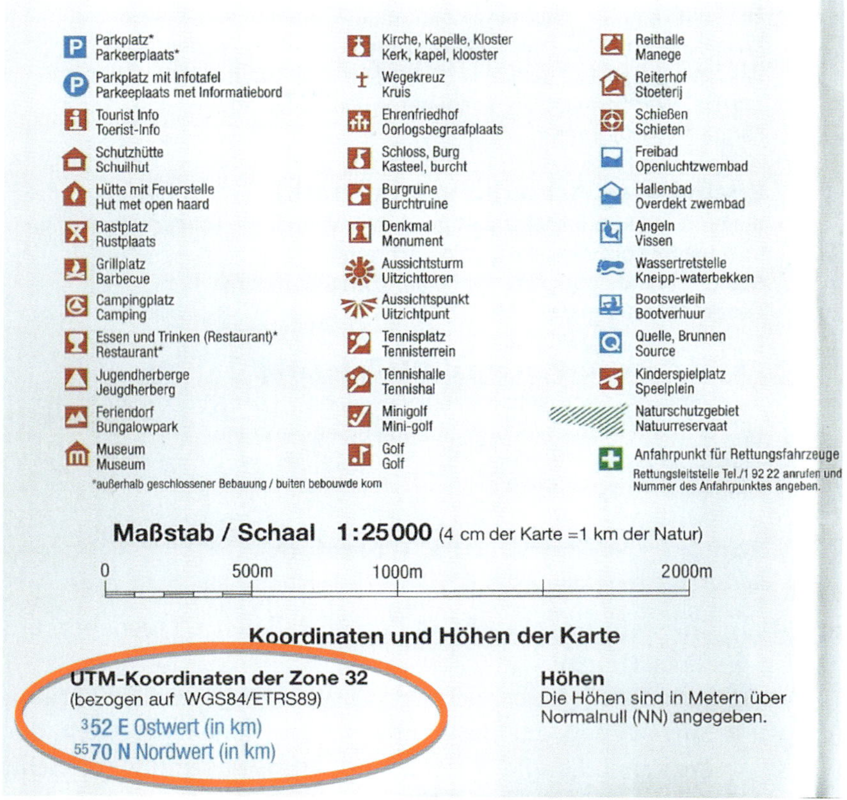

UTM-Nord- und Ostwert in der Legende einer Wanderkarte

rem Gitternetz kann man schließlich die weiteren Stellen des UTM-Werts im Kartenquadranten ermitteln. Die Karte 1 : 25.0000 ist hinreichend genau, sodass man später im Gelände den gesuchten Punkt entdecken wird. Nachkommastellen, wie sie in sehr exakten UTM-Angaben genannt werden, sind für den Wanderer irrelevant.

In jedem Fall ist immer erst der Ostwert und dann der Nordwert zu ermitteln. Hierzu gibt es eine kleine Eselsbrücke: „Um an den saftigen Apfel zu kommen, muss ich erst waagerecht zum Apfelbaum *hin*gehen

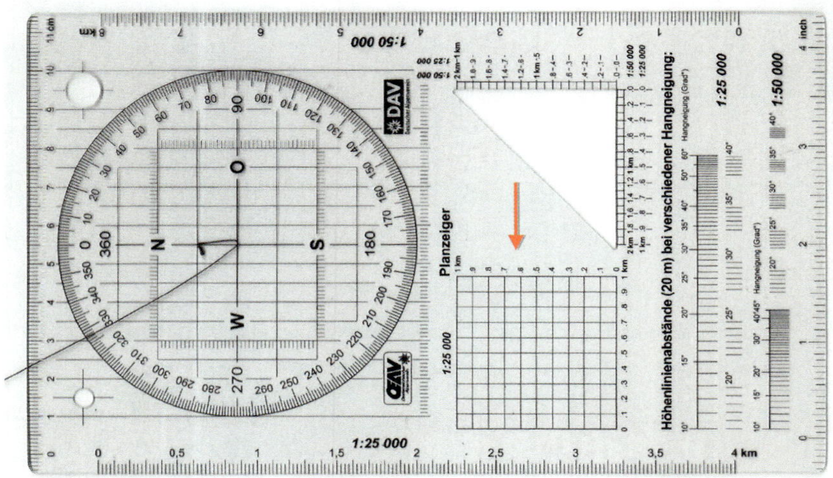

Mit einem solchen Planzeiger kann man einen UTM-Punkt in einer Karte finden.

und dann am Stamm senkrecht an ihm *hoch*klettern.“ Also: erst hin (Ost), dann hoch (Nord).

Der Vollständigkeit halber sei noch auf das geografische Koordinatensystem hingewiesen, das für Wanderer keine Rolle mehr spielt, das aber fast jeder kennt. Es wird in der Langstrecken-Navigation von Schiffen und Flugzeugen verwendet. Grundlage ist die Einteilung der Erde in 360 Meridiane von Pol zu Pol mit dem Nullmeridian, der – willkürlich festgelegt – durch die alte Sternwarte von Greenwich in London führt, und 180 Breitengraden, ausgehend vom Äquator einmal nach Nord und einmal nach Süd. Die Position wird in diesem System in Grad (°), Minuten (’) und Sekunden (’’) angegeben. Das Brandenburger Tor hat in diesem System die Koordinaten 52°30’58’’ N / 13°22’39’’. Auf manchen Wanderwegen haben Tourismusorganisationen Schilder aufgestellt, wenn ein markanter Längen- oder Breitengrad überschritten wird – in der Eifel ist es beispielsweise der 50. Breitengrad am bekannten Wanderweg entlang des Flüsschens Lieser. Praktische Bedeutung hat das Überschreiten eines Breitengrads allerdings ebenso wenig wie das eines Meridians.

DIE WANDERKARTE

Kommen wir nach diesem vorbereitenden Exkurs in die Geodäsie zu unserem eigentlichen Thema, der Wanderkarte. Die Karte ist ein verkleinertes Abbild der Landschaft in vereinfachter Darstellung. Die Verkleinerung wird in einer Verhältniszahl angegeben, zum Beispiel 1 : 25.000. Das bedeutet, dass einem Zentimeter auf der Karte 250 Meter im Gelände entsprechen. Bei einem Maßstab von 1 : 50.000 sind es demnach 500 Meter. Bei einer Karte 1 : 25.000 sind mehr Details abgebildet als bei einer Karte 1 : 50.000. Üblicherweise werden Wanderkarten in beiden Maßstäben angeboten; der ideale Maßstab für Wanderer und andere Outdoor-Aktivitäten ist 1 : 25.000. Etwas verwirrend sind die Bezeichnungen „kleiner" und „großer" Maßstab. Eine Karte mit „kleinem" Maßstab stellt große Gebiete mit wenig Details dar, während eine Karte mit „großem" Maßstab einen relativ kleinen Raum zeigt, allerdings mit vielen Einzelheiten. Eine Generalstabskarte 1 : 200.000, also mit kleinem Maßstab, zeigt ein sehr großes Gebiet, während eine Wanderkarte 1 : 25.000 ein recht kleines Gebiet abbildet.

Auf einer topografischen Wanderkarte wird das Gelände in reduzierter Form dargestellt. Dazu wurde in der Kartografie eine Vielzahl von Symbolen entwickelt, die auf allen Karten gleich sind. Diese Symbole „übersetzt" die Legende einer Karte jeweils in einen Begriff. Der Wanderer sollte die wichtigsten kennen. Sie sind vergleichbar mit den Vokabeln einer Fremdsprache. Ohne das Vokabular zu beherrschen, kann ich die Sprache beziehungsweise die Karte nicht verstehen. Je mehr Vokabeln ich kenne, desto besser verstehe ich, was gemeint ist.

Daneben haben viele Wanderkarten auch noch eine touristische Legende, in der die Hauptwanderwege mit ihren jeweiligen Namen und ausgeschilderten Symbolen dargestellt sind. Außerdem finden sich hier mehr oder weniger viele Piktogramme der touristischen Infrastruktur, beispielsweise Restaurants, Museen, Aussichtstürme und Minigolfanlagen.

Die Farbe Blau steht auf einer Karte für Gewässer (Bäche, Flüsse, Seen), Grün für Vegetation (Wiesen, Wald), Grau für Felsen und Geröll. Schwarz sind Häuser und andere Bebauungen wie Fabrikanlagen. Auch der Name von Ortschaften ist in Schwarz eingetragen. Je größer der Namenszug ist, desto mehr Einwohner hat der Ort.

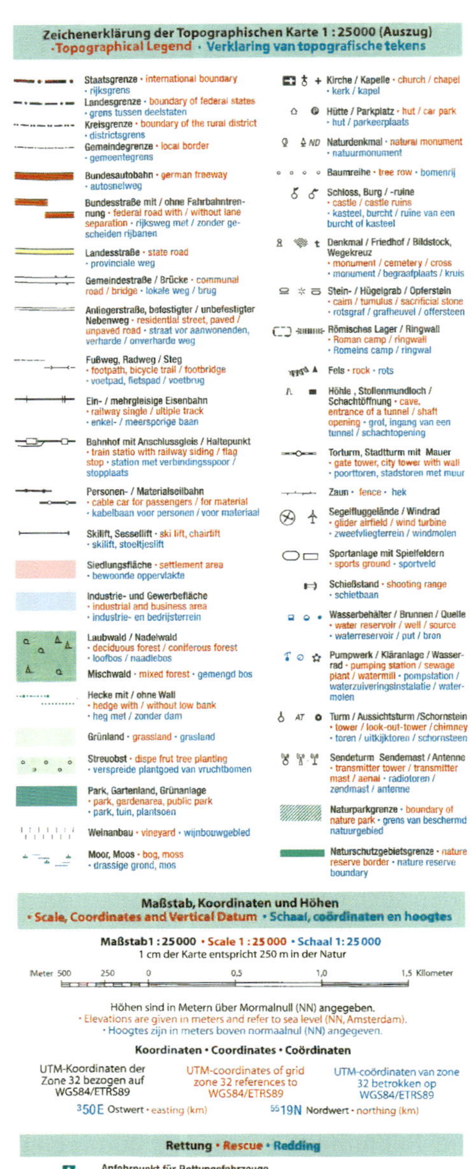

Die Legende übersetzt die Symbole einer Landkarte in Begriffe.

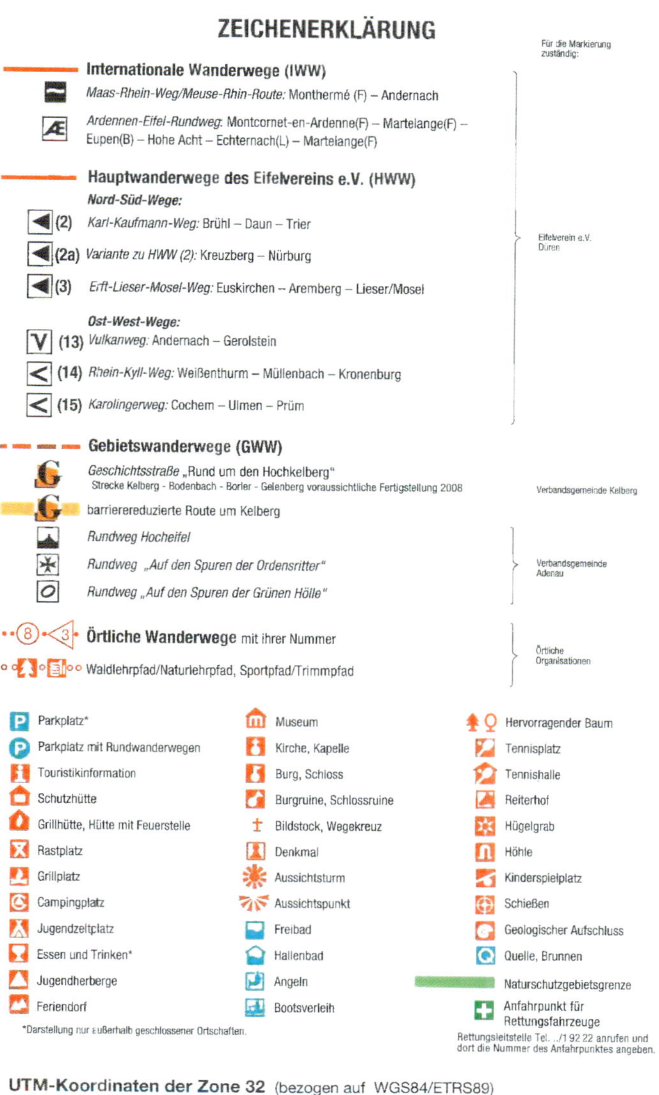

Touristische Legende einer Wanderkarte

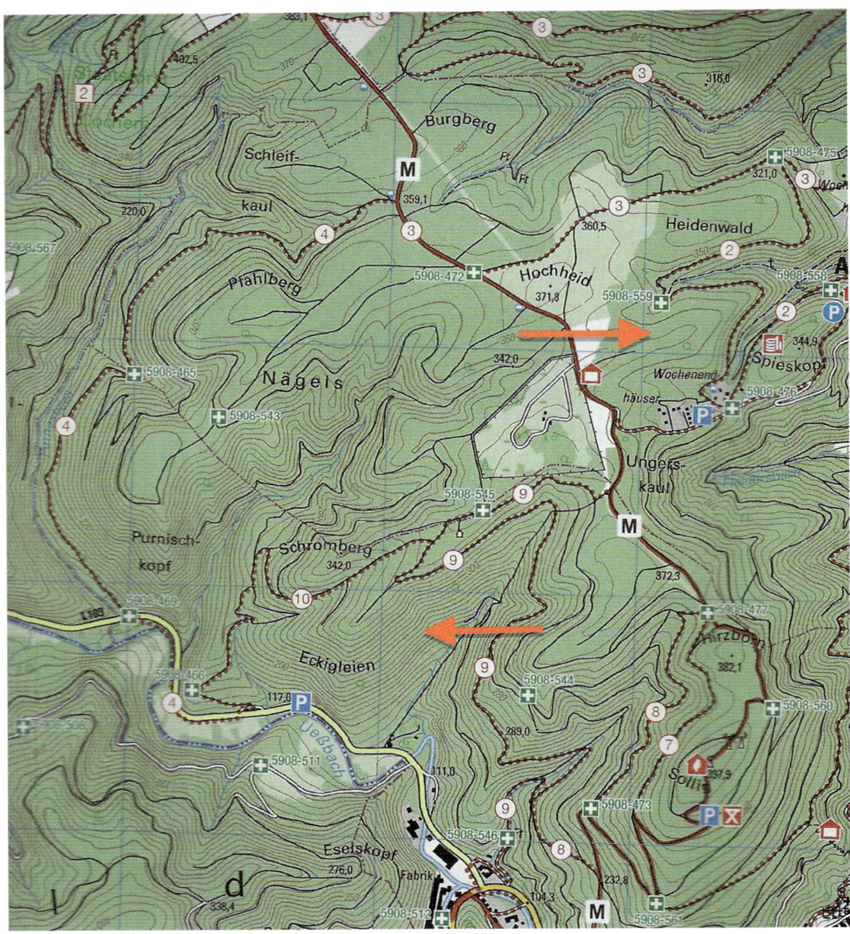

Höhenlinien auf einer topographischen Karte sind braun. Je dichter sie beieinander stehen, desto steiler ist das Gelände.

Die Höhe wird durch braune Höhenlinien angegeben, die natürlich nur auf der Karte existieren. Der senkrechte Abstand zwischen zwei Höhenlinien gibt immer denselben Höhenunterschied an, beispielsweise 10 Meter. Fünf Höhenlinien bedeuten dann einen Höhenunterschied von 50 Metern. Der Abstand kann länger oder weiter sein, je nach Beschaffenheit des Geländes. Das bedeutet: Je enger die braunen Linien beieinanderliegen, desto steiler ist der Hang. Dort, wo das Gelände relativ flach ist, liegen die Höhenlinien weiter auseinander. Hier besteht die Gefahr, dass man die Höhenlinie mit einem Wanderweg verwechselt. Eine andere Möglichkeit, Höhenunterschiede darzustellen, ist die Flächentönung. Dabei gilt: je dunkler, desto steiler.

Der Gipfel eines Berges wird mit einem Höhenpunkt und einer Höhenangabe gekennzeichnet. Manchmal ist eine Höhenlinie durch eine braune Zahl unterbrochen. Das ist die Höhenangabe der betreffenden Linie in Metern. In der Richtung, in der man die Zahl lesen kann, geht es nach oben.

Die Wegstrecke kann man aus der Karte ermitteln, indem man die Distanz zwischen dem Ausgangspunkt und dem Zielpunkt (oder einem Zwischenziel) mithilfe des Planzeigers, der Skala am Kompass oder eines Lineals ausmisst und anhand der Maßstabsleiste in der Legende der Karte in Entfernung umrechnet. Eine auf der 1 : 25.000er-Karte ermittelte Strecke von vier Zentimetern entspricht einem Kilometer im Gelände.

Da die meisten Strecken jedoch nicht geradlinig verlaufen, wird man mit diesem Verfahren nicht allzu weit kommen. Dann hilft eine Unterteilung der Wegstrecke in kleinere Einheiten, deren Länge man notiert, zum Schluss addiert und dann wiederum mit der Skala vergleicht. Hilfsmittel zum Ausmessen von Strecken ist ein Stechzirkel mit Nadeln am Ende beider Zirkelbeine. Der Zirkel wird auf einen dem Maßstab angemessenen Winkel gespreizt, beispielsweise ein Zentimeter. Danach legt man den Zirkel an den markierten Wanderweg an und wendet ihn jeweils um eine halbe Umdrehung entlang der Strecke, wobei man sich die Zahl der Wendungen merkt. Zehn Wendungen bei einer Spreizung von einem Zentimeter ergeben zehn Zentimeter. Auf einer Karte 1 : 25.000 ist das dann eine Entfernung von 2,5 Kilometern. Sicher wird man nicht jede Kehre genau ausmessen können, aber ein brauchbares Ergebnis kommt bei diesem Verfahren durchaus zustande. Eine andere Möglichkeit ist die Verwendung eines Kartenmessers, dessen Rädchen beim Abfahren der Strecken in der Karte den zurückgelegten Weg aufsummiert.

DIE EIGENE POSITION BESTIMMEN

Im Gelände ist es immer wieder nötig, die eigene Position zu bestimmen. Zu wissen, wo man ist (und wohin man will), ist geradezu essenziell für einen Wanderer. Die Positionsbestimmung ist eine der wichtigsten Fertigkeiten, die ein Wanderer sicher beherrschen sollte. Und das ist auch gar nicht so schwer.

Hierzu benötigt man eine Karte und einen Kompass. Zu Karten wurde bereits etwas gesagt. Der Kompass ist ein Instrument zur Anzeige der Richtung des Erdmagnetfelds und dient zur Bestimmung der Nord-Süd-Richtung. Dass sich Splitter von Magneteisensteinen entlang des Magnetfelds ausrichten, war schon in der Antike bekannt. Seit dem Mittelalter nutzten europäische Seefahrer den Kompass. Die Kompassrose, auch Windrose genannt, ist eine Grafik auf einem Kompass, die verwendet wird, um die Himmelsrichtungen anzuzeigen. Die Hauptrichtungen sind Norden, Süden, Osten und Westen, die mit ihren Anfangsbuchstaben N, S, O, W bezeichnet werden. Ihnen ist eine Gradzahl zugewiesen: Norden 0 Grad, Osten 90 Grad, Süden 180 Grad, Westen 270 Grad. Mit einer kleinen Eselsbrücke kann man sich die Reihenfolge der Himmelsrichtung im Uhrzeigersinn merken: Nie Ohne Stiefel Wandern.

Nun zur Richtungsbestimmung mit Karte und Kompass. Zunächst einmal muss die Karte eingenordet werden. Das bedeutet, die Nordausrichtung der Karte muss mit der Nordrichtung im Gelände in Übereinstimmung gebracht werden. Anders ausgedrückt: Die Karte soll richtungsgleich mit der Natur sein. Erst dann kann man Ortschaften, Berge oder Flüsse richtig zuordnen. Die senkrechten Gitterlinien einer Karte gehen immer nach Karten-Nord. Gleiches gilt für die Beschriftung der Karte, also Legende, Maßstab, aber auch Ortsnamen: Wenn ich sie lesen kann (sie also nicht auf dem Kopf stehen), blicke ich automatisch in Richtung Karten-Nord. Um das Karten-Nord mit dem Gelände-Nord abzugleichen, benötige ich einen Kompass.

Der Kompass wird zunächst so eingestellt, dass die Nordmarke (0 Grad) mit dem Nordzeichen „N“ auf der Kompassdose übereinstimmt. Dann den Kompass an den Kartenrand, an eine der senkrechten Gitterlinien oder rechtwinklig zu den Ortsbeschriftungen anlegen. In der

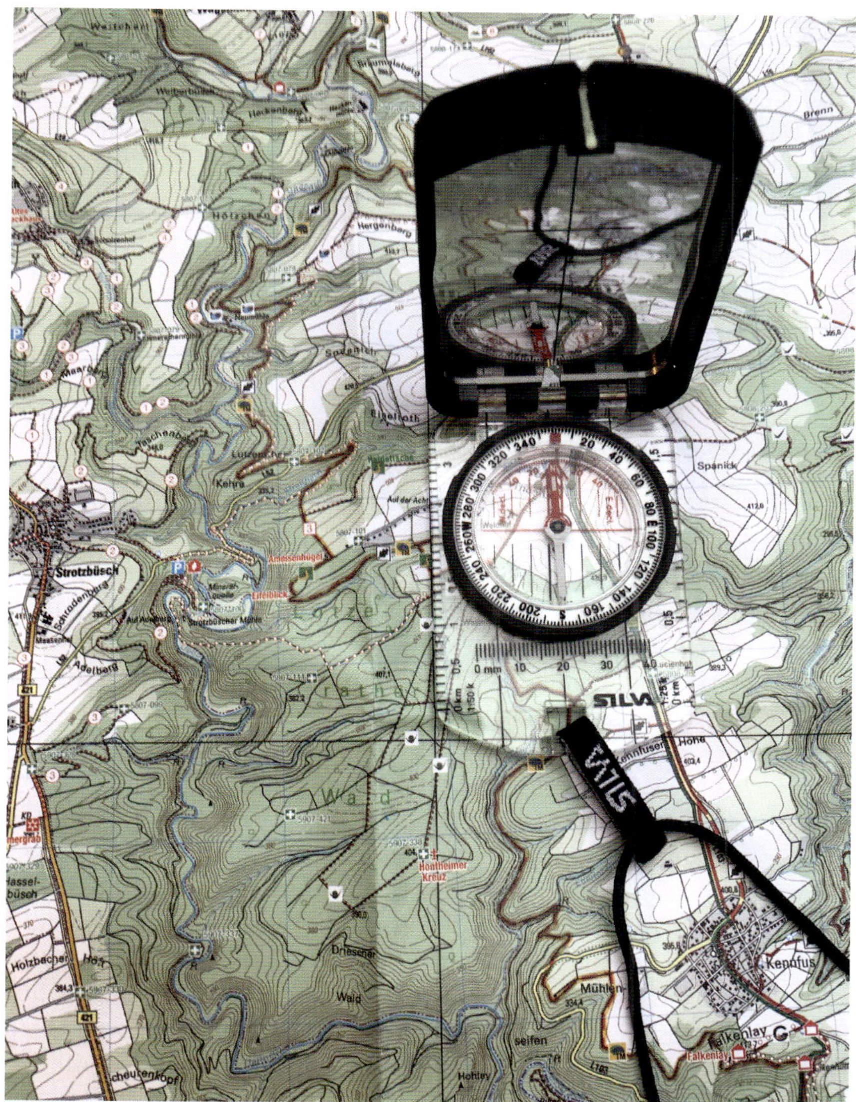

Eine Karte wird mithilfe eines Kompasses eingenordet.

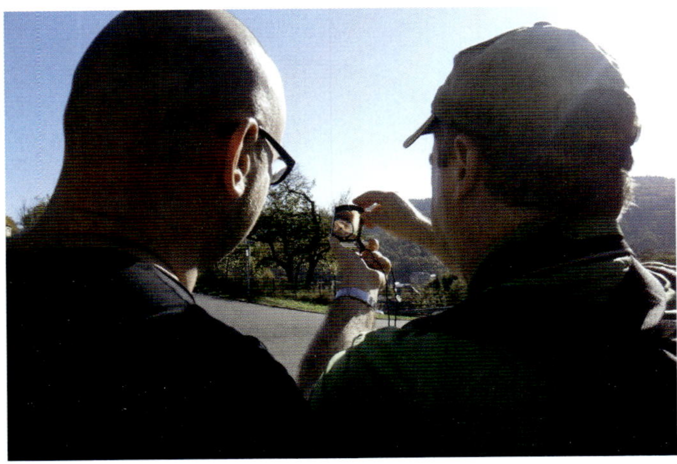

Wanderer beim Peilen mit dem Kompass

Abbildung auf Seite 159 wurde der Kompass an den markant eingezeichneten Meridian sieben Grad östlicher Länge angelegt. Dann dreht man Karte und Kompass gemeinsam so, bis die Kompassnadel parallel zur senkrechten Rasterlinie beziehungsweise dem Kartenrand ausgerichtet ist. Nun weiß man genau, wo im Gelände Norden ist – Karten-Nord und Gelände-Nord sind eins.

Um die eigene Position zu bestimmten, sollte man von seinem Standpunkt zwei gut sichtbare Punkte im Gelände anpeilen, beispielsweise Kirchtürme, Sendemasten oder Windräder. Deren Standorte müssen aus der Karte bekannt sein. Die Peilung geschieht, indem man den Spiegelkompass mit ausgestrecktem Arm etwa in Augenhöhe hält, sodass die Nadel frei schwingen und man durch die Visiereinrichtung unterhalb oder oberhalb des Spiegels das anzupeilende Objekt anvisieren kann. Der schräg gestellte Spiegel erlaubt dabei gleichzeitig einen Blick auf die Kompassrose. Dann dreht man die Kompassdose nun so weit, bis Nordmarke und Nordende der Nadel zusammenfallen. Die Gradzahl, mit der das angepeilte Objekt von der Nordrichtung abweicht, trägt man mittels eines Bleistiftstrichs in die Karte ein. Das Gleiche wiederholt man mit einem zweiten aus der Karte bekannten, vom eigenen Standpunkt aus gut sichtbaren Objekt. Dort, wo sich die beiden Striche kreuzen, ist der Standort.

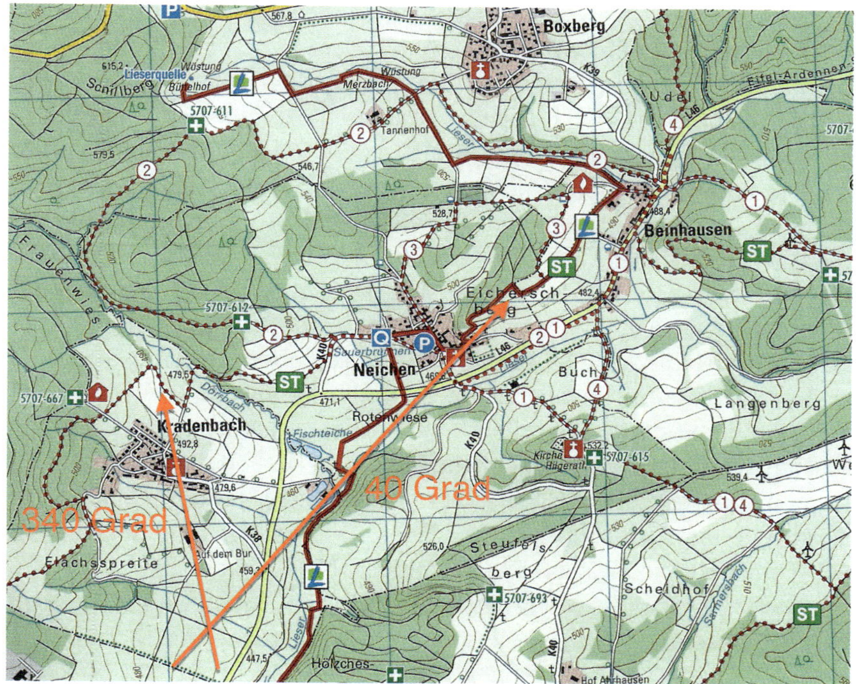

Für eine Kreuzpeilung benötigt man zwei Landmarken – hier die beiden Kirchtürme von Neichen und Kradenbach.

Diese sogenannte Kreuzpeilung geschähe mithilfe des oben gezeigten Kartenausschnitts so: Ich sehe die Kirchtürme von Neichen und Kradenbach und habe diese auch zweifelsfrei in meiner Karte identifiziert. Ich peile zunächst den Kirchturm von Neichen an. Er liegt bei 340 Grad. Ich zeichne mithilfe des Kompasses einen Strich durch das Kirchturmsymbol mit 340 Grad. Der Kirchturm von Neichen liegt auf 40 Grad. Auch diesen Strich zeichne ich ein. An der Kreuzung beider Striche stehe ich. Möchte ich beispielsweise nach Kradenbach und es gäbe keine Wege, dann müsste ich den Kompass vor mir halten und immer in Richtung 340 Grad marschieren. Die Gradzahl, die in die gewünschte Zielrichtung weist, wird auch Marschzahl genannt.

Der Kompass ist ein einfaches und zuverlässiges Mittel zur Orientierung im Gelände. Ein Wanderer sollte stets einen Spiegelkompass dabeihaben. Er wiegt nur ein paar Gramm und lässt sich bequem in der Jackentasche verstauen oder am Band auch um den Hals tragen. Ein Kompass ist jederzeit hilfreich, selbst wenn Wege gut ausgeschildert sind. So kann es sein, dass nicht immer klar ist, welche Abzweigung man nehmen soll. Ein und derselbe Wanderweg führt manchmal linksherum oder rechtsherum um den Berg. In diesem Fall lässt sich über die Nordrichtung schnell klären, welchen Abzweig man nehmen möchte. Die Kompassdose muss immer so gedreht werden, dass die Nordmarke mit der Nadelspitze übereinstimmt. Daraus ergeben sich dann auch alle anderen Himmelsrichtungen: Osten ist – wie oben erwähnt – 90 Grad rechts in Blickrichtung Nord, Süden 180 Grad hinter dem Betrachter und Westen 270 links der Blickrichtung Nord. Die Namen der Himmelsrichtungen stammen übrigens aus der nordischen Mythologie: Die Zwerge Norder, Oster, Søder und Wester tragen das aus dem Schädel des von Odin erschlagenen Riesen Ymir gebildete Himmelsgewölbe.

Die Kompassnadel zeigt normalerweise immer nach Norden – doch welches Norden ist gemeint? Es gibt drei verschiedene Nordrichtungen:

- Geografisch-Nord
- Magnetisch-Nord
- Gitter-Nord

Geografisch-Nord ist die Richtung zum geografischen Nordpol – dem Punkt, an dem die Meridiane zusammenlaufen und die gedachte Erdachse aus dem Globus austritt. Magnetisch-Nord ist die Richtung, in die unsere frei schwingende und unbeeinflusste Kompassnadel weist. Achtung: Der magnetische und der geografische Nordpol stimmen nicht überein! Die Differenz nennt man Deklination (Missweisung). Bei Navigationen über längere Strecken muss sie berücksichtigt werden; für uns Wanderer in Mitteleuropa ist dies in der Regel nicht notwendig. Je weiter nördlich ein Wanderer unterwegs ist, desto bedeutender wird allerdings dieser Faktor. In Alaska oder im nördlichen Kanada kann die Missweisung bis zu 30 Grad betragen. Außerdem ändert sie sich auch noch jährlich. Gute Karten geben daher die Missweisung und das Jahr der Drucklegung an. Aber wie gesagt, fürs Wandern in unseren Breiten ist das nicht von Bedeutung.

Gitter-Nord ist die Richtung der senkrechten Linien eines rechtwinkligen eben geodätischen Gitters, zum Beispiel eines UTM-Gitters. Im Meridian in der Mitte eines Meridianstreifens, dem Hauptmeridian, fallen Gitter-Nord und Geografisch-Nord zusammen. Ansonsten sind die Abweichungen aber ebenfalls so gering, dass wir sie vernachlässigen können.

Metallische Gegenstände und elektromagnetische Wellen (Hochspannungsmasten!) können die Kursnadel ablenken und die Messergebnisse verfälschen. Deshalb sollte sich der Wanderer bei Peilungen von solchen Gegenständen und Einrichtungen fernhalten.

OHNE KOMPASS DIE HIMMELSRICHTUNG BESTIMMEN

Wir können uns auch ohne Karte und Kompass halbwegs im Gelände orientieren, wenn wir einige kleine Tricks beherrschen. Jedem sollte bekannt sein, dass die Sonne im Osten auf- und im Westen untergeht. Das gibt schon mal morgens und abends eine exzellente Orientierung. In unseren Breiten steht die Sonne am Mittag Richtung Süden, im Winter tiefer im Süden, im Sommer höher. Wer es etwas genauer ermitteln will, dem seien die folgenden Methoden empfohlen:

Bei Tag kann man die Nordrichtung mithilfe des Sonnenstands und einer Armbanduhr (mit Zifferblatt) oder mit einem Stock bestimmen.

Wir halten die Armbanduhr waagerecht und drehen sie so, bis der kleine Zeiger auf die Sonne zeigt. Nun teilt man den Winkel zwischen dem kleinen Zeiger und der 12. Diese Winkelhalbierende zeigt ungefähr nach Süden. Die Gegenrichtung ist Norden. Die Sonne in Verbindung mit einer Uhr ist generell ein guter Hinweisgeber. Sie steht täglich zur selben Zeit in derselben Himmelsrichtung (zwischen Sommer- und Winterzeit gibt es freilich eine menschengemachte Abweichung). Ist also die genaue Uhrzeit bekannt, so kann man aus dem Sonnenstand die ungefähre Himmelsrichtung bestimmen. Die Sonne steht in Mitteleuropa um 6 Uhr morgens mehr oder weniger im Osten, um 12 Uhr im Süden und um 18 Uhr im Westen.

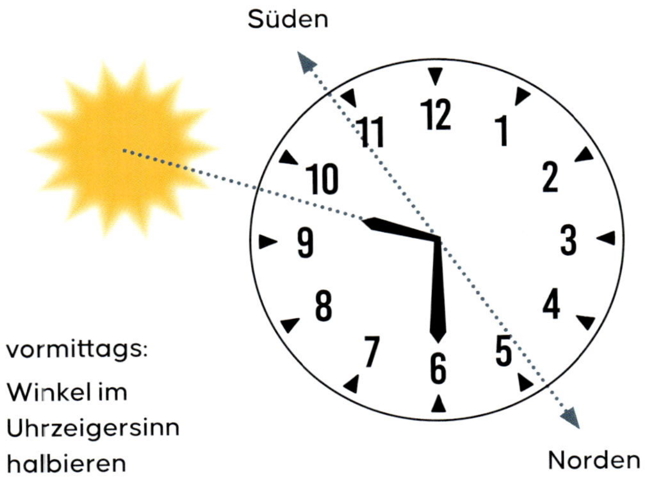

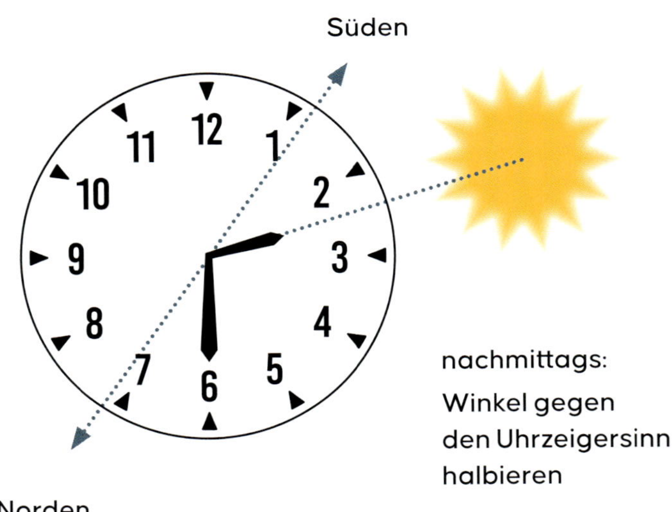

Orientierung mittels einer Armbanduhr

Sonnenstand

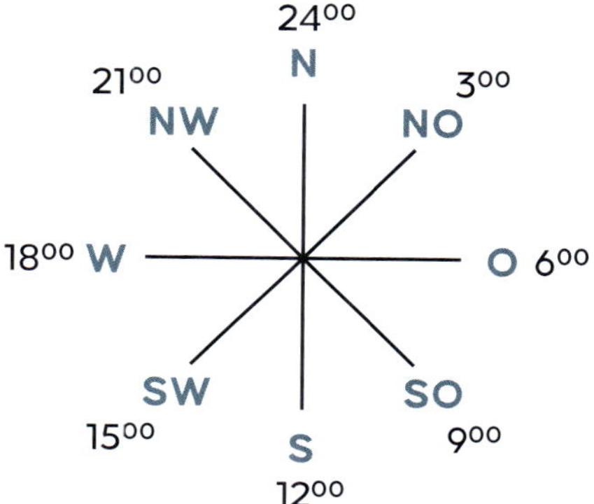

Anhand der Uhrzeit und des Sonnenstands kann man – mit Abweichungen zwischen Sommer- und Winterzeit – die ungefähre Himmelsrichtung bestimmen. Der 24-Uhr-Wert auf dieser Skizze ist in Deutschland hypothetisch, da sich die Sonne um diese Zeit in unseren Breitengraden unterhalb des Horizonts befindet und nicht zu sehen ist.

Für eine andere Methode benötigen wir einen Stab, beispielsweise einen Ast oder einen Wanderstock. Wir stecken ihn in die Erde und markieren die Spitze des Schattens, die er wirft. Dann warten wir 15 Minuten ab und markieren erneut die Schattenspitze. Die Verbindungslinie zwischen diesen beiden Markierungen zeigt ungefähr von Westen nach Osten. Diese Methode funktioniert allerdings nicht an jedem Tag des Jahres gleich gut. Am besten geht es um den 21. März und den 21. September herum – also zum Äquinoktium, der Tag- und Nachtgleiche. Am unzuverlässigsten ist die Schattenspitzen-Methode zur Sommer- und zur Wintersonnenwende am 21. Juni und am 21. Dezember. Man sollte sie am besten stets zur Mittagszeit ausführen.

Auch die uns umgebende Natur oder bestimmte Bauwerke können uns Aufschluss über die Himmelsrichtung geben. Wer sich Bäume genauer anschaut, stellt fest, dass diese oftmals eine Seite haben, an der mehr Moos wächst als an der anderen. Die Seite mit dem Moos zeigt nach Nordwesten – jedenfalls sofern uns das lokale Mikroklima keinen Streich spielt. Auch Weinberge sind gute Hinweisgeber auf die Himmelsrichtung: Sie liegen in Deutschland an Süd- oder Südwestabhängen. Auch alte Kirchen und sogar Grabsteine können helfen: Der Eingang einer mittelalterlichen Kirche steht im Westen. Die Apsis mit dem Altar ist nach Osten ausgerichtet – in Richtung Jerusalem. Allerdings ist diese Ostung im Laufe des 15. Jahrhunderts aufgegeben worden. Wenn wir die Himmelsrichtung mittels einer Kirche bestimmen wollen, muss es sich also um sehr alte Gotteshäuser handeln. Gleiches gilt für die Grabsteine; früher wurden christliche Gräber so angelegt, dass die Beine des Toten in Richtung Osten – nach Jerusalem – zeigten, der Kopf in Richtung Westen. Der darüberstehende Grabstein weist also nach Osten. Aber auch dieses Prinzip ist in der Neuzeit aufgegeben worden.

Ein anderer Stein ist deutlich hilfreicher. Deutschland ist überzogen mit Trigonometrischen Punkten (TP), die früher zur Landvermessung dienten. Meist handelt sich um massive Steinblöcke, die in die Erde eingelassen sind. In älteren Wanderkarten sind sie noch eingetragen – markiert als kleines Dreieck. Sie tragen auf der Kopfseite ein Kreuz und oft an einer der Seiten die Buchstaben TP. Wenn ich vor solch einem Stein stehe und die Buchstaben lesen kann, so blicke ich nach Norden. Das eingemeißelte Kreuz auf dem Stein erleichtert die Peilung der Himmelsrichtung.

Im Sommer und Frühherbst sind Sonnenblumen hilfreich bei der Orientierung. Sie blühen zwischen Juni und Oktober. Junge Sonnenblumen haben die Eigenschaft, dass sie sich immer zur Sonne hinwenden. Heliotropismus nennen Biologen diese Eigenschaft. Der Blütenkopf der Sonnenblume dreht sich im Laufe des Tages um 180 Grad. Am Vormittag „blickt" die Sonnenblume also nach Osten, am Nachmittag nach Westen. Daran kann man sich in der Landschaft grob orientieren. Aber wie schafft sie das eigentlich? Als Pflanze hat die Sonnenblume ja keine Muskeln. Der Heliotropismus ist auf unterschiedliche Wachstumsphasen des Stängels zurückzuführen. Nachts wächst er auf der Westseite, tagsüber auf der Ostseite, dadurch wird der Blütenkopf zu der charakteristischen Bewegung angeregt. Dies funktioniert aber nur in der Wachstumsphase. Ist die Sonnenblume ausgewachsen, „schaut" sie nur noch in eine Richtung.

In einer klaren Nacht hilft ein Blick in die Sterne, um sich zu orientieren. Idealerweise steht nahe dem nördlichen Himmelspol ein mit bloßem Auge gut sichtbarer Stern, um den sich alle anderen Sterne zu drehen scheinen – der Polarstern. Er ist der Hauptstern des Sternbilds Kleiner Bär

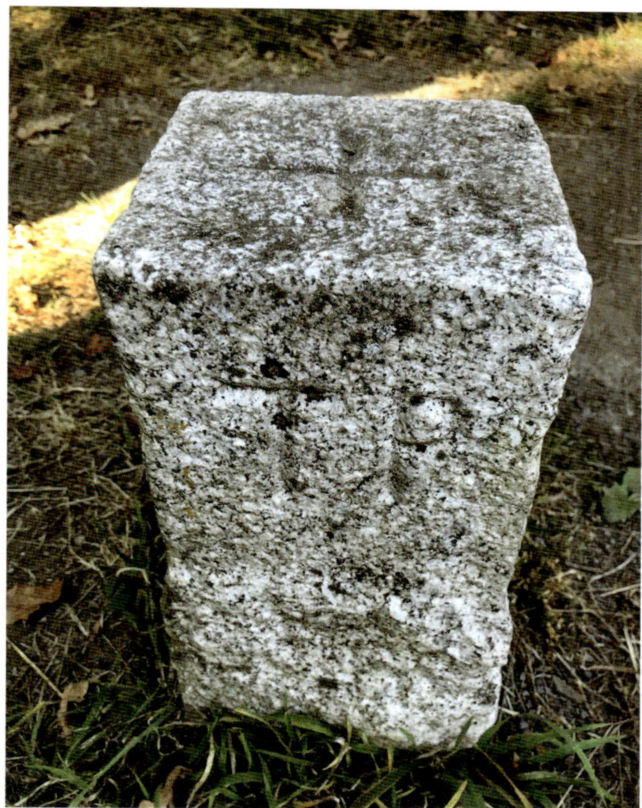

Ein Trigonometrischer Punkt. Kann man die Abkürzung „TP" lesen, blickt man nach Norden.

beziehungsweise Kleiner Wagen. 0,7 Winkelgrad ist er vom exakten Himmelsnordpol entfernt und steht damit fest senkrecht über der Erdachse. Die Abweichung ist so gering, dass der Polarstern uns sicher den Weg nach Norden weist. Praktischerweise ist er von unseren Breiten aus ganzjährig zu sehen, er ist also jederzeit ein zuverlässiger Wegweiser nach Norden. Auf der Südhalbkugel gibt es keinen vergleichbar hellen Stern in Polnähe. Nächtliche Wanderer müssen sich dort anders orientieren.

Genau genommen ist der Polarstern nicht nur *ein* Stern, sondern es sind derer gleich drei, Polaris Aa und Ab sowie Polaris B. Um sie auseinanderzuhalten, braucht man allerdings ein Teleskop. Als Erster hat

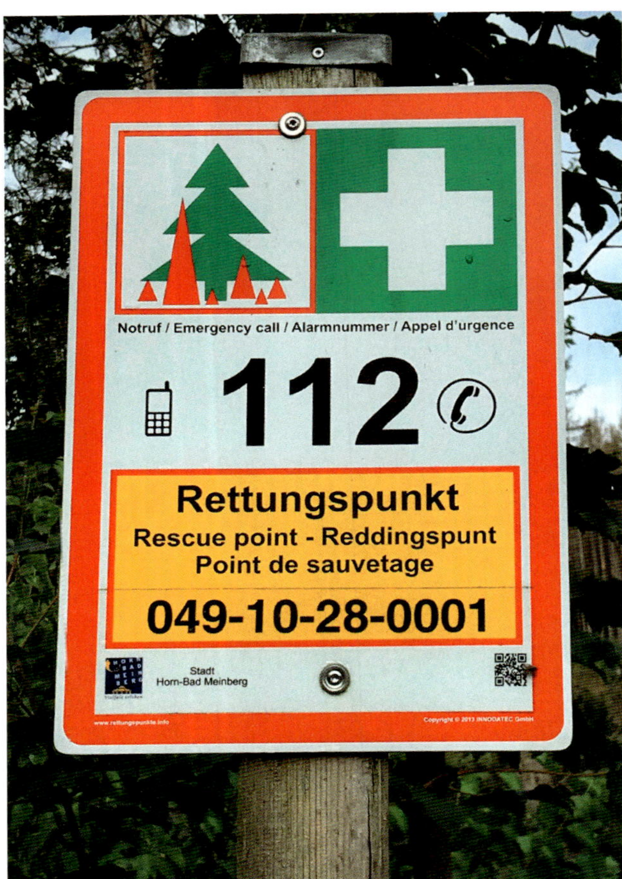

Rettungspunkt in Nordrhein-Westfalen

1780 der deutsch-britische Astronom, Komponist und Musiker Wilhelm Herschel im Polarstern zwei Sterne erkannt; mit dem Hubble-Teleskop wurde 2006 dann die Dreifaltigkeit dieser Sterngruppe entdeckt.

Man findet ihn, indem man das bekannteste Sternbild der nördlichen Hemisphäre, den Großen Wagen sucht, der in unseren Breiten das ganze Jahr über zu sehen ist, da er zu den sogenannten zirkumpolaren Sternbildern gehört, die nie unter dem Horizont verschwinden. Im November gegen 21 Uhr steht der Große Wagen am tiefsten, im Mai fast im Zenit.

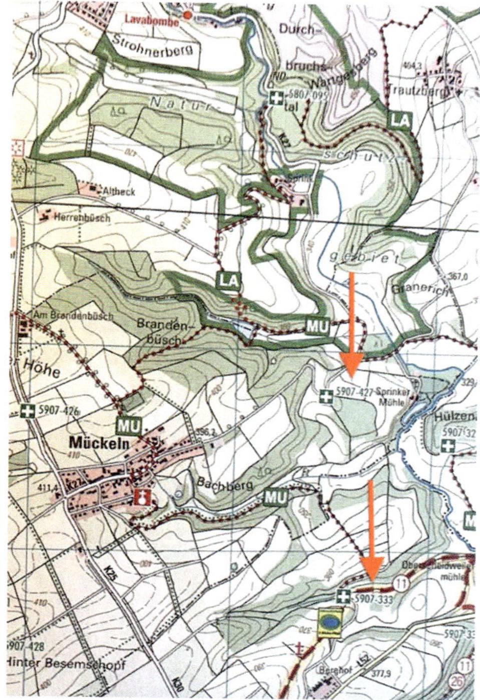

In manchen Wanderkarten sind die Rettungspunkte eingezeichnet und stellen daher eine sehr gute Orientierungshilfe dar.

Im Februar zeigt seine Deichsel nach unten, im August nach oben. Wie auch immer, die fünffache Verlängerung der beiden hinteren Sterne des Wagenkastens führt immer zum Polarstern. Hat der Nachtwanderer einmal den Polarstern gefunden, leiten sich daraus alle Himmelsrichtungen ab. Dreht man sich mit dem Rücken zum Polarstern, ist linkerhand Osten, rechts Westen und Süden direkt vor einem.

Übrigens entspricht nach einer Faustregel die Höhe des Himmelsnordpols (und damit die Position des Polarsterns) der geografischen Breite des Beobachtungsstandorts. Auf der Linie Mainz–Bayreuth–Prag beispielsweise steht der Polarstern 50 Grad hoch – und das ist auch die geografische Breite für die angegebenen Orte.[32] Es gibt noch zwei weitere einfache Orientierungsmöglichkeiten am Himmel: Die Venus, der besonders helle Morgenstern, steht kurz vor Sonnenaufgang immer im

Osten. Der Vollmond befindet sich mit seiner hell erleuchteten Oberfläche stets der Sonne direkt gegenüber.

Eine ganz einfache Methode, sich zu orientieren, sind in Deutschland die Rettungspunkte, die sich im ganzen Land insbesondere in Waldgebieten finden. Ursprünglich wurden sie für Forstarbeiter eingerichtet, die sich bei der Arbeit verletzt hatten. Rettungspunkte zeichnen sich dadurch aus, dass bei ihnen in der Regel Handyempfang besteht und dass sie von Rettungsfahrzeugen angefahren werden können (vgl. Kapitel 11). Sie sind wichtige Elemente der Rettungskette in der freien Natur. In manchen Wanderkarten sind sie eingezeichnet. Hat man die Orientierung verloren und kommt an einem Rettungspunkt vorbei, sucht man die Nummer des Rettungspunkts in der Karte und weiß sofort, wo man ist. Sind die Punkte in der Wanderkarte nicht eingezeichnet, hilft die kostenfreie App „Hilfe im Wald", die die nächstgelegenen Rettungspunkte anzeigt.

GPS

Natürlich sind die genannten Methoden alle nichts gegen die modernste Form der Orientierung, der Satellitennavigation. In der Regel spricht man in diesem Zusammenhang von GPS. Die Abkürzung steht für *Global Positioning System* und meint im Grunde das amerikanische NAVSTAR-System, mit dessen Hilfe es als Erstes möglich war, Satellitendaten zur Orientierung zu nutzen. NAVSTAR bedeutet *Navigational Satellite Timing and Ranging*. Es wurde vom US-Militär entwickelt und 1995 zur zivilen Nutzung freigegeben. GPS ist heute aus unserem Alltag nicht mehr wegzudenken, sei es im Handy oder als Navi im Auto. Sich zu verlaufen, ist mit einem GPS-Empfänger in der Hand eigentlich nicht mehr möglich.

Zumal inzwischen weitere Satellitennavigationssysteme hinzugekommen sind. Seit 2012 ist das russische GLONASS-System in Betrieb, auch das Galileo-System der Europäischen Union hat inzwischen seinen Platz in der internationalen Navigation. Das chinesische System heißt BeiDou/Compass, das indische IRNSS *(Indian Regional Navigation Satellite System)*. GPS-Empfänger für Wanderer ähneln einem Handy, und die neueren Geräte können Signale mehrerer Systeme verarbeiten, was die

Standortgenauigkeit enorm verbessert hat. Dennoch gilt es, einige Voraussetzungen zu beachten, wenn mit einem GPS-Empfänger der Standort ermittelt werden soll.

Das GPS-System besteht aus 31 Satelliten (Stand: 2022) auf nahezu kreisförmigen Umlaufbahnen um die Erde in 20.000 Kilometer Höhe. Alle Satelliten sind mit Atomuhren ausgestattet, die hochpräzise synchronisiert werden. Interessanterweise spielt hierbei Einsteins Relativitätstheorie eine ganz praktische Rolle, mit der sich ansonsten nur Astronomen im Zusammenhang mit größten Entfernungen und Geschwindigkeiten von Teilchen im fernen Weltall beschäftigen.[33] Wüssten wir nichts von der Relativitätstheorie, würde unsere gesamte GPS-gestützte Navigation nicht funktionieren.

So macht die Geschwindigkeit der Satelliten, mit der sie um die Erde kreisen, einen Nachgang von sieben Mikrosekunden, also Millionstelsekunden, pro Tag erforderlich. Das Gravitationsfeld der Erde führt hingegen zu einem Vorgang der Uhren um 45 Mikrosekunden pro Tag. Würde die Differenz zwischen Vorgang und Nachgang nicht korrigiert, würde dies die räumliche Auflösung an einem Tag um mehrere Kilometer verringern und das ganze System nutzlos machen. Diese Verschiebungen werden in den Atomuhren an Bord der Satelliten Tag für Tag ausgeglichen. Der italienische Physiker Guido Tonelli mahnt daher zu einer bewussten Wertschätzung dessen, was wir Tag für Tag im Auto oder beim Wandern oder im Internet nutzen, ohne groß drüber nachzudenken: „Immer wenn wir Google Maps benutzen, sollten wir einen Augenblick an Albert Einstein denken, ohne den wir den Ort unserer Verabredung oder das von einem guten Freund empfohlene Restaurant mit GPS niemals finden würden.“[34]

Ein GPS-Gerät benötigt mindestens drei Satelliten über sich, um den aktuellen Ort festzustellen, besser sind mehr. Die Satelliten senden regelmäßig ein Signal mit ihrer Position zur Erdoberfläche. Der Empfänger errechnet mittels Triangulation aus diesen Angaben den eigenen Standort. Eine Höhenangabe wird allerdings erst durch den Empfang von mindestens vier Satelliten ermöglicht. Je mehr Satelliten der Empfänger erkennt, desto genauer wird die Ortung. Unter guten Bedingungen erreichen GPS-Empfänger eine Genauigkeit von fünf bis zehn Metern, in

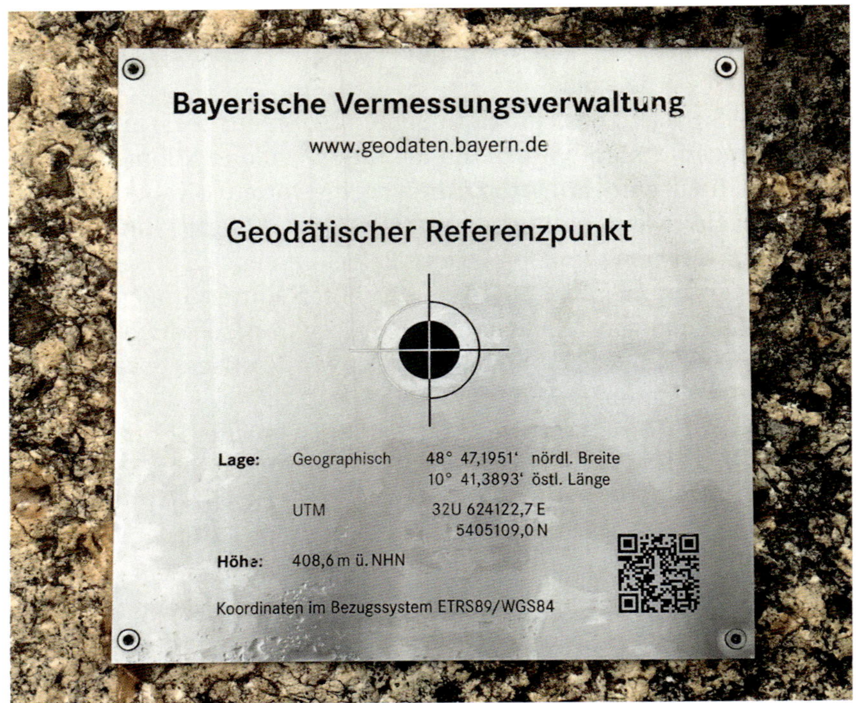

Geodätische Referenzpunkte – hier auf der Steinernen Brücke über die Wörnitz in Harburg (Schwaben) – sind exakt vermessen. An ihnen kann die Genauigkeit von GPS-Geräten kontrolliert werden.

der Praxis sind es oft weniger. Das reicht allemal aus, um für Wanderzwecke herangezogen zu werden.

Die USA haben im Jahr 2000 die eingebaute Ungenauigkeit ihres Systems, die sogenannte *Selective Availability*, abgeschaltet. Zuvor musste man mit Abweichungen von hundert Metern oder mehr rechnen – das konnte eine Wanderung durchaus beeinträchtigen. Heute würde diese gewollte Verzerrung keinen Sinn mehr machen, da die hinzugekommenen GLONASS- und Galileo-Satelliten für hinreichende Genauigkeit sorgen.

Allerdings können Abschattungen die Signalqualität beeinträchtigen. Die Radiowellen, die der Satellit abstrahlt, durchdringen zwar Wolken und Nebel, nicht aber feste Gegenstände. Auch können enge Täler oder das dichte Laubdach eines Waldes die Werte verzerren. Um eine Standortmessung vorzunehmen, sollte man sich also möglichst auf einer freien Fläche mit uneingeschränktem Blick zum Himmel aufhalten.

Geodätische Referenzpunkte in der Landschaft bieten die Möglichkeit, die Genauigkeit von GPS-Empfängern zu überprüfen. Die Vermessungsämter der Länder haben an gut zugänglichen Orten Plaketten angebracht, die zentimetergenau den Standort anzeigen. Der GPS-Empfänger wird über die entsprechende Markierung auf der Plakette gelegt und die gemessenen Koordinaten mit den auf dem Kontrollpunkt angegebenen Werten verglichen. Die Anzahl von geodätischen Referenzpunkten schwankt von Bundesland zu Bundesland. In Baden-Württemberg sind 36 von ihnen zu finden, in Bayern sogar 65. In Hamburg, Mecklenburg-Vorpommern, Sachsen-Anhalt und im Saarland ist es hingegen jeweils nur einer.

GPS-Geräte ermöglichen nicht nur die Feststellung der eigenen Position. Man kann damit auch vorab Routen eingeben und ablaufen, sie eignen sich zum Tracken des eigenen Wegs oder auch zum Geocaching. Wer sich nicht unbedingt eines dieser Geräte anschaffen möchte, ist für den Anfang auch mit einem der im Internet verfügbaren Wandertouren-Portale wie Komoot oder Outdooractive gut bedient, die als App für Mobilfunkgeräte zur Verfügung stehen. Sie werden jedoch – wie der Mobilfunk allgemein – über Handymasten ausgestrahlt, und die stehen bekanntermaßen in Deutschland nicht überall zur Verfügung. Kaum ein Wanderer, der nicht schon im Funkloch gestanden hat.

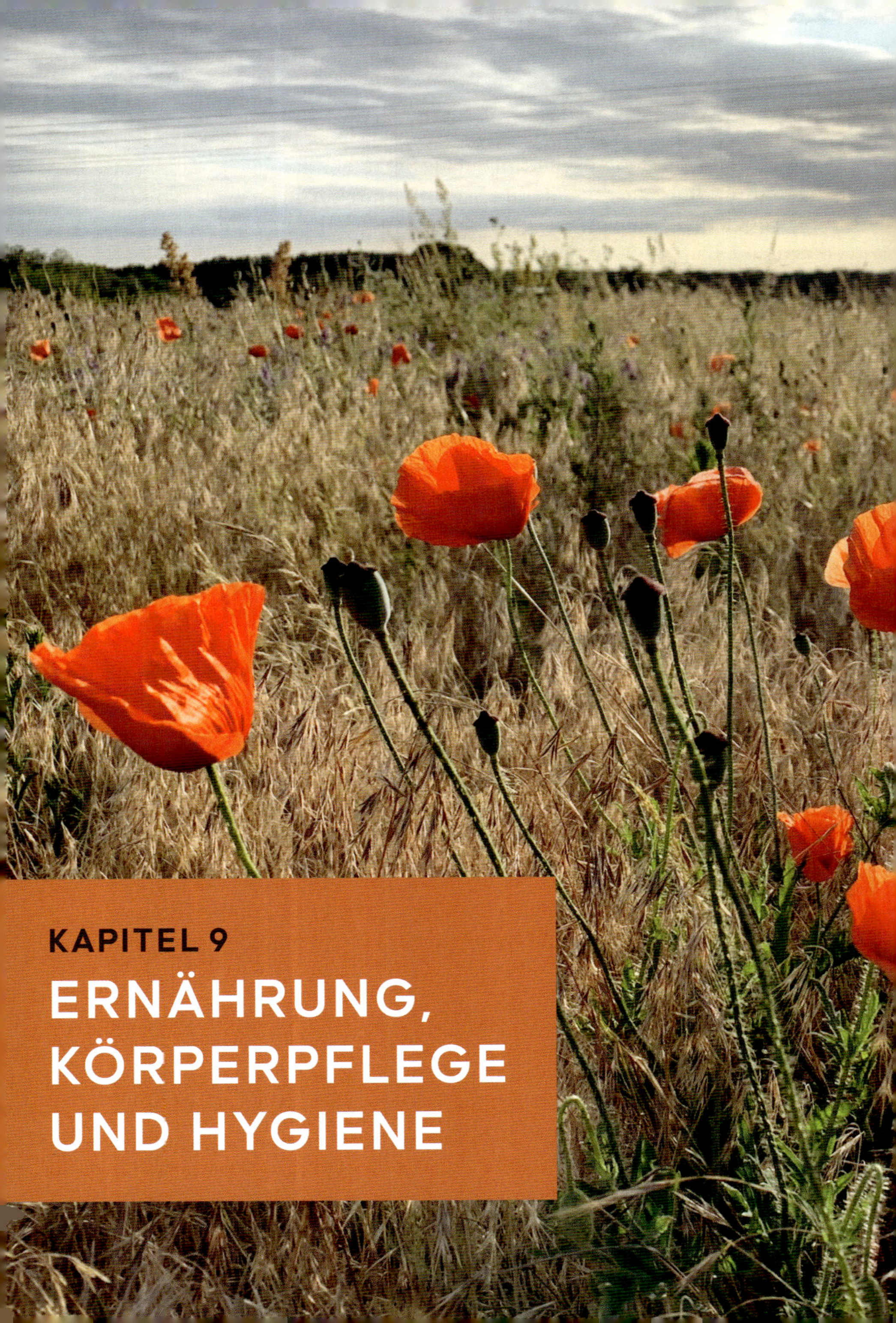

KAPITEL 9

ERNÄHRUNG, KÖRPERPFLEGE UND HYGIENE

FIT UND FRISCH UNTERWEGS

Auf jeder Wanderung müssen wir essen und trinken. Nicht alle Nahrungsmittel und Getränke sind gleich gut geeignet für unsere Touren. Je länger die Strecken sind, wenn sie über Nacht oder gar über Tage oder Wochen gehen, desto wichtiger werden neben der Ernährung die Themen Körperpflege und Reinigung der Kleidung.

ESSEN AUF DER TOUR

Schon im Vorfeld unserer Wanderung können wir uns durch eine angepasste Ernährung vorbereiten. Manche Stimmen behaupten, dass sportliche Leistung zu 60 Prozent aus Nahrung und nur zu 40 Prozent aus Training besteht. Das mag zugespitzt sein, es ist aber zumindest richtig, dass die Ernährung eine häufig unterschätzte Rolle spielt. Die Mahlzeiten sollten ausgewogen und nicht zu üppig sein. Ernährungswissenschaftler empfehlen einen Kohlenhydratanteil von 50 bis 60 Prozent. Kohlenhydrate sind Zuckermoleküle, die aber nicht nur in Zucker enthalten sind, sondern beispielsweise auch in Kartoffeln, Nudeln, Reis, Brot, Linsen oder Erbsen. Sie sind der Treibstoff für Muskeln und Gehirn und werden für alle grundlegenden Körperfunktionen wie Atmung, Herzschlag, eine konstante Körpertemperatur und den Stoffwechsel benötigt – sowie für jede Art von körperlicher und geistiger Aktivität.

Egal was wir an Kohlenhydraten zu uns nehmen, ein Gramm Kohlenhydrate liefert vier Kalorien. Bei der Verdauung werden Kohlenhydrate in Glukose zerlegt – der eigentliche Brennstoff, der über das Blut zu den Zellen transportiert und dort verbraucht wird. Allerdings liefern nicht alle kohlenhydrathaltigen Lebensmittel die gleiche Leistung für unseren Körper. Zucker, wie er in Schokolade oder Bonbons enthalten ist, sorgt für einen raschen Energieanstieg, verbrennt aber auch schnell. Stärkehaltige Lebensmittel (zum Beispiel Kartoffeln, Hafer, Hartweizen oder Bulgur) halten länger vor. Wenn wir über mehrere Stunden hinweg Energie benötigen, sollten wir also statt Süßigkeiten lieber Vollkornprodukte zu uns nehmen.

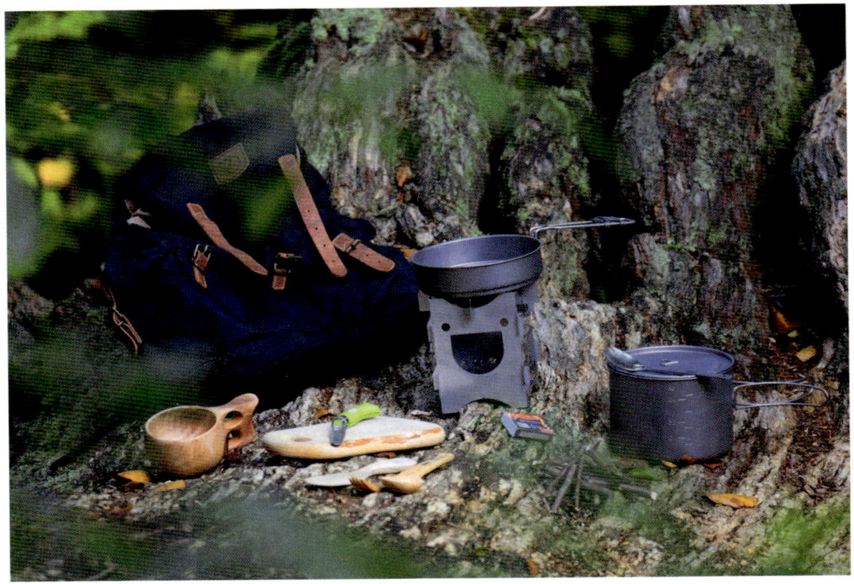

Spezielles Outdoor-Kochgeschirr lässt sich durch seine kompakte Größe und sein geringes Gewicht gut transportieren.

Nach den Kohlenhydraten sind die Fette am wichtigsten. Sie sind nicht per se schlecht, wie oft suggeriert wird. Manche Fette sind sogar essenziell für unser Überleben, denn sie können nicht vom Körper selbst hergestellt werden, beispielsweise die Fettsäuren Omega 3 und 6. Weil Fett neun Kalorien pro Gramm liefert – also mehr als doppelt so viel wie Kohlenhydrate –, ist es besonders bei langen Wanderungen mit moderatem Kraftaufwand wichtig. Das Besondere an Fetten ist, dass wir alle sie mehr oder weniger mit uns herumtragen: Ein durchschnittlich trainierter Wanderer hat etwa 100.000 Kalorien Fett in den Muskeln, in der Leber, vor allem aber im Fettgewebe unter der Haut gespeichert. Wenn wir regelmäßig trainieren und uns vernünftig ernähren, wird der Körper dieses gespeicherte Fett als Energiequelle nutzen. Je länger die Tour dauert und je geringer die Belastung dabei ist, desto eher geschieht das – mit dem Effekt, dass wir abnehmen.

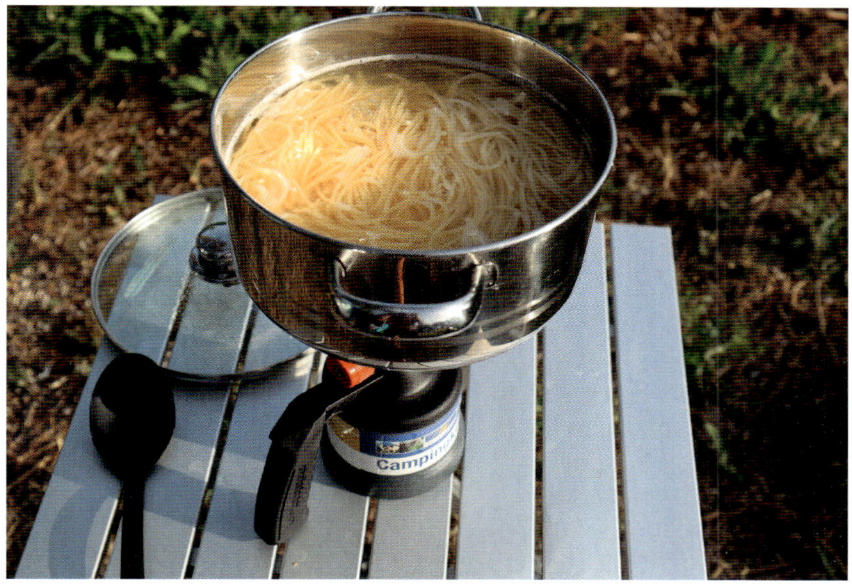

Dank Gaskocher gelingt auch im Freien die Zubereitung einer wärmenden Suppe oder einer kraftspendenden Portion Spaghetti.

Der Fettanteil an unserer vorbereitenden Ernährung sollte bei 30 Prozent liegen – am besten geeignet sind ungesättigte oder mehrfach ungesättigte Fette wie Nüsse, Olivenöl, Avocado, Salzwasserfisch oder Leinsamen.

Zehn bis 20 Prozent unserer Ernährung sollten schließlich Eiweiß (Protein) enthalten: Fleisch, Fisch, Milchprodukte, Sesam oder Hülsenfrüchte. Auch Eiweiße liefern ebenso wie Kohlenhydrate vier Kalorien Energie pro Gramm. Ihre eigentliche Funktion ist der des Bausteins für neue Zellstrukturen. Im Verdauungstrakt werden Eiweiße zu Aminosäuren zerlegt, und aus diesen baut der Körper neue Zellen oder repariert beschädigte. Deshalb nehmen Kraftsportler gerne Proteinshakes zu sich, denn auch Muskeln werden aus Eiweiß aufgebaut. Daneben erfüllen die Aminosäuren eine wichtige Funktion für unser Immunsystem, das ohne sie zusammenbrechen würde. Beim ausdauernden Wandern werden fünf bis zehn Prozent der benötigten Energie aus Eiweißen gewonnen, die wir dem Körper wieder zuführen müssen.

Unser Wandertag sollte daher mit einem Frühstück beginnen, das die Grundlage legt für die Leistung, die wir abrufen wollen. Auf keinen Fall sollte man hungrig loswandern, denn das wirkt sich auf die Leistung und die Motivation negativ aus. Man fährt ja auch mit seinem Auto nicht mit einem leeren Tank los. Zu viel zu essen und mit Völlegefühl zu starten, ist allerdings ebenso kontraproduktiv. Für das Frühstück empfehlen sich Müsli oder Haferflocken, Vollkornbrot mit Käse, Honig oder Marmelade, Milchprodukte und frisches Obst.

Wenn wir dann die Wanderstiefel geschnürt haben und unterwegs sind, hat der Körper durch die andauernde Bewegung, aber auch möglicherweise durch Kältereize oder – bei Bergwanderungen – geringerer Sauerstoffkonzentration in der Luft einen gesteigerten Energiebedarf. Dieser lässt sich unterwegs durch getrocknete Früchte oder Äpfel und Bananen, Vollkornkekse, Studentenfutter, Müsli- oder Energieriegel sowie durch ein lecker mit Käse oder Schinken belegtes Butterbrot decken. Wer zu Wadenkrämpfen neigt, sollte auf seinen Magnesiumhaushalt achten.

Kehren wir unterwegs ein, empfiehlt es sich, in der Hütte oder der Gaststätte eine Suppe zu bestellen. Sie gibt Flüssigkeit und Mineralstoffe zurück. Wenn wir wieder daheim oder im Hotel sind, können wir uns ein zünftiges Abendbrot schmecken lassen. Und sollten unbedingt viel trinken.

UNVERZICHTBAR: WASSER

Bei starker Bewegung schwitzen wir und verlieren damit Flüssigkeit. Der Bedarf kann leicht auf einen Liter Wasser pro Stunde oder mehr ansteigen, je nach Intensität der Bewegung, Temperatur und Sonneneinstrahlung. Sind wir in den Bergen unterwegs, kommt weiterer Flüssigkeitsbedarf hinzu: pro tausend Höhenmeter ein Liter. Es ist also unerlässlich, während der Wanderung ausreichend Flüssigkeit zu sich zu nehmen. Bei einer Halbtagestour gehören mindestens ein bis zwei

Liter Wasser in den Rucksack, bei Ganztagestouren sind es mindestens drei Liter. Besser reichlich Wasser als zu wenig mitnehmen.

Wer zu wenig trinkt, bekommt schnell Kopfschmerzen, Schwindelgefühl und Muskelkrämpfe. Auch die Konzentration lässt nach. Man kann leichter ins Stolpern geraten und sich verletzen. Regelmäßiges Trinken, schon bevor sich das Durstgefühl einstellt, ist sinnvoll – am besten ein paar Schluck Wasser nach spätestens einer Stunde. Durstgefühl ist bereits ein Warnsignal und sollte gar nicht erst auftreten, noch weniger trockene Mundschleimhäute.

Stilles Mineralwasser ist das beste Wandergetränk, weil es nicht nur das Flüssigkeitsdefizit ausgleicht, sondern dem Körper auch wichtige Mineralstoffe zuführt, die er durch Schwitzen verloren hat. Alternativ bieten sich Apfelschorle, Tee oder manche Sportdrinks an. Verzichten sollten wir auf zuckerhaltige Getränke wie Cola oder Limonaden, da diese den Durst nur verstärken. Zusätzlich können wir dem Körper Flüssigkeit zuführen, indem wir wasserhaltiges Obst und Gemüse essen: Melonen, Gurken oder Tomaten beispielsweise.

Wasser allein wiegt schwer: Ein Liter entspricht einem Kilo. Deshalb sollten die Gefäße, in denen wir es mitführen, möglichst leicht sein. Am besten sind Trinkflaschen aus dem Outdoorhandel, vorzugsweise aus Edelstahl. Sie sind leicht, stabil, einfach zu reinigen und zu hundert Prozent wiederverwendbar. Die (Edelstahl-)Flaschen sollten in den Außentaschen des Rucksacks mitgeführt werden, wo sie griffbereit sind. Damit es sich leichter trägt, lieber mehrere kleinere Flaschen mitnehmen und diese günstig in den entsprechenden Fächern verteilen. Manche Rucksäcke haben auch Trinkblasensysteme, oder man kann diese zusätzlich zur Nachrüstung anschaffen. Das hat den Vorteil, dass man an dem Schlauch des Wasserbeutels jederzeit, auch während des Gehens, trinken kann.

KÖRPERPFLEGE

Wenn man auf einer Mehrtageswanderung in einer Jugendherberge, einer Pension oder einem Hotel übernachtet, ist Körperhygiene kein Problem. In diesen Unterkünften ist die Dusche nicht weit. Auf einer Berg-

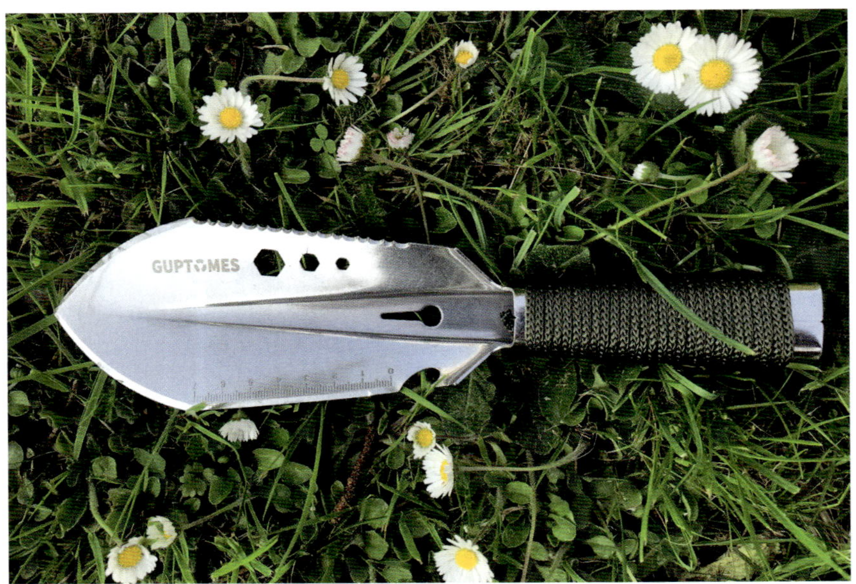

Rucksackschaufeln sind extrem leicht und vielseitig.
Man kann mit der abgebildeten Schaufel auch sägen, schrauben, einen Nagel ziehen oder eine Flasche öffnen.

hütte ist das meist schon anders; je weiter sie von der Zivilisation entfernt liegt, desto knapper ist dort die Ressource Wasser. Aber immerhin gibt es Waschbecken wenigstens für die tägliche (mehr oder weniger ausführliche) Katzenwäsche. Ein Beutel mit Körperpflegeartikeln sollte man dabeihaben – je einfacher die Unterkunft, desto weniger werden solche Artikel dort vorhanden sein.

Ebenso wie beispielsweise Seife in Bergseen ist auch Zahnpasta aufgrund des darin enthaltenen Fluors und der Nanopartikel schädlich für die Natur. Eine praktische und unbedenkliche Alternative sind Zahnputztabletten. Man kann sie genau abgezählt für die Wandertage in einer kleinen Papiertüte mitnehmen.

Wer es etwas martialischer mag, kann auch die weiße Asche eines Lagerfeuers zum Zähneputzen verwenden. Das ist ein mildes Scheuermittel, das manche Menschen auch zum Reinigen von Edelstahltöpfen oder Cerankochfeldern verwenden. Nachdem das Lagerfeuer heruntergebrannt ist, wird die weiße Asche mit einem kleinen Teesieb gesiebt. Dann tunkt man die nasse Zahnbürste in die Asche und putzt sich ganz normal die Zähne. Die winzigen Partikel in der Asche haben eine ähnlich polierende Wirkung wie die mikroskopisch kleinen Plastikteilchen in Zahnpasta.

KLEIDUNG WASCHEN

Funktionsbekleidung speichert nicht so schnell unangenehme Gerüche. Aber nach mehreren Tagen auf Tour fängt auch sie an zu müffeln, und man hat das Bedürfnis, mal wieder etwas Frisches anzuziehen. Ausnahme sind Socken. Es mag merkwürdig erscheinen, aber die Wandersocken sollten wir auf der Tour nicht waschen. Getragene Socken helfen viel besser, Blasen zu vermeiden als frisch gewaschene.

Übernachten Wanderer in Hütten, gibt es oft besondere für die Wäsche vorgesehene Waschbecken. Auf Jakobswegen findet man manchmal auch Herbergen mit Waschräumen und sogar Waschmaschinen und Trockner. Für diese Geräte benötigen wir Kleingeld. Die sogenannte Armeemethode geht anders: Kleidungsstücke nach dem Ausziehen in die Dusche mitnehmen, sich einseifen und beim Duschen auf Shirt und Co. herumtrampeln, danach ausspülen. Ratsam ist es, ein paar Meter Wäscheleine dabei zu haben und einige Wäscheklammern.

Zum Wäschewaschen in der freien Natur kann man auch einen „Scrubba Bag“ benutzen. Das ist die kleinste Waschmaschine der Welt: Man füllt Wäsche und Wasser in den Beutel, verschließt ihn und rubbelt ihn ein paar Minuten. Die integrierten Noppen haben die Funktion eines Waschbretts. Danach die Wäsche ausspülen und aufhängen.

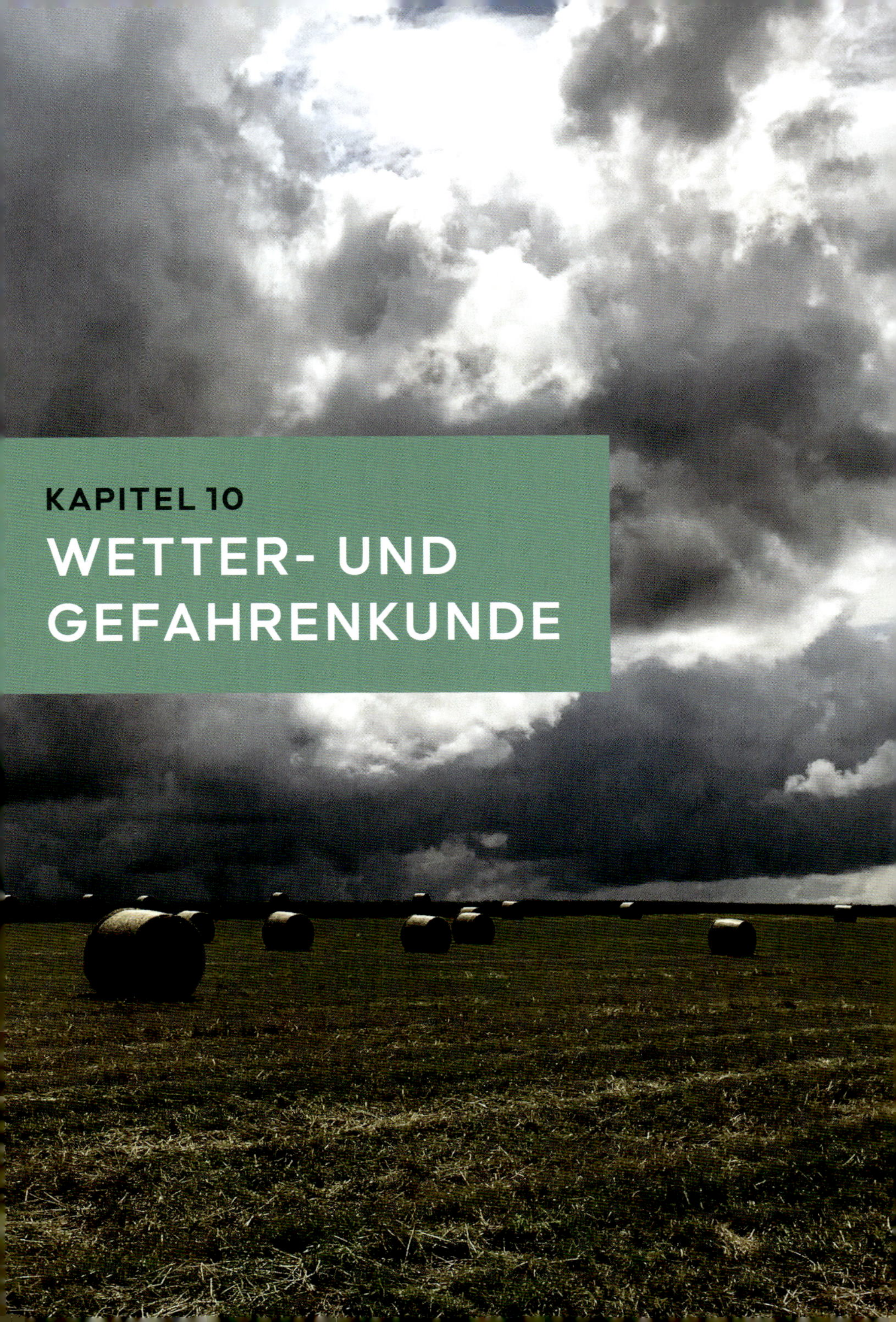

KAPITEL 10

WETTER- UND GEFAHRENKUNDE

WIE WIRD DAS WETTER?

Wandern ist eine der gefahrlosesten Sportarten überhaupt. Dennoch kommt es immer wieder zu tragischen, weil meist vermeidbaren Unfällen mit Verletzten und sogar Toten. In der Wintersaison 2021/22 gab es mit 19 tödlichen Unfällen in Bayern nach Informationen der Bergwacht sogar einen traurigen Höchststand.[35] Rund 25 Prozent der Unfälle passieren nach Angaben der Ergo-Versicherung beim Abstieg durch Stolpern, Umknicken oder Stürzen.[36] In fast allen Fällen hatten die Wanderer sich selbst über- und die Wege- und Wetterverhältnisse unterschätzt.

Es gibt also einige Dinge, auf die Wanderer achten sollten. Dazu gehört neben der realistischen Einschätzung des eigenen Leistungsvermögens, der Überprüfung der Begehbarkeit des Wegs und einer adäquaten Ausrüstung vor allem das Wetter. Das Wetter ist ohnehin der Faktor, der den Erlebniswert einer Wanderung am stärksten beeinflusst. Der Wettervorhersage sollte man daher bei jeder Wanderung großen Stellenwert beimessen. Wenn man einigen wenigen Regeln folgt, dürfte man hier keine bösen Überraschungen erleben – höchstens einmal unangenehme, etwa Nasswerden in einem plötzlichen Schauer.

WETTERZEICHEN

Grundsätzlich gilt: Eine langsame Wetteränderung bringt in der Regel beständiges Wetter und mehr oder weniger konstante Temperaturen. Ändert sich das Wetter hingegen schnell, führt das zu Unbeständigkeit. Regenbekleidung ist dann angeraten. Gutes Wetter kündigt sich unter anderem durch steigenden oder hohen Luftdruck, Windstille sowie große Temperaturunterschiede zwischen Tag und Nacht an.

Schlechter dürfte das Wetter werden bei intensivem Morgen- und Abendrot, fallendem oder tiefem Luftdruck oder lang sichtbaren Kondensstreifen am Himmel. Wenn Berge plötzlich eine blauschwärzliche Färbung annehmen, weit entfernte Geräusche auf einmal gut hörbar sind und sich Ringe und Höfe an der Sonne oder am Mond zeigen (sogenannte Halo-Effekte), ist ebenfalls mit einem Umschwung zu rechnen.

Schon ein Blick am Morgen in den Himmel kann Aufschluss darüber geben, ob es ein schöner Wandertag wird oder ob man besser daheimbleibt. An der Bauernregel „Regenbogen am Morgen lässt für Regen sorgen“ ist etwas dran. Insbesondere die Wolken verraten viel darüber, ob es sich lohnt, vor die Tür zu gehen. Deshalb ist es nützlich, sich mit diesen etwas näher zu beschäftigen. Sie zu beobachten und zu „lesen“, sollte nicht nur zu Beginn einer Wanderung erfolgen, bevor man sich entschließt, überhaupt loszulaufen, sondern kontinuierlich – denn Wolken geben gute Hinweise auf die aktuellen meteorologischen Verhältnisse in der Atmosphäre und auf das, was dort demnächst passieren wird.

Wenn man beispielsweise an einem Herbsttag mit Frühnebel konfrontiert ist und der Wetterbericht eine stabile Wetterlage vorhersagt, kann man davon ausgehen, dass die Sonne den Nebel bis zum Mittag oder früher „wegdampfen“ wird. Im Gebirge wird man dann von den Gipfeln eine gute Fernsicht haben. An Tagen mit großen Temperaturunterschieden zwischen Tag und Nacht ist das fast immer der Fall. Gerade das Herbstwetter verspricht oft prächtige Wandertage.

Kurze Nebenbemerkung: Beachten sollte man nicht nur die Möglichkeit von Regen, sondern auch die Temperaturunterschiede, wenn man in den Bergen in die Höhe steigt: Es wird kälter. Das hängt mit dem Wärmetransport in der Atmosphäre zusammen. Die Lufthülle wird vom Boden her erwärmt und demzufolge mit zunehmender Höhe kälter. Das ist jedenfalls der Normalzustand. Es kommt allerdings auch vor, dass es in der Höhe wärmer ist als in Bodennähe. Dann spricht man von einer Inversionswetterlage. Sie kommt beispielsweise zustande, wenn bei einem Wetterwechsel Warmluftmassen auf kältere Luftpakete aufgleiten. In einer Inversionswetterlage ist es am Boden oft dunstig, da Aerosole und Schadstoffe in dieser stabilen Luftschichtung an Ort und Stelle verharren. Auf Berggipfeln oberhalb der Inversionsschicht hat man jedoch eine fantastische Fernsicht. Übrigens: Während Hochdruckgebiete im Sommer meist sonniges Wetter bringen, muss das im Winter nicht unbedingt der Fall sein. Ein Hoch in der dunklen Jahreszeit bedeutet nicht selten kaltes, trübes Wetter in den Niederungen, während es weiter oben schön ist.

Das Verhältnis von zunehmender Höhe und sinkender Temperatur wird als atmosphärischer Temperaturgradient bezeichnet. Er beträgt pro 1.000 Höhenmeter normalerweise etwa sechs Grad Celsius. Die Luftfeuchtigkeit hat Einfluss auf diese Faustformel. Ist die Luft besonders kalt, etwa in einem ausgeprägten Hochdruckgebiet, kann sich der Gradient durchaus auch auf neun Grad oder mehr erhöhen. Das heißt, dass es in 1.500 Meter Höhe auf einem Berg zwischen sechs und neun Grad kälter ist als im 500 Meter hoch gelegenen Tal. Wer also hoch hinaus will, packt besser einen Pullover ein.

Es ist allgemein bekannt, dass mit zunehmender Höhe auch der Luftdruck abnimmt. Am Grund der Luftsäule, also am Erdboden, setzen die Meteorologen einen mittleren Luftdruck von 1.013 hPa (Hektopascal) an. Je mehr Höhe man bei Bergwanderungen gewinnt, desto geringer wird der Luftdruck, denn die Luftsäule wird kürzer. In fünf Kilometer Höhe herrscht nur noch ein Luftdruck von 500 hPa. In Europa wird ein Wanderer diese Höhe nicht erreichen (der höchste Berg Europas, der Elbrus im Kaukasus, ist 5.642 Meter hoch, aber dort findet sich nicht gerade ein bevorzugtes Wandergebiet). Aber 3.000 oder 3.500 Meter Höhe sind für Wanderer in den Alpen durchaus möglich. Und wer schon einmal in La Paz in Bolivien auf 3.600 Meter Höhe gewesen ist, der weiß, wie sehr man dort bereits ins Schnaufen kommt, wenn man im Hotel eine Treppe steigt. Der Grund dafür ist, dass mit zunehmender Höhe nicht nur der Luftdruck abnimmt, sondern auch der Sauerstoffgehalt in der Luft. Dadurch kommt es zu einem Sauerstoffmangel im Blut, der zu Anpassungsreaktionen führt: Atem- und Herzfrequenz steigen. Das kann schon ab 2.000 Metern passieren. Im Extremfall führt die Sauerstoffunterversorgung in großen Höhen nach rund sechs Stunden zur Höhenkrankheit, die sich in Schwindel, Kopfschmerzen, Übelkeit, Schwäche und Schwellungen an Händen und Füße zeigt. Steigt man nicht höher, bilden sich diese Symptome meist innerhalb von zwei bis drei Tagen zurück, der Körper passt sich dem geringeren Sauerstoffangebot an.

Doch zurück zum Wetter. Auch wenn der Himmel an keinem Tag dem anderen gleicht (es sei denn, er ist vollständig wolkenlos) und Wolken uns als etwas vollkommen Unregelmäßiges erscheinen, kann man sie dennoch kategorisieren. Weil das Wolkenbild eine hohe Aussagekraft über das Wettergeschehen hat, entwickelte schon 1803 der englische Apotheker Luke Howard eine Systematik der Wolken. Er legte damit den Grundstein für die Klassifikation von Wolken, wie sie im Großen und Ganzen heute immer noch gilt. 1896 gab es dann den ersten Wolkenatlas. Die Bezeichnungen von Wolkenformationen – zum Beispiel Cumulus, Stratus und Cirrus – erinnern an die Namen römischer Legionäre aus „Asterix und Obelix", aber man muss sie nicht im Einzelnen kennen. Die Grundregel lautet: Unterschiedliche Wolken kündigen unterschiedliches Wetter an.

Wenn man weit oben am Himmel zarte Schleier sieht, sollte man vorsichtig sein. Das sind Eis- oder Federwolken (Cirrus), die sich in großer Höhe bilden und die häufig in Verbindung mit fallendem Luftdruck einen Wetterumschwung ankündigen. Sie sind dann Vorboten einer Schlechtwetterfront. Man kann davon ausgehen, dass es innerhalb der folgenden 24 Stunden je nach Jahreszeit regnen oder schneien wird.

Hohe Schleierwolken (Cirrostratus) können das Ergebnis sich verdichtender Eis- oder Federwolken sein. Bei diesen Wolken ist innerhalb weniger Stunden mit einer Wetterverschlechterung zu rechnen.

Stehen Schäfchenwolken (Altocumulus stratiformis) am Himmel und ist dazwischen noch blauer Himmel zu sehen, so bleibt es vorerst trocken. Ziehen sie aber von Westen her heran und verdichten sich dabei, dann kann es in den folgenden Stunden Regen geben. Schäfchenwolken täuschen uns zuweilen mit einer bedrohlich wirkenden dunklen Unterseite. Das muss nicht unbedingt auf Regen hindeuten, denn manchmal ist die dunkle Seite nur das Ergebnis von Sonneneinfall und Schattenwurf.

Türmchenwolken (Altocumulus castellanus) sind im Frühling und Sommer Vorboten von Schauern und Gewittern. Sieht man sie an warmen Tagen bereits frühmorgens beim Aufbruch zur Wanderung, kann man davon ausgehen, dass es am Nachmittag oder Abend regnen wird. Treten sie nach einem heißen Tag gegen Abend auf, dürfte es in der Nacht regnen oder gewittern.

Schleierwolken (Altostratus) weisen auf eine herannahende Warmfront hin, die in den folgenden Stunden Regen, im Winter Schnee, bringen wird. Bei sommerlichen Gewitterlagen können sie auch Hinweise auf Gewitter sein, die allerdings weiter entfernt niedergehen.

Die typischen Regenwolken heißen im Fachjargon Nimbostratus. Sie bringen in der Regel lang anhaltenden Regen oder Schneefall. Je strukturloser eine solche Wolke ist, desto geringer ist die Aussicht auf Wetterbesserung.

Von Hochnebel (Stratus) spricht man, wenn sich bei einer Hochdrucklage tagelang das Wetter nicht ändert. Wie Blei hängen diese sehr niedrigen Wolken über der Landschaft. Im Gebirge lohnt es sich, durch sie hindurchzusteigen auf die Gipfel, denn sie können auf eine Inversionswetterlage hindeuten. Das bedeutet, dass es oberhalb von 800 oder 1.000 Metern sonnig und wärmer ist als in den Tälern. Man hat dann von den Bergen fantastische Blicke auf das sich unten ausbreitende Nebelmeer, aus dem Berggipfel wie Inseln herausragen.

Die Schichthaufenwolken (Stratocumulus) sind die Freunde des Wanderers. Sie treten häufig zu Beginn einer Hochdrucklage auf und zeigen eine stabile Wettersituation mit geringer Niederschlagsneigung an. Steigt der Luftdruck, lösen sie sich auf, und es wird schön.

Auch die Haufenwolken (Cumulus) sind ideal für Wanderer. Sie bilden sich in der warmen Jahreszeit durch Thermik. Wenn sie scharf abgegrenzt und an der Oberseite blumenkohlähnlich ausgebeult sind, sollte das Wetter schön bleiben. Aber Achtung, sie haben manchmal auch ein zweites Gesicht: Türmen sie sich schon am Vormittag sehr hoch auf, deutet das auf Regenschauer in der Mittagszeit oder am Nachmittag hin.

Denn aus ihnen können sich die gefürchteten Cumulonimbus-Wolken entwickeln, die Gewitterwolken. Das sind hoch aufgetürmte Haufenwolken, deren Oberseite oft wie ein Amboss erscheint, allerdings mit einem fasrig-diffusen Rand. Sie bringen Schauer und Gewitter mit manchmal gefährlichen Böen. Beim Auftreten dieser Wolken heißt es vorsichtig sein und Schutz aufsuchen.

Wenn wir gar keine Wolken sehen, der Himmel also wolkenlos ist, müssen wir als Wanderer mit starken Temperaturunterschieden zwischen Tag und Nacht rechnen. Diese sind umso größer, je schwächer der Wind weht und je trockener die Luft ist.

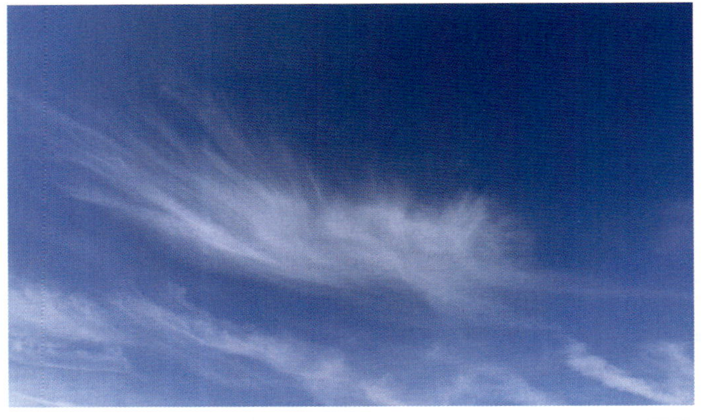

Cirrostratus (Schleierwolken)

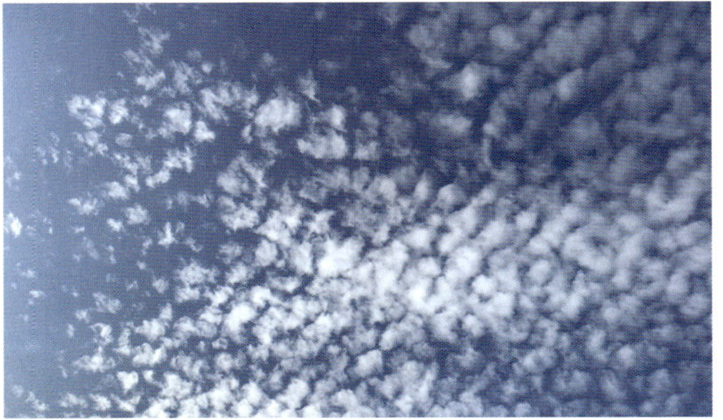

Altocumulus stratiformis (Schäfchenwolken)

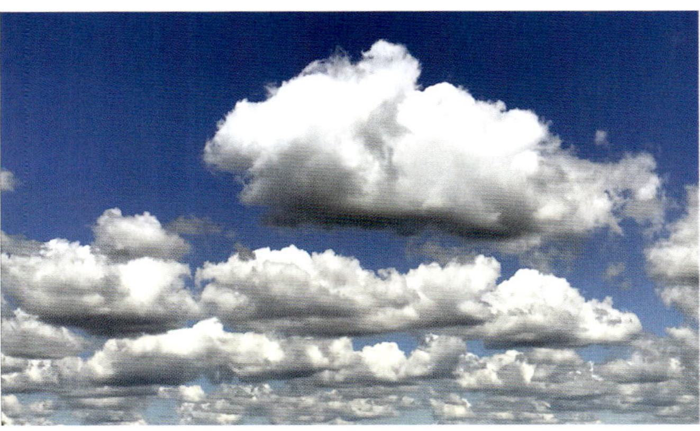

Altocumulus castellanus (türmchenförmige Wolken)

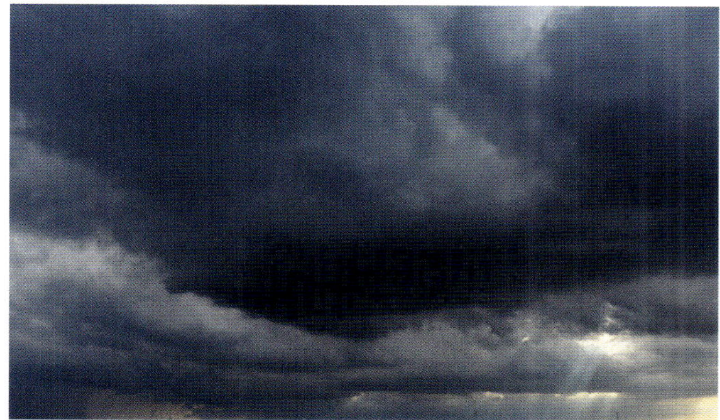

Nimbostratus (Regenwolken)

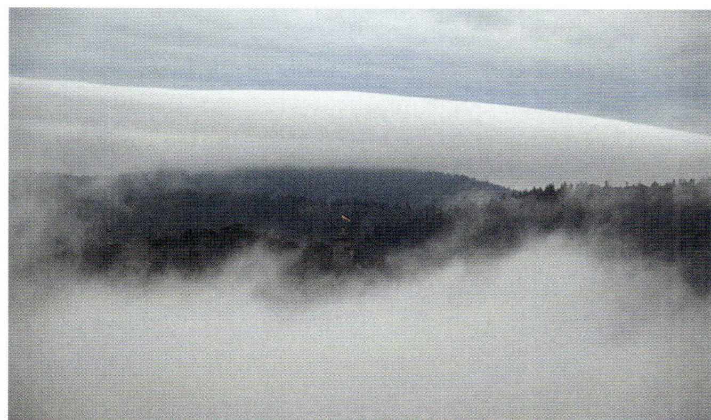

Stratus (niedere Schichtwolken bzw. Hoch- oder Höhennebel)

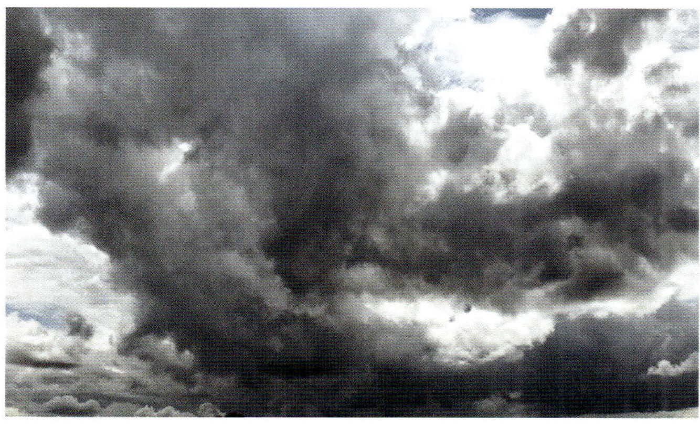

Cumulonimbus (Gewitterwolken)

GEWITTER

Unter den Gefahren, die auf einer Wanderung lauern, gehört ein Gewitter zu den bedrohlichsten. Gewitter zählen, positiv gesehen, zu den beeindruckendsten Naturerscheinungen in unseren Breiten. Blitze schießen aus den Wolken und schlagen in die Erde ein. Die durch den Blitz verursachte Schockwelle ist als Donner hörbar – je nach Umfeldgeräuschen ist er noch in 20 Kilometer Entfernung wahrzunehmen.

Gewitterwolken bilden sich durch das Aufsteigen von feuchten Warmluftblasen, die mehr als 12.000 Meter Höhe erreichen können. Voraussetzungen sind eine hohe Luftfeuchtigkeit von mehr als 60 Prozent und Aufwinde. An der Wolkenunterseite des Cumulonimbus mit seiner bedrohlich blauschwarzen Farbe entsteht eine Schicht, in der die Feuchtigkeit kondensiert und zu Regen wird. Die großen Temperatur- und Druckunterschiede in der Umgebung führen zu Windböen, die zuweilen Orkanstärke erreichen können. Hört man in der Ferne Donnergrollen, steht das Gewitter unmittelbar vor Ausbruch. Die Hauptsaison solcher Gewitter ist die Zeit von Mai bis August, dann meist ab den Mittagsstunden, wenn sich die Atmosphäre stark aufgeheizt hat, bis in die erste Nachthälfte hinein. Frontgewitter, bei denen sich kältere Luft aufgrund ihrer größeren Dichte unter wärmere Luftschichten schiebt und diese zum Aufsteigen zwingt, können ganzjährig und zu allen Tageszeiten auftreten.

Gefahr geht bei einem Gewitter vor allem vom Blitz aus. Aber auch heftige Böen können Risiken bergen, etwa wenn sie Äste herunterreißen oder Gegenstände durch die Luft wirbeln lassen. Hagel oder Starkregen kann ebenfalls auftreten. All das sind Gründe, sich in Sicherheit zu bringen. Der Blitz schlägt stets im höchsten Punkt ein. Das können Kirchtürme, Masten, Bäume – oder auch ein aufrecht stehender Mensch sein. Das Risiko eines Einschlags ist in unmittelbarer Umgebung eines Gewitters, wenn also zwischen Blitz und Donner weniger als zehn Sekunden vergehen, am größten: Dann sind Blitzentladungen aufgrund der Schalllaufzeit von 330 Metern pro Sekunde weniger als drei Kilometer entfernt.

Die beste Risikovermeidung ist, rechtzeitig ein Gebäude aufzusuchen. Gut geschützt gegen Blitzschlag ist man auch im Auto, da es sich

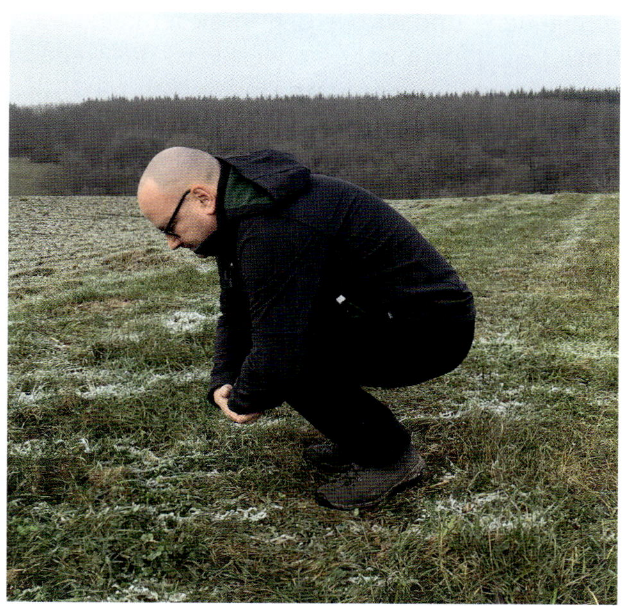

Findet man keinen Schutz, nimmt man bei Blitz und Donner die Gewitterstellung ein. Wichtig: die Füße möglichst dicht beieinander halten, um die Schrittspannung zu minimieren.

um einen Faradayschen Käfig handelt, der den Strom in den Untergrund ableitet. Wohnungen und Häuser sind dank Blitzableiter ebenfalls sichere Orte. An Wanderwegen bieten sich Schutzhütten als Unterstand an. Dort muss man sich möglichst in der Mitte aufhalten, denn der Blitzstrom wird bei einem Einschlag über die Wände abgeleitet.

Ist keine Schutzhütte in der Nähe, sind exponierte Geländepunkte wie Hügel, Felsgrate, ebenso einzelne Bäume oder Felsvorsprünge unbedingt zu meiden! Wer als Wanderer von einem Gewitter überrascht wird, während er bei einer Pause gerade in einem See badet, muss das Wasser schnellstmöglich verlassen, es besteht akute Lebensgefahr. Am besten sucht man sich eine trockene, keinesfalls sumpfige oder auch nur feuchte Mulde und kauert sich in der sogenannten Gewitterstellung nieder. Ein aufrecht stehender Mensch ist fünfmal gefährdeter als ein hockender. Dabei sollten sich die Füße möglichst berühren, um Schrittspannung im Falle eines nahegelegenen Blitzeinschlags zu vermeiden. Die Arme auf den Knien oder um die Knie verschränken, den

Kopf senken. Es ist unbequem, und wir werden in dieser kauernden Position wahrscheinlich fürchterlich nass – aber das ist das weitaus kleinere Übel in dieser Situation. Lieber nass als tot.

Auf gar keinen Fall darf man unter frei stehenden Bäumen Schutz suchen – im Gegenteil: Der Abstand zu ihnen sollte mindestens 50 Meter betragen. Der Spruch „Buchen sollst du suchen, Eichen sollst du weichen" ist Unsinn. Ein Blitz kann grundsätzlich in jede Baumart einschlagen. Deshalb bietet ein Baum niemals sicheren Schutz bei einem Gewitter. Der Volksmund ist auf den vermeintlichen Tipp mit den Buchen gekommen, weil diese Baumart nie sichtbare Zeichen von Blitzeinschlägen zeigt. Das liegt daran, dass ihre Rinde glatt ist. Schlägt der Blitz in der Krone ein, wird der Strom über die glatte Rinde widerstandslos in die Erde geleitet, ohne den Stamm zu beschädigen. Bei der rauen Eichenrinde ist das anders. Hier sucht sich der Blitzstrom den Weg des geringsten Widerstands, und der führt über das wasserleitende Splintholz im Innern. Durch die Hitze verdampft das Wasser im Holz schlagartig und lässt den Stamm aufplatzen. Deswegen kann man Eichen gut erkennen, in denen der Blitz eingeschlagen ist. Daher: weg von Bäumen, welcher Art auch immer!

Wenn man im Wald von einem Gewitter überrascht wird, ist es ratsam, tiefer in den Forst hineinzugehen. Die Gefahr eines Blitzschlags ist dort geringer als am Waldrand. Aber auch im Innern des Waldes sollte man möglichst Abstand von Bäumen halten und sich in die Gewitterstellung hocken. Fernhalten muss man sich unbedingt auch von Metallgegenständen aller Art: Stahlseilversicherungen an Wanderwegen oder Klettersteigen, Mountainbikes, Wanderstöcken und Regenschirmen. Kleinere metallische Gegenstände wie Münzen oder Schmuckstücke sind dagegen unproblematisch. Ist man in einer Gruppe unterwegs, halten alle Gruppenmitglieder mehrere Meter Abstand voneinander. Sehr guten Schutz bieten Hochspannungsmasten, weil diese geerdet sind. Aber: auf keinen Fall anlehnen! Zwischen zwei Masten die Gewitterstellung einzunehmen, dürfte sich als effiziente Schutzmaßnahme erweisen.

Im Gebirge können Gewitter zuweilen bedrohliche Ausmaße bis hin zu Murenabgängen und Felsstürzen annehmen. Wer einmal ein starkes Gewitter im Gebirge erlebt hat, bekommt eine Idee vom Weltuntergang. Ein plötzlicher Wetterumschwung in höheren Lagen kann auch in der warmen Jahreszeit unerwartet Kälteeinbrüche und Schneefälle bringen und damit zum Problem werden. Je höher man steigt und je ausgesetzter der Weg ist, desto gefährlicher wird es – und umso sicherer muss daher im Vorfeld die Wetterprognose sein.

LUFTDRUCK

Es klang schon an: Der Luftdruck ist ein wichtiger Indikator für das kommende Wetter. Da der Luftdruck mit zunehmender Höhe abnimmt, kann ein Barometer auch zur Bestimmung der Höhe verwendet werden. Gemessen wird der Luftdruck in Hektopascal (hPa) oder Millibar (mb). 1 hPa entspricht 1 mb. Auf älteren Barometern ist manchmal noch die Maßeinheit Torr angegeben. Torr steht für Evangelista Torricelli, den Erfinder des Quecksilberbarometers. 1 hPa ist gleich 0,75 Torr. Auf Meeresniveau beträgt der Luftdruck 1.013 hPa. Das ist ein von Meteorologen festgelegter Normwert. In Wirklichkeit schwankt der Luftdruck in Deutschland je nach Wettersituation (und Höhe) zwischen 950 und 1.060 hPa.

Fallender Luftdruck bedeutet allgemein eine Wetterverschlechterung, steigender Luftdruck eine Wetterverbesserung, wobei es auch darauf ankommt, wie schnell der Luftdruck sinkt oder fällt. Fällt er im Sommer rasch, kann man davon ausgehen, dass die Schönwetterperiode zu Ende geht und es zu Gewittern kommen kann. Steigt er sehr rasch, deutet dies lediglich auf ein Zwischenhoch mit kurzzeitigem schönen Wetter hin, dem meist ein Tiefdruckgebiet folgt. Eine längere Schönwetterperiode liegt vor, wenn das Barometer anhaltend hohen Luftdruck anzeigt.

WIND

Auch der Wind verrät dem Wanderer einiges über die Wetterentwicklung. In unseren Breiten bringt Wind aus West, Südwest oder Nordwest meist Niederschläge. Dort liegen die großen Wasserflächen des Atlantiks; die heranströmende Luft nimmt Feuchtigkeit über dem Ozean auf und bringt sie zu uns. Im Winter bedeutet eine Westwetterlage mit Luftströmung aus West mildes Wetter, im Sommer kühles.

Südwind bringt zu allen Jahreszeiten mildes, Nordwind stets kühles bis kaltes oder im Winter zuweilen auch manchmal sehr kaltes Wetter. Im Winter ist auch der Ostwind für tiefe Temperaturen verantwortlich, weil sich im Osten die große eurasische Landmasse befindet, die sich stärker abkühlt als das Meer. Im Sommer heizt sich Land hingegen stärker auf als Wasser, sodass Ostwind im Sommer trockenes und heißes Wetter bedeutet.

Neben diesen Großwetterlagen gibt es auch in der unmittelbaren Umgebung einiges in Bezug auf Wind zu beachten: Über Wasserflächen ist er meist stärker, da er nicht durch Reibung an Land durch Bäume oder Häuser abgebremst wird. Mit zunehmender Höhe nimmt die Windgeschwindigkeit zu, wie jeder Bergwanderer weiß. An der See kommt der Wind wegen der unterschiedlichen Erwärmungen von Meer und Land tagsüber meist vom Wasser her, in der Nacht weht er vom Land aufs Meer. Ähnliche Phänomene sind in den Tälern der Gebirge zu beobachten, je nachdem, welche Talseite von der Sonne beschienen wird und welche im Schatten verbleibt.

Die objektive Temperatur des Windes ist nicht die, als die wir den Wind empfinden. Je stärker der Wind weht, desto kühler nehmen wir ihn wahr. Dieser sogenannte Chillfaktor sollte nicht unterschätzt werden, er kann bei starkem Wind sogar bei Temperaturen von über null Grad zu Erfrierungen führen.

WETTERINFORMATIONSQUELLEN

Damit sind wir bei den Wetterinformationsquellen. Kein Wanderer sollte losgehen, ohne den Wetterbericht studiert zu haben – und bei drohender Unwetterlage vernünftigerweise natürlich auch zu Hause bleiben.

Jedes Handy verfügt über eine Wetter-App, auf der man mit ausreichender Genauigkeit das Wetter mindestens bis zum folgenden Tag ablesen kann. Wettervorhersagen werden ab drei Tage im Voraus ungenau. Unternimmt man eine Tour im Gebirge, so reicht die allgemeine Wettervorhersage der App oder aus den Medien nicht mehr aus. Insbesondere in den Alpen kann das Wetter örtlich innerhalb kürzester Zeit umschlagen und zu kritischen, ja lebensbedrohlichen Situationen führen. Der Klimawandel bringt zudem überkommene Wettergewissheiten zum Schmelzen. So ist es in den deutschen Alpen durchaus nicht mehr so wie noch in den 1980er- und 1990er-Jahren, dass es in der Regel zwischen Weihnachten und Ostern eine solide Schneeunterlage gibt. Die Kältephasen wechseln sich in immer kürzerem Rhythmus mit Warmphasen ab. Im Sommer kann es heutzutage zu lang andauernden und ausgeprägten Hitzeperioden kommen, die früher selten waren. Durch die Schmelze des Permafrostes im Boden kann in der warmen Jahreszeit der Boden in höheren Lagen ins Rutschen kommen. Im Winter ist die Lawinengefahr ein Dauerthema. Das betrifft auch Winterwanderer, Schneeschuhwanderer und Skitourengeher.

Das Alpenwetter interpretieren zu können, erfordert Wissen und Erfahrung und ist die hohe Kunst des (Berg-)Wanderns. Grundlegende Informationen über das Bergwetter bieten der Deutsche und der Österreichische Alpenverein, die österreichische Zentralanstalt für Meteorologie und Geodynamik (ZAMG) sowie in der Schweiz das Portal *meteoschweiz*. Zudem gibt es spezielle Bergwetter-Apps. Hilfreich ist es auch, vor dem Aufbruch zu einer Tour den Hüttenwirt oder die Rezeption im Hotel zum voraussichtlichen Wetter zu befragen. Die Einheimischen kennen sich in Wetterfragen oft sehr gut aus. Ihrem Erfahrungswissen und ihren Ratschlägen sollte man folgen – vor allem wenn die Bewohner einer Wanderregion vor einer Tour warnen. Die Bergwacht ist froh über jeden Touristen, den sie nicht aus einer Notlage befreien muss.

KÄLTE UND NÄSSE

Während das Wandern bei schönem Wetter einfach eine Freude ist, kann es bei Kälte und Nässe nicht nur unangenehm, sondern auch gefährlich werden. Insbesondere dann, wenn der Körper zu stark auskühlt und gesundheitlicher Schaden droht. Kälte und Nässe sind neben dem Gewitter der größte Feind des Wanderers. Die richtige Kleidung ist das beste Gegenmittel.

Wer sich nicht scheut, auch bei ungünstigen Wetterbedingungen loszuwandern, sollte auf Qualität bei der Ausrüstung achten. Das fängt bereits bei den Schuhen an, die auf keinen Fall wasserdurchlässig sein sollten. In nassen Schuhen zu laufen, ist eine Qual. Wasserabweisende Schuhe sollten gut imprägniert sein, damit sie ihre Funktion behalten. Die bereits in Kapitel 6 empfohlenen Gamaschen sind in Verbindung mit gutem Schuhwerk ein zuverlässiger Schutz vor Wasser im Schuh. Bei der Bekleidung kommt es, wie bereits erwähnt, auf das Zwiebelschalenprinzip und eine wasserdichte, atmungsaktive obere Schicht an. Auch eine Kopfbedeckung sollte man nicht vergessen. Die meiste Wärme verliert der menschliche Körper über den Kopf. Wenn der Kopf kalt wird, entzieht der Körper Händen und Füßen Blut, um das wichtigste Körperteil – das Gehirn – zu schützen.

Nicht nur dem Körper wird im Winter durch Kälte Energie entzogen, auch unseren Handys oder GPS-Geräten. In den Akkus sind Elektrolyte enthalten, die bei Kälte zähflüssiger werden. Dadurch laufen die chemischen Prozesse langsamer ab, und die Ionen haben Schwierigkeiten, auf ihrem Weg vom Minus- zum Pluspol das Elektrolyt zu durchdringen: Der Akku verliert an Leistung. Wenn deshalb die elektronische Landkarte nicht mehr zur Verfügung steht oder im Notfall übers Handy kein Notruf abgesetzt werden kann, kann das zu ernsthaften Problemen führen. Bei Kälte daher elektronische Geräte am besten nah am Körper tragen und an Zusatzakkus oder eine Powerbank denken. Und natürlich das passende Kabel für die Powerbank nicht vergessen.

Nässe kann auch noch zu anderen Problemen führen: Der Boden weicht auf, das Gehen erfordert mehr Kraft und Konzentration, man ermüdet schneller und droht leichter auszurutschen. Wegbohlen oder Wurzeln können bei Nässe auch auf einfachen Wegen zu Hindernissen werden. Eisbildung und Frost sind besonders gefährliche Phänomene, auf die Wanderer im Winter vorbereitet sein müssen. Vom Nachtfrost gesprengte Felsblöcke können in den Bergen plötzlich herunterstürzen. Ein waches Auge nicht nur auf den Weg vor einem, sondern an Steilpassagen auch nach oben helfen hier ebenso wie ein Helm.

Dieser Nebel im Tollensetal bei Neubrandenburg ist harmlos: Es ist herbstlicher Frühnebel, der von der Sonne im Laufe des Vormittags weggedampft wird.

NEBEL

Leichter Nebel kann auf einfachen oder bekannten Wanderrouten einen reizvollen Mehrwert darstellen. Plötzlich erscheint die Natur wie in einem Märchen, mystisch eingehüllt und still. Schönheit und Gefahr liegen aber, wie so oft, nah beieinander.

Nebel entsteht, wenn unterschiedlich warme Luftschichten aufeinandertreffen. Luftfeuchtigkeit, Bodenbeschaffenheit und andere Faktoren beeinflussen die Nebelbildung. Besonders ausgeprägt ist das Phänomen im Gebirge, in der Nähe von Gewässern und an der Küste. Nebel tritt vor allem im Herbst auf. Von Nebel sprechen wir, wenn die Sichtweite weniger als einen Kilometer beträgt. Bei weniger als 500 Meter Sicht kann man noch gut einem Wanderweg folgen, jedenfalls in ebenem Gelände. Darunter wird es gefährlich. Nebel kann so dicht werden, dass man buchstäblich die Hand nicht mehr vor Augen sieht. Für Wanderer, die häufig oberhalb von 1.500 Metern unterwegs sind, ist er ein häufiges Phänomen, zumal in Gipfellagen. Wer keine oder wenig Erfahrung mit Nebel hat, dem kann es mulmig werden.

Aufkommender Nebel wird häufig unterschätzt. Es besteht die Gefahr, die Orientierung zu verlieren und sich zu verlaufen. Wegemarkierungen sind nicht mehr gut zu erkennen. Besonders im Gebirge, wo es ohnehin nicht viele von ihnen gibt, ist das riskant. Neben dem Orientierungsverlust kann Nebel auch Schwindel erzeugen, was besonders auf ausgesetzten Wegen gefährlich ist und sogar zum Absturz führen kann. Mit Nebel geht meist auch ein deutlicher Temperaturrückgang einher, selbst an Tagen, die sommerlich warm begonnen haben. Ein zusätzlicher Pullover oder eine Hardshell-Jacke im Rucksack können entscheidend sein, um einer Unterkühlung vorzubeugen, zumal durch Nebel die Wanderkleidung nass wird.

In erster Linie gilt es, Ruhe zu bewahren. Als Gruppe bleibt man dicht zusammen und achtet noch mehr aufeinander als ohnehin. Der Sichtkontakt zu allen Gruppenmitgliedern sollte jederzeit bestehen bleiben. Kennt man den Weg, geht man ihn langsam und mit überlegtem Schritt. Konzentration ist gefragt. Auch von bekannten Wegen kann man bei eingeschränkter Sicht abkommen. Steinmännchen als Wegemarkierungen und Wegweiser müssen nun besonders aufmerksam gesucht werden. Kommen auch nur leise Zweifel auf, ob man sich noch auf dem (richtigen) Weg befindet, hilft stehen bleiben, innehalten, überlegen – und gegebenenfalls umkehren und bis zur letzten bekannten Stelle zurückgehen.

Jetzt zeigen sich die Vorteile von Wander-Apps oder eines GPS-Geräts, denn man sieht auf dem Display – anders als auf einer Karte –, wo man ist. Zieht Nebel in unübersichtlichem Terrain auf, sollte man auf der nächsten sicheren Route ins Tal absteigen. Ist dies nicht möglich, kann es ratsam sein, sich einen sicheren Unterstand, möglichst nicht weitab vom Weg, zu suchen und abzuwarten, bis sich der Nebel lichtet.

SCHNEE

Bis weit in den Frühsommer hinein können in höheren oder schattigen Lagen Wanderwege stellenweise unter Schneefeldern verschwunden sein. Solche Altschneefelder werden schnell zu Problemzonen. Morgens können sie bretthart sein, ab dem Mittag matschweich. Auf hartem Firn sind Abrutschunfälle leicht möglich. Untersuchungen haben gezeigt, dass ein Mensch, der auf einem harten, 40 Grad steilen Firnfeld ins Rutschen gerät, fast dieselbe Geschwindigkeit erreicht wie im freien Fall. Kommt man ins Rutschen, sollte man sich so schnell wie möglich in Bauchlage drehen und in die Liegestützposition drücken – so besteht die Chance, den Rutschvorgang abzubremsen.

Ein Blick auf ein Schneefeld verrät einem nie, ob es begehbar ist. Ist die obere Schneedecke aufgeweicht, kann man mit einem festen Bergschuh einen Tritt in den Schnee kerben. Stellt sich nach einigen Schritten heraus, dass ein sicheres Auftreten nicht möglich ist, sollte man umkehren, einen anderen Weg suchen oder die Tour abbrechen. Von waghalsigen Ausweichmanövern in weglosem Gelände ist dringend abzuraten. Sehr unfallträchtig sind im winterlichen Gebirge auch verschneite Grate. Schneewechte hängen oft weit über den Grat heraus und sind von der Luvseite kaum zu erkennen. Von dem Überschreiten von Bächen auf Schneebrücken ist ebenfalls abzuraten, weil man nie sicher sein kann, ob die Brücke hält.

In Randklüften und zwischen verschneiten Blöcken kann man einsacken und sich verletzen. Solche Passagen sind extrem kraftraubend – auch deshalb sollte man sich genau überlegen, ob das ins Auge gefasste Ziel mit den vorhandenen Reserven und der eigenen Fitness noch erreicht werden kann – zumal im Schnee die Gefahr besteht, dass man sich verläuft. Denn Wegweiser können teilweise oder gänzlich eingeschneit sein, auch die Wege, die sie ausweisen, sind unter Umständen unpassierbar. Und noch eines: Schneefelder können bei Sonnenschein auf extreme Weise das Licht reflektieren. Um sich hier dennoch gut orientieren zu können, sind Sonnenbrillen nötig. Hilfreich ist auf Schnee auch Sonnencreme mit hohem Lichtschutzfaktor. Auch das Wetter sollte man im Blick behalten: Rasch auftretende Wetterstürze wirken sich im Winter noch drastischer aus als im Sommer.

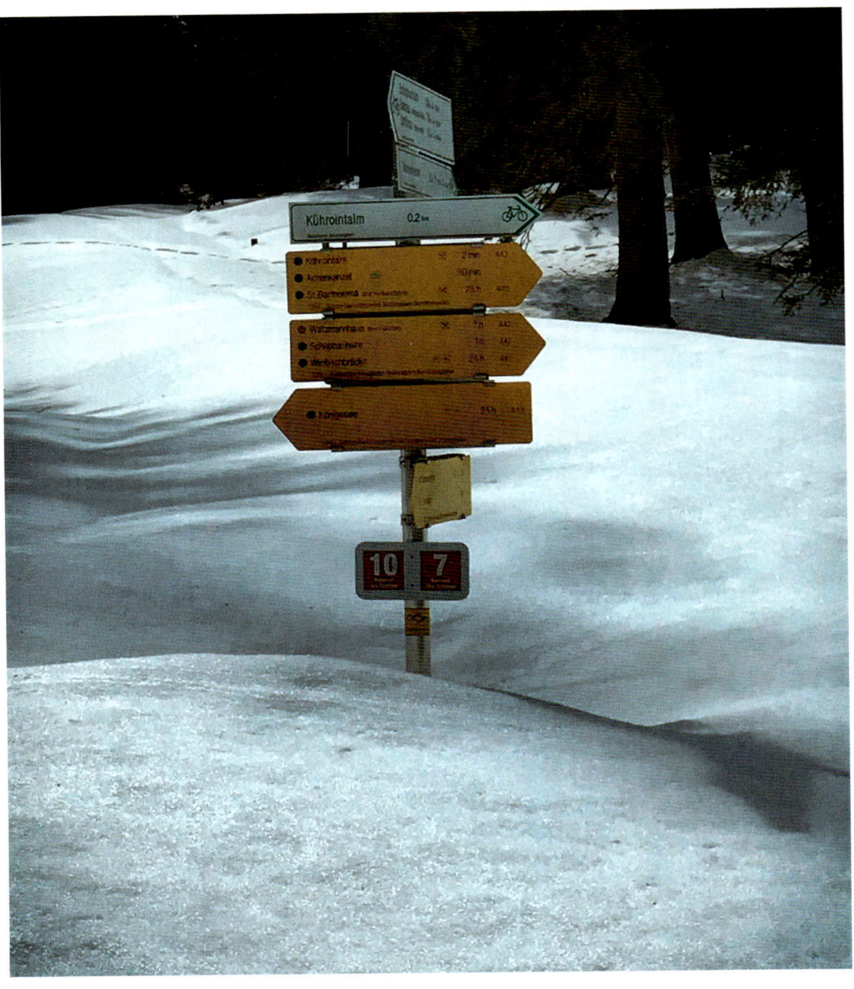

Hier ist kein Weiterkommen – höchstens mit Schneeschuhen.

Ein Wort noch zu Lawinen: Geräumte und als solche gekennzeichnete Wanderwege befinden sich in der Regel nicht in lawinengefährdeten Gebieten. Abseits solcher Wege sollte man allerdings nicht ohne Lawinenschutzausrüstung (unter anderem Suchsystem, Airbag, Schaufel,

Sonde) unterwegs sein. Der Umgang mit dieser Ausrüstung erfordert eine eigene Ausbildung und Übung und ist im Grunde kein Thema für Wanderer. Als Wanderer sollte man wissen: Das Risiko einer Lawinenverschüttung beginnt ab einer Hangneigung von 25 Grad. Ab 20 bis 30 Zentimeter Neuschnee ist in entsprechendem Gelände mit Lawinen zu rechnen, vor allem wenn der Wind stark bläst und es sehr kalt ist. Der Neuschnee verbindet sich dann nicht mit dem Altschnee und rutscht ab. Auch Grasböden oder glatte Gesteinsschichten als Untergrund begünstigen Lawinen. Sichtbare Risse in der Schneedecke bedeuten akute Lawinengefahr! Es empfiehlt sich, auf jeden Fall bei den jeweiligen Lawinenwarndiensten Informationen über die aktuelle Lawinenlage einzuholen. Die Lawinengefahr wird in die Stufen 1 bis 5 (gering, mäßig, erheblich, groß, sehr groß) eingeteilt.

Eine ganz andere Gefahr durch Lawinen besteht im Winter überall dort, wo sich größere Mengen Schnee auf Hausdächern angesammelt haben. Diese können als Dachlawinen auf die Straße niedergehen. Manchmal weisen Schilder darauf hin.

Schnee stellt auch außerhalb des Gebirges eine Gefahr dar: Unter der Last großer, nasser Schneemassen im Wald können dicke Äste abbrechen und einen Wanderer schwer verletzen oder sogar erschlagen. Es versteht sich von selbst, dass bei solchen Wetterlagen keine Waldwanderungen unternommen werden sollten.

In kalten Wintern können Schnee und Eis selbst im Mittelgebirge oder im Flachland Risiken bergen. Muss man etwa verschneite und gefrorene Forstwege nutzen, empfiehlt es sich, in dem an die Seite geräumten Randschnee zu stapfen, statt auf den manchmal spiegelglatt gefrorenen Fahrspuren der Forstfahrzeuge zu laufen. Im Winter leisten Wanderstöcke besonders gute Dienste.

STURM

Wandern bei Sturm ist keine gute Idee. Vor allem im Wald bestehen bei starkem Wind große Risiken. Abbrechende Äste können einen Wanderer schwer verletzen. Besonders gefährdet sind Wälder in einem schlechten Zustand.

Auf Hochplateaus oder Gipfeln über 1.000 Meter ist es der Sturm selbst, der eine Gefahr darstellt. Oft ist in diesem Zusammenhang in den Medien vom Brocken, dem höchsten Berg im Harz, die Rede. Windgeschwindigkeiten von mehr als 100 km/h sind dort keine Seltenheit, zudem gibt es auf dem Gipfelplateau auch keine Bäume und nur wenige Gebäude, die den Wind abbremsen. Neben der physischen Kraft des Windes, der einen umwerfen kann, ist es auch die Kälte, die eine Gefahr darstellt. Je stärker der Wind, desto mehr Wärme verliert der Körper, selbst durch mehrere Lagen Wanderbekleidung hindurch. Sogar im Sommer kann bei stärkerem Wind dieser Windchillfaktor eine Rolle spielen und eine Wanderung unangenehm machen.

Sollte man auf einer Wanderung in einen Sturm geraten, ist das Aufsuchen einer Schutzhütte ratsam. Diese halten zumeist einem abbrechenden Ast stand. Ein fallender Baum hingegen kann durchaus das Dach einer Schutzhütte einschlagen.

Selbst nach einem Sturm ist die Gefahr noch nicht vorüber. Von umgestürzten, angebrochenen oder anderweitig geschädigten Bäumen kann weiterhin Lebensgefahr ausgehen. Auch sollte man nicht über umgefallene Bäume klettern. Sie können unter Spannung stehen, durch das zusätzliche Gewicht des Wanderers brechen und bergen so Verletzungsgefahren.

DUNKELHEIT

Um als Wanderer nicht von eintretender Dunkelheit überrascht zu werden, sollte man seine Tour im Vorfeld richtig planen – es sei denn natürlich, man hat von vorneherein eine Nachtwanderung im Sinn. Der Einbruch der Dunkelheit ist auf die Minute für jeden Tag des Jahres genau bekannt, steht in vielen Kalendern und kann mit zwei, drei Klicks im Internet nachgelesen werden. Man kann sich also gut darauf einrichten. Naturgemäß ist der Aktionsradius von Winterwanderern wegen der kurzen Tageslichtlänge eingeschränkt.

Wanderungen sollten immer mit einer Zeitreserve im Hinblick auf den Sonnenuntergang geplant werden. Das heißt: lieber (im Hellen) zu früh wieder zu Hause sein als (im Dunkeln) zu spät.

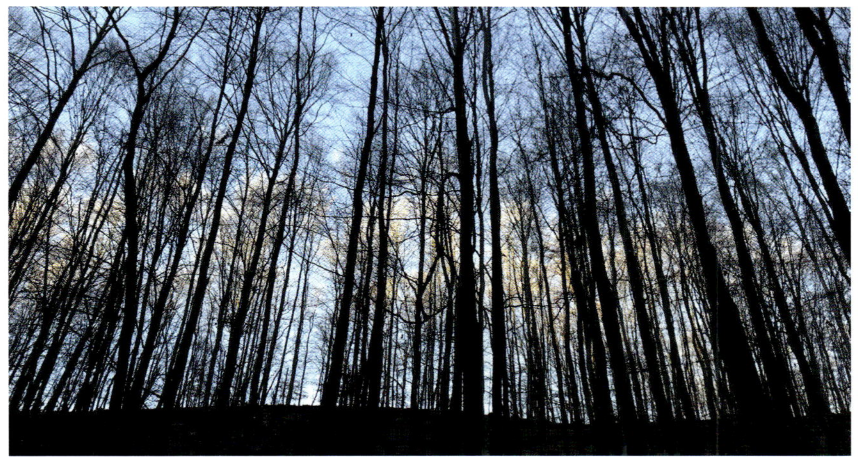

Beim Wandern sollte man stets eine Zeitreserve einplanen: Die Dunkelheit kann schneller hereinbrechen als gedacht. Sie erschwert die richtige Einschätzung des Geländes.

Auf keinen Fall sollte man in der Dämmerung oder bei Nacht in einem Jagdgebiet wandern. Jäger sitzen in diesen Stunden zu den Jagdzeiten oft an. Man muss damit rechnen, dass sie wegen der schlechten Lichtverhältnisse einen Wanderer manchmal nicht sicher von einem Wildtier unterscheiden können. Soll es in die Nacht hineingehen, ist eine Vorabinformation über Jagdgebiete und Jagdzeiten unerlässlich. Treibjagden sind weniger gefährlich für Wanderer, denn auf sie weisen Schilder hin, und man kann ihnen bewusst ausweichen. Sie finden meist in den Herbst- und Wintermonaten statt und werden oft über die örtlichen Medien angekündigt.

Eine gewissenhafte Tourenplanung ist bei Wanderungen in der Nacht besonders wichtig, denn Sicherheit steht an erster Stelle. Am besten eignen sich Touren auf befestigten Forstwegen und solche, die man bereits bei Tageslicht gegangen ist. Alpine Touren sollte man nachts unterlassen.

Eine Stirnlampe ist in der Nacht Pflicht, um den Weg erkennen und einen Blick in die Karte werfen zu können. Im Notfall kann man mit ihr das alpine Notsignal absetzen: innerhalb einer Minute sechsmal leuch-

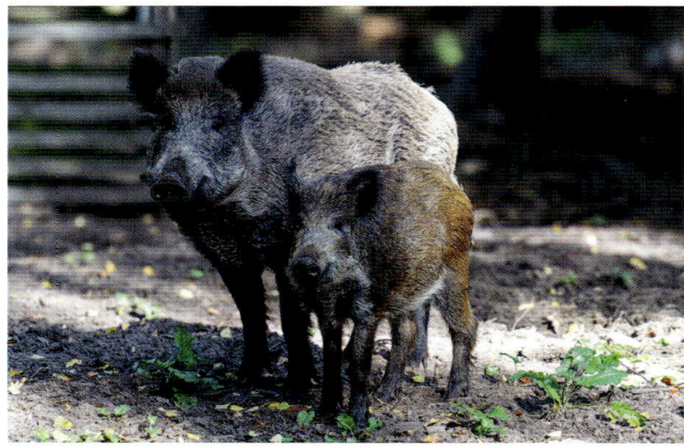

Begegnet man beim Wandern einem Wildschwein, empfiehlt es sich, laut zu rufen und in die Hände zu klatschen. Wildschweine können schlecht sehen.

ten, dann eine Minute Pause. Sollte die Stirnlampe ausfallen, ist es wichtig, sich im Rucksack gut auszukennen, sodass man – auch ohne hineinschauen zu können – das Gesuchte findet.

WILDTIERE

Nachts können manche Wildtiere zum Problem werden, die wir tagsüber eher selten wahrnehmen. An erster Stelle sind hier Wildschweine zu nennen, deren Population inzwischen so groß ist, dass sie in ganz Deutschland massenhaft vorkommen. Egal ob bei Nacht oder Tag: Wenn man Wildschweine hört (oder auch am typischen „Maggi"-Geruch erkennt), sollte man sich ruhig verhalten und langsam zurückweichen. Eigentlich sind es friedfertige Tiere, die sich zurückziehen, wenn sie eine Fluchtmöglichkeit haben. Allerdings sind sie auch wehrhaft, insbesondere die Bachen, wenn sie ihre Frischlinge bedroht sehen. Dann können sie zum Angriff übergehen. Drohgebärden wie Schnauben, Zähneklappern oder ein aufgestelltes Schwänzchen sind Zeichen für Aggressivität. Im Zweifel hilft es, sich groß zu machen, laut zu rufen und in die Hände zu klatschen. Wildschweine können schlecht sehen, deshalb sollte man sich deutlich bemerkbar machen. Die Tiere hinterlassen oft aufgebrochene Stellen entlang des Wanderwegs. Dort haben sie im Boden nach Nahrung gesucht.

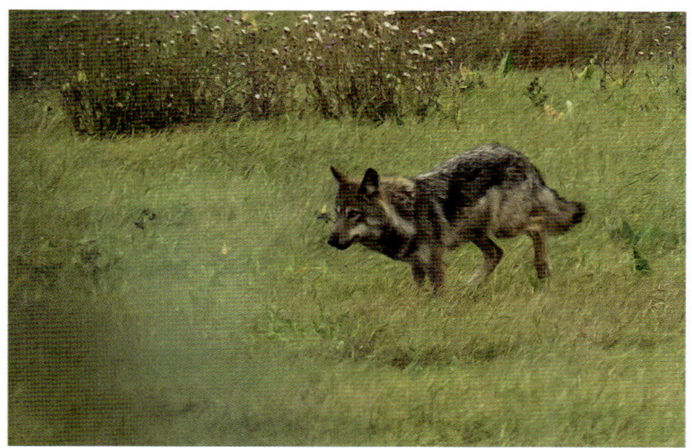

Wölfe sind zunehmend auch in Deutschlands Wäldern vertreten. Allerdings sind die Tiere in der Regel scheu und meiden den Kontakt zu Menschen.

Der Wolf ist in unseren Regionen jahrhundertelang heimisch gewesen, war lange Zeit ausgerottet und ist nun in vielen Gegenden wieder vertreten. Die Angst vor ihm steckt tief in uns. Die Möglichkeit einer Begegnung ist jedoch denkbar gering. Der Wolf ist scheu und geht dem Menschen aus dem Weg; er sieht ihn nicht als Beute an. Trifft man dennoch auf ein Exemplar, sollte man sich langsam zurückziehen, keine hektischen Bewegungen machen, ihm nicht den Rücken zuwenden, sich größer machen, indem man die Arme ausstreckt oder eine Jacke aufspannt. Laute Rufe tun ein Übriges, um den Wolf zu vertreiben. Im unwahrscheinlichen Fall eines Angriffs wehrt man sich, so gut es geht, mit Tritten und Schlägen mit den Wanderstöcken. Keinesfalls sollte man sich tot stellen.

Füchse trifft man recht häufig, sogar bis in Ortschaften hinein. Dort sind sie oft zutraulich, weil sie sich an Menschen gewöhnt haben. Auch sonst sind sie in der Regel nicht sonderlich aggressiv. Wir sollten uns einem Fuchs nicht nähern, schon gar nicht in der Weise, dass ihm zum Ausweichen nur das Überqueren einer Straße bleibt – das könnte sein Todesurteil sein. Der Fuchs kann Krankheiten übertragen, etwa den für den Menschen gefährlichen Fuchsbandwurm. Die Tollwut gilt hingegen in Deutschland als ausgerottet.

Rot-, Dam- und Rehwild stellen praktisch keine Gefahr für einen Wanderer dar. Es handelt sich um Fluchttiere, die das Weite suchen, wenn sie einen Menschen auch nur von Ferne sehen oder riechen. In der

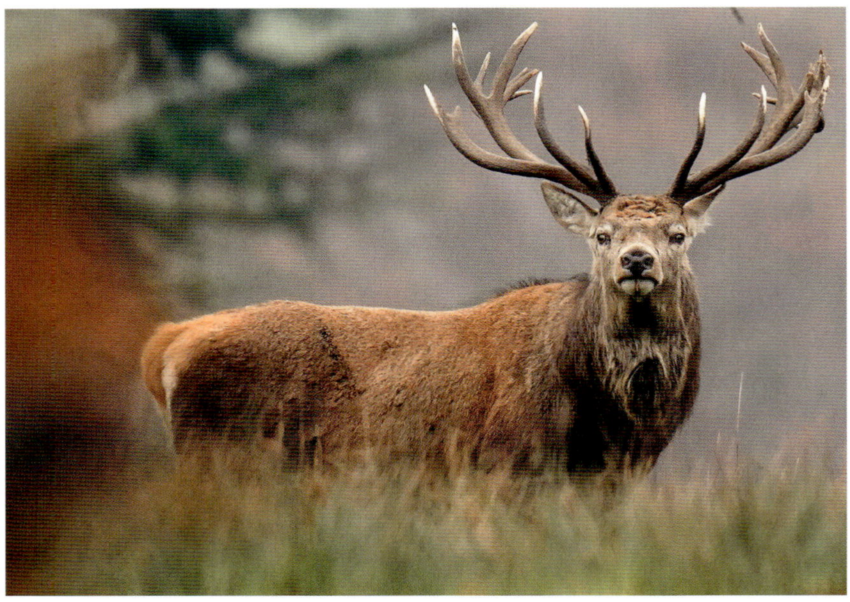

Innehalten und genießen: Rothirsche mit ihrem mächtigen Geweih sind ein seltener Anblick.

Brunftzeit hat es zumindest in Tierparks allerdings auch schon Angriffe auf Menschen gegeben. Brunftzeiten sind beim Rothirsch von Anfang September bis Mitte Oktober, beim Damhirsch von Oktober bis November und beim Rehbock von Mitte Juli bis August. Sieht man diese Tiere, sollte man sich ruhig verhalten und diesen großartigen Anblick genießen – vor allem ein Rothirsch ist ein Naturschauspiel an sich.

Rinder sind zwar keine Wildtiere, aber weil der Wanderer ihnen recht häufig begegnet, ein Wort zu ihnen: Weiden, auf denen Rinder grasen, sollten nicht betreten werden. Versperren Kühe den Weg, sollte man in einem großen Bogen um sie herum gehen. Kommt eine Kuh auf uns zu, bleiben wir ruhig, wenden dem Tier nicht den Rücken zu und weichen langsam aus. Besonders bei Mutterkühen ist Vorsicht geboten, denn sie beschützen ihre Kälber. Begegnungen zwischen Mutterkühen und Hunden sollte man vermeiden; Hunde sind dann an der Leine zu führen. Wenn sich ein Angriff durch ein Weidetier andeutet, sollte der Hund allerdings sofort abgeleint werden, damit er flüchten kann.

Ein fremder Hund könnte direkten Blickkontakt als Bedrohung empfinden und die Konfrontation suchen. Am besten schaut man, wenn überhaupt, auf seine Pfoten und nicht in die Augen. Nicht weglaufen! Das weckt den Jagdinstinkt des Hundes. Am besten entfernt man sich aus der Situation. Ist dies nicht möglich, verschränken wir die Arme vor dem Körper oder stecken sie in die Taschen. In der Regel verliert der Hund dann schnell das Interesse. Schreie oder wildes Gestikulieren hingegen könnte ihn provozieren.

Von verletzten Tieren sollte man Abstand halten, sie können unkontrolliert und aggressiv reagieren. Bei verendeten Tieren besteht die Gefahr einer ansteckenden Krankheit, deshalb gilt auch hier: Abstand halten! Zudem sollte man den zuständigen Förster oder Jäger verständigen; falls man diesen nicht kennt, ist die Polizei zu informieren. Bei einem Wildunfall mit dem Auto sollte man die Warnblinkanlage einschalten, die Warnweste anziehen und die Unfallstelle mit dem Warndreieck absichern. Sind Menschen verletzt worden, muss der Rettungsdienst über die Notrufnummer 112 gerufen werden. Die Polizei sollte in jedem Fall informiert werden. Lebt das Tier noch, heißt es auch bei einem Wildunfall: Abstand halten und aus sicherer Entfernung auf die Polizei warten.

Übrigens: Wild oder Teile von Wild (zum Beispiel Geweihe eines Hirsches oder eines Rehbocks) dürfen keinesfalls aus dem Wald mitgenommen werden! Dies gilt als Wilderei und kann mit Freiheitsstrafe bis zu drei Jahren oder Geldstrafe geahndet werden. Streng verboten ist außerdem, Wildtiere zu füttern. Auch Essensreste sollte man nicht in der Natur zurücklassen, sie könnten Tiere anlocken. Falsches Futter kann Wildtiere töten. Brutplätze von Tieren sind für Wanderer tabu. Das gilt laut Bundesnaturschutzgesetz unter anderem für Biber, Fischotter, alle Fledermausarten, Greifvögel, Eulen, zahlreiche andere Vogelarten, Reptilien und Käferarten. Auch in Bezug auf alle anderen Tiere sollte dies eine Selbstverständlichkeit sein.

SELBSTÜBERSCHÄTZUNG

Die größte Gefahr beim Wandern ist und bleibt der Mensch. Zwei Drittel aller Wander- und Bergunfälle haben ihre Ursachen beim Wanderer selbst. Viele Unfälle passieren aufgrund der Überschätzung der eigenen Fitness und des eigenen Könnens. Herz- und Kreislaufversagen sind die häufigsten Todesursachen in der freien Natur, wenn Wanderer ungenügend trainiert sind. Wichtig ist daher, die eigene Kondition realistisch einzuschätzen.

Man ermüdet, wird unaufmerksam, tritt falsch auf, knickt um – und schon ist es passiert, und man braucht Hilfe. Wer sich selbst überschätzt, bringt sich und gegebenenfalls auch andere in Gefahr – zum Beispiel beim Familienwandern. Gerade Anfänger sollten bescheiden sein in ihren Zielen. Auch im Frühjahr, wenn es nach dem langen Winter wieder hinausgeht in die Natur, sollten die ersten Touren nicht übermäßig lang und anspruchsvoll sein. Der Körper braucht Zeit, um sich an die ungewohnte Anstrengung zu gewöhnen. Vor allem wenn man sich in ungewohnt unwegsames Gelände begibt und darauf nicht vorbereitet ist, steigt die Gefahr drastisch.

Aus Selbstüberschätzung entsteht Erschöpfung. Regelmäßig Pausen einzulegen und vor allem viel zu trinken, ist essenziell. Müdigkeit überkommt einen Wanderer meist beim Abstieg – bei richtig geplanter Tour also gegen deren Ende. Der Anstieg war anstrengend, die Eindrücke auf der Tour waren gewaltig, nun will man einfach nur noch schnell nach Hause. Doch Vorsicht: Der Abstieg ist oft gefährlicher als der Anstieg. Sobald das Gelände steiler als 40 Grad ist, wird man einen Ausrutscher schwerlich abfangen können, erst recht nicht im ermüdeten Zustand. Die zunehmende Erschöpfung ist eine klassische Unfallursache. Deshalb gilt: Touren gewissenhaft und der eigenen Fitness entsprechend planen, langsam gehen und bis zuletzt konzentriert bleiben.

WALDBRAND

Durch die Trockenheit kommt es immer wieder auch in Deutschland zu Waldbränden. Sie sind nur in den seltensten Fällen Naturereignisse.

Zwischen drei und zehn Prozent der Waldbrände werden durch Blitze ausgelöst. 90 Prozent der Fälle sind hingegen auf menschliche Ursachen zurückzuführen – von der weggeworfenen Zigarettenkippe bis zur Selbstentzündung beispielsweise von Munition aus den Weltkriegen. Auch ein Auto mit heißem Katalysator, das über brennbarem Untergrund abgestellt ist, kann einen Waldbrand auslösen. Dies gilt auch für Glasscherben, die als Brennglas wirken können. Fahrlässigkeit im Umgang mit offenem Feuer oder gar Brandstiftung gehören ebenfalls zu den vom Menschen verursachten Brandursachen.

Die horizontale Ausbreitung eines Waldbrands hängt vom verfügbaren brennbaren Material, dem Wind und dem Gelände ab. Bergaufwärts breiten sich Feuer schneller aus. Die vertikale Ausbreitung wird von der Hitze des Bodenfeuers und dem Vorhandensein von brennbaren Ästen bestimmt.

Hierzulande ist eine Brandausbreitung von mehr als einem Kilometer eher selten. Ein gesunder, erwachsener Mensch kann einem Waldbrand normalerweise entkommen. Bei Bodenbränden ist die Feuerfront zudem nur ein schmaler Saum, der zur Rettung durchaus überquert werden kann, da die dahinter liegende Fläche nicht mehr brennt. Dennoch stellt ein Waldbrand für einen Wanderer eine große Gefahr da. Die Geräuschkulisse, die Rauchentwicklung, Schadstoffe in der Luft und Flugfeuer (also brennende Pflanzenteile, die durch Wind oder Thermik umherfliegen) können zu Desorientierung und Verletzungen führen. Bei Einschluss in einem Waldbrand besteht Lebensgefahr.

Meist steht zum Löschen eines entstandenes Brandes in der Natur nicht sofort Wasser zur Verfügung. Kleinere Brandstellen können ausgetreten werden. Längere Äste können beim Auskehren oder Ausschlagen helfen. Die Brandstelle sollte mit Sand, Kies oder Erdreich abgedeckt werden. Ist ein Waldbrand entstanden, muss dieser sofort unter der Notrufnummer 112 gemeldet werden. Zufahrten zu Wäldern, Mooren und Heide sind freizuhalten. Das Gesetz sieht harte Strafen vor für denjenigen, der sich nicht an die Regeln hält: Wer im Wald raucht, dem droht ein Bußgeld bis 50.000 Euro. Wer bewusst einen Brand auslöst, muss mit zwei Jahren Freiheitsentzug rechnen.

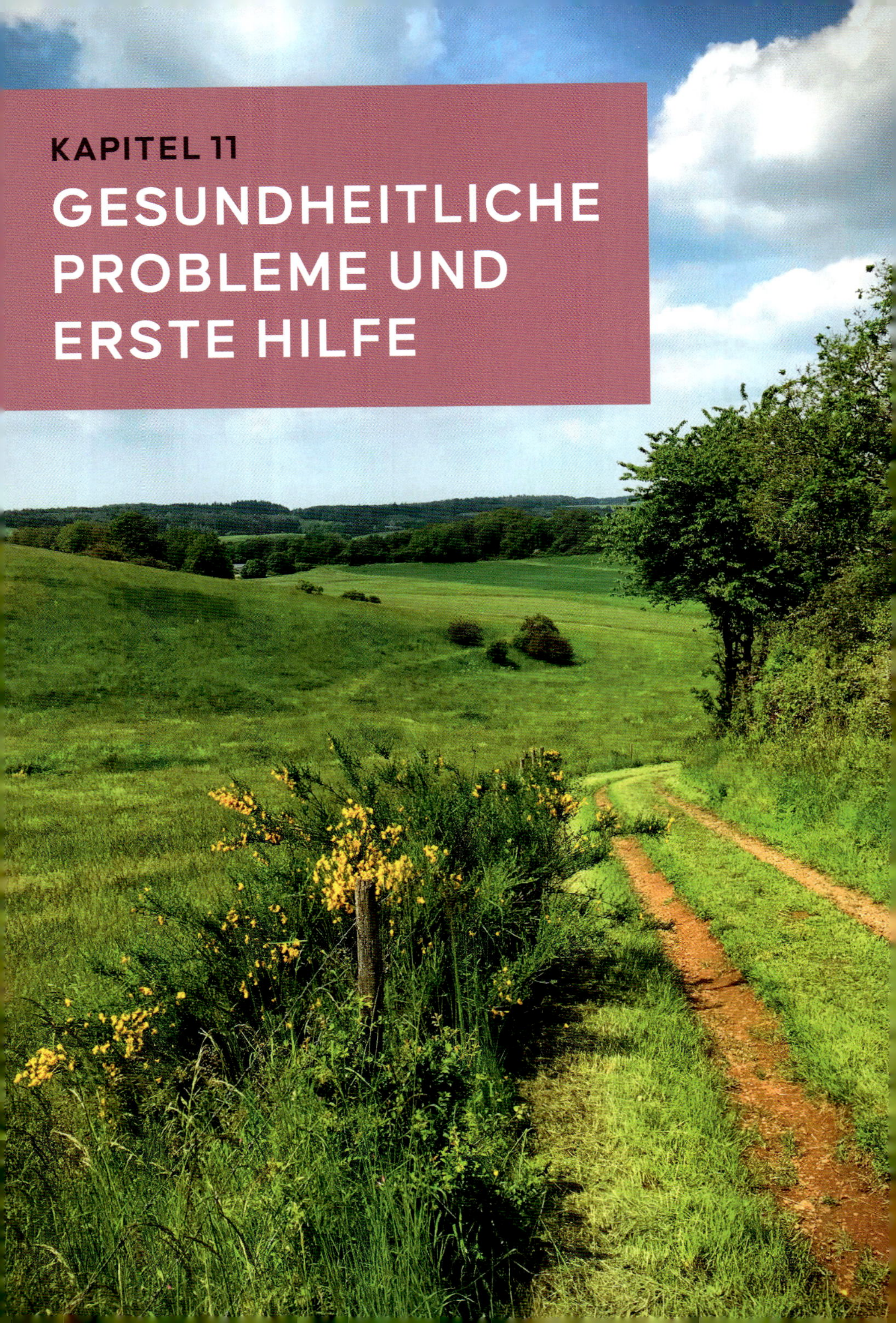

KAPITEL 11

GESUNDHEITLICHE PROBLEME UND ERSTE HILFE

GUT GEWAPPNET BEI GEFAHREN

Gesundheitliche Probleme können bei einer Wanderung wie bei jeder sportlichen Betätigung oder im Alltag auftreten. Am besten ist es natürlich, sie von vorneherein möglichst zu vermeiden. Das fängt damit an, dass man sich nur eine Tour zutraut, die in Länge und Schwierigkeit der eigenen Fitness und Kondition entspricht, denn häufigste Unfallursachen unterwegs sind Übermüdung, Erschöpfung und Überforderung bis hin zum Kreislaufversagen. Auch eine gute Vorbereitung ist Teil der Prävention: Es gilt, so präzise wie möglich zu planen und auch an Alternativen zu denken, falls sich die Bedingungen an Ort und Stelle so verändern, dass die ursprünglich ins Auge gefasste Route nicht zu Ende geführt werden kann. Auch sollte man in der Hütte, im Hotel oder zu Hause eine Information darüber hinterlassen, was man vorhat und wann man voraussichtlich zurückzukehrt. Zudem ist ein Wettercheck wichtig, damit man sich auf die zu erwartende Witterung eingestellt hat.

Grundsätzlich gilt: Bin ich medikamentenpflichtig, nehme ich meine Medizin mit und nehme sie selbstverständlich auch vorschriftsmäßig ein. Wenn ich losmarschiere, tue ich dies mit adäquater Ausrüstung und Bekleidung, vor allem auch in passendem Schuhwerk. Das Handy ist aufgeladen, auch eine Powerbank ist Teil des Gepäcks, ebenso wie eine Rucksackapotheke und eine Notfallausrüstung. In der Natur verhalte ich mich so umsichtig wie nur möglich, um mich und andere nicht in Gefahr zu bringen. Außerdem habe ich genug Flüssigkeit dabei und ausreichend Verpflegung. Ich habe vor der Tour gegessen und fühle mich insgesamt fit.

Bei kleineren Malheurs unterwegs können wir uns selbst helfen, bei anderen brauchen wir Hilfe. Jeder von uns ist gesetzlich zur Ersten Hilfe verpflichtet. Die entsprechende Norm ist in Paragraf 323c des Strafgesetzbuchs niedergelegt. Von jedem Bürger wird die Unterstützung verlangt, die er leisten kann – nicht mehr, aber auch nicht weniger. Im Rahmen einer Erste-Hilfe-Leistung kann der Ersthelfer grundsätzlich nicht zum Schadenersatz herangezogen werden, es sei denn, er handelt grob fahrlässig oder vorsätzlich. Grobe Fahrlässigkeit liegt nur in Ausnahmefällen vor, beispielsweise wenn der Ersthelfer es unterlässt, die Unfallstelle auf einer viel befahrenen Straße abzusichern, obwohl er die Möglichkeit dazu hätte. Vorsätzliches Verhalten liegt immer dann vor, wenn bewusst und gewollt bei einer Hilfeleistung eine Verletzung zugefügt oder ein Schaden verursacht wird – oder dies zumindest billigend in Kauf genommen wird. Kurz und gut: Fehler zu machen bei der Ersten Hilfe ist nicht strafbar – aber nichts zu tun, ist mit Garantie falsch.

Empfehlenswert ist neben der regelmäßigen Auffrischung der Erste-Hilfe-Kenntnisse der Besuch eines speziellen Outdoor-Erste-Hilfe-Kurses. Das Rote Kreuz und andere Hilfsorganisationen bieten solche Lehrgänge immer wieder an. Es lohnt sich auch, beim zuständigen Gebietswanderverein nachzufragen.

Egal was beim Wandern passiert: Ruhe bewahren! Nur wer nicht in Panik verfällt, kann sich oder anderen helfen. Wichtig ist, erst mal durchzuatmen, um klar denken zu können, damit man die richtigen Entscheidungen trifft.

HERZ-KREISLAUF-PROBLEME

Wandern gehört als sanftes Ausdauertraining zu den besten Möglichkeiten, langfristig das Herz zu schützen und es bei bereits bestehenden Herz-Kreislauf-Erkrankungen zu stärken. Leichte Wanderungen im Flachland und bis 1.500 Meter Höhe sind nach Aussage von Fachleuten in der Regel auch für Patienten mit koronarer Herzerkrankung kein Problem.[37] Wichtig ist, dass die Herzkrankheit gut behandelt ist. Mithilfe eines Belastungs-EKG kann der Arzt die individuelle Belastungsgrenze ermitteln. Wer als Herzpatient in den Bergen wandern möchte, dem empfiehlt die Deutsche Herzstiftung eine Eingewöhnungszeit von ein bis zwei Tagen. In dieser Zeit kann sich der Körper an das Klima und den niedrigeren Sauerstoffgehalt anpassen. Wer wandern geht, sollte immer auf seinen Puls und seine Atmung achten. Wenn man sich dabei ohne Atemnot unterhalten kann, besteht kaum Gefahr, das Herz zu überlasten. Tritt jedoch Atemnot auf, sollte man sofort eine Pause einlegen oder die Wanderung abbrechen. Bleiben die Beschwerden über die Wanderung hinaus bestehen, ist unbedingt ein Arzt aufzusuchen. Trifft man auf einer Wanderung auf eine Person mit blassem Gesicht, die – sichtlich in einem schlechten Allgemeinzustand – zusammengekauert am Wegrand sitzt, handelt man nach den Maßgaben der Ersten Hilfe:

1. Überblick verschaffen: In was für einer Situation bin ich hier überhaupt?
2. Falls erforderlich, für Selbstschutz und den Schutz der Wandergruppe sorgen (zum Beispiel an einer Engstelle in steilem Gelände oder an einer Straße).
3. Sich neben die Person knien, eine Hand auf die Schulter legen und fragen, was passiert ist und wie sich der Betroffene fühlt. Wichtige klärende Fragen sind auch: Kennen Sie diese Beschwerden? Haben Sie das öfter? Wann haben Sie das letzte Mal etwas gegessen oder getrunken?
4. Bei Verdacht auf Kreislaufprobleme hilft es der Person oft, sich im Schatten auszuruhen, ihr zu trinken zu geben und die Beine hochzulagern.
5. Je nach Zustand überlegen, wie es weitergehen kann: die Tour fortsetzen? Gemeinsamer Weg zur nächsten Hütte oder ins nächste Dorf? Rettungskräfte alarmieren?

Bei Bergwanderungen ist der Herzinfarkt die zweithäufigste Todesursache – die häufigste ist der Absturz im Gelände. Beim Herzinfarkt handelt es sich um einen plötzlich einsetzenden Gefäßverschluss im Herzen – ein lebensbedrohlicher Zustand, der schnelles Handeln erfordert! Symptome sind stechender Brustschmerz und Schmerzen in der linken Schulter und im linken Arm, Beklemmungsgefühl, Todesangst, Übelkeit, Herzrasen, Blässe, Kaltschweißigkeit und Atemnot.

Die betroffene Person ist anzusprechen, zu betreuen, warm zu halten und zu beobachten. Der Oberkörper sollte hochgelagert, beengte Bekleidung gelockert werden. Der Rettungsdienst ist sofort zu benachrichtigen. Jede Minute zählt! Wenn man sich nicht sicher ist: immer vom schlimmsten Fall ausgehen und einmal zu viel als einmal zu wenig alarmieren.

Bei Bewusstlosigkeit ist der Betroffene nicht mehr ansprechbar. Nun kommt es auf die Atmung an, was weiter zu veranlassen ist. Die

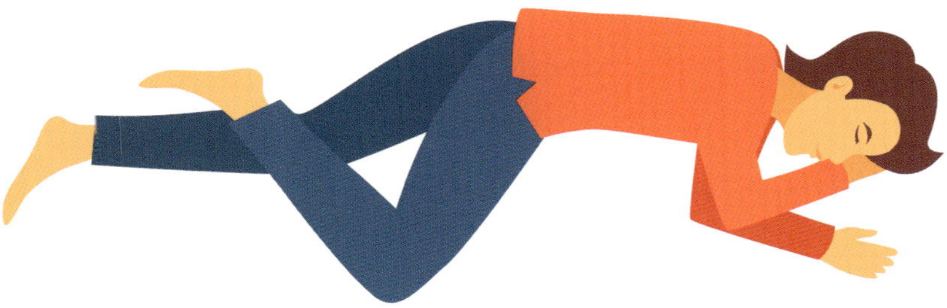

Bei Bewusstlosigkeit und ausreichender Atmung muss die betroffene Person in eine stabile Seitenlage gebracht werden.

Atmung wird überprüft, indem man das eigene Ohr dicht über Mund und Nase des Betroffenen hält, um seinen Luftstrom hören und fühlen zu können. Gleichzeitig ist auf den Brustkorb zu schauen, ob sich dieser hebt oder senkt. Atmet der Betroffene, muss er sofort in die stabile Seitenlage gedreht werden, wie wir es alle in einem Erste-Hilfe-Kurs gelernt haben. Es besteht ansonsten Erstickungsgefahr, weil bei Bewusstlosigkeit die Reflexe erlahmen und Mageninhalt in die Lunge eindringen kann. In der stabilen Seitenlage den Kopf überstrecken, sonst nützt sie nichts. Nun wird der Betroffene – auch auf der Bodenseite – zugedeckt (zum Beispiel mit der Rettungsdecke, die wir im Rucksack dabeihaben), damit er nicht auskühlt.

Atmet der Betroffene nicht mehr, besteht höchste Lebensgefahr. Dann ist sofort eine Herzdruckmassage mit Atemspende durchzuführen. Dies geschieht am besten durch zwei Helfer. Der Betroffene muss auf einer harten Unterlage liegen, die Oberbekleidung muss komplett geöffnet werden, bei Frauen auch der BH. Ein Helfer kniet neben dem Betroffenen, platziert einen Handballen in der Mitte des Brustkorbs, legt die andere Hand auf den Handballen und drückt mit durchgestreckten Armen in schnellem Rhythmus 30-mal den Brustkorbs etwa fünf bis sechs Zentimeter tief ein.

Die zweite Person kniet am Kopfende des Betroffenen und überstreckt dessen Kopf, um die Atemwege freizuhalten. Für die Atemspende nach 30 Herzdruckmassagen verschließt der zweite Helfer mit Daumen und Zeigefinger der an der Stirn liegenden Hand den weichen Teil der Nase des Betroffenen und atmet normal ein. Dann legt er den geöffneten Mund dicht um den Mund des Betroffenen und bläst eine Sekunde lang gleichmäßig den Atem ein, beobachtet dabei den Brustkorb des Betroffenen. Die Atemspende wird zweimal durchgeführt, dann setzt der erste Helfer die Herzdruckmassage mit 30 Stößen fort. So geht die Hilfeleistung weiter, bis der Rettungsdienst eintrifft und weitere Maßnahmen einleitet. Die beiden Helfer können sich nach jeweils sechs Durchgängen abwechseln.

Bei einem erhöhten Infektionsrisiko obliegt es der helfenden Person, Atem zu spenden. Bei Verzicht erfolgt ausschließlich die Herzdruckmassage bis zum Eintreffen des Rettungsdienstes. Es empfiehlt sich, für die Atemspende eine Notfall-Beatmungsmaske zu verwenden. Das ist eine Kunststofffolie mit einem eingearbeiteten Ventil, die dem Betroffenen über das Gesicht gelegt wird. So wird der direkte Kontakt bei der Beatmung verhindert. Notfall-Beatmungsmasken wiegen nur wenige Gramm, es gibt sie vielfach als Schlüsselanhänger. Sie gehören in jede Rucksackapotheke.

OFFENE WUNDEN

Es kann leicht passieren: Man rutscht aus, gerät ins Stolpern und fällt hin, schon reißt die Haut auf. Meist handelt es sich um Bagatellverletzungen, die nur kurzzeitige, geringe oder gar keine Schmerzen verursachen. Aber Achtung: selbst bei kleinsten Verletzungen besteht Infektionsgefahr bis hin zu einer tödlichen Sepsis.

Das Wundumfeld sollte man abwaschen und mit einem Alkoholtupfer aus dem Erste-Hilfe-Set von innen nach außen reinigen. Die Wunde selbst wird nicht berührt. Befindet sich ein Fremdkörper in der Wunde, diesen nicht herausziehen. Stattdessen wird der Fremdkörper nach der Wundreinigung abgedeckt – und dann heißt es, so schnell wie möglich zu einem Arzt. Kleinere Wunden werden mit einem Wundpflaster, größere mit einer sterilen Wundauflage abgedeckt, fixiert mit einer Mullbinde. Auf stark blutenden Wunden über der sterilen Wundauflage ein Verbandpäckchen als Druckpolster einwickeln. Das hilft, die Blutung zu stillen.

BLASEN

Blasen sind ein Problem, mit dem wohl schon jeder Wanderer fertig werden musste. Sie können eine Wanderung gründlich verderben. Wie entstehen sie eigentlich? Mehrere fein aufeinander abgestimmte Schichten – die Oberhaut (Epidermis), Lederhaut (Corium) und Unterhaut (Subcutis) – bilden zusammen unsere Haut. Durch Reibung oder Druck können sie sich voneinander lösen. Dann dringt Gewebeflüssigkeit oder sogar Blut in die Zwischenräume ein. Schon bei einer kurzen Halbtages- oder Tageswanderung kann man eine Blase bekommen.

Zu enge (oder auch zu weite) Schuhe sind häufig Gründe für eine Blase am Fuß. Oft sind es auch neue Schuhe, die noch nicht richtig eingelaufen sind. Dasselbe gilt für die Socken. Die Gefahr einer Blase ist deutlich gemindert, wenn Schuhe und Socken gut aufeinander abgestimmt sind. Begünstigt werden Blasen durch Feuchtigkeit und Wärme. 30 Grad im Schuh sind auch an kälteren Tagen normal, im Sommer kann die Hitze deutlich ansteigen. Der Fuß sondert dann noch mehr Schweiß ab als ohnehin – ein ideales Umfeld für Blasen.

Bei Wanderpausen sollte man daher Schuhe und Socken regelmäßig ausziehen und beides gut durchlüften. Dies bietet auch die Gelegenheit, kleine Steine oder Sandkörner zu entfernen, die ebenfalls Blasenalarm auslösen können. Wer bei einer Pause die Füße im kühlen Nass eines Bachs oder Sees hat baumeln lassen, sollte sie anschließend gründlich abtrocken – auch und vor allem zwischen den Zehen. Wer zu Blasen neigt, kann vorbeugen, indem er kritische Stellen vor der Wanderung mit Melkfett oder Vaseline einreibt, um die Reibung zu verringern.

Trotz aller Vorsichtsmaßnahmen lassen sich Blasen nicht immer verhindern. Dafür gibt es in Apotheken und Drogerien spezielle Blasen- oder auch Hühneraugenpflaster. Sie sollte man in jedem Fall sicherheitshalber im Rucksack dabeihaben. Hilfreich ist es, das Pflaster schon beim ersten Anzeichen einer Blase aufzulegen. Keine gute Lösung sind hingegen Wundpflaster, da sie an der gereizten Stelle nicht fest aufliegen und womöglich die Reibung noch verstärken können.

Oft diskutiert wird die Frage, ob man eine Blase aufstechen soll. Mediziner raten davon ab, weil die Gefahr einer Infektion besteht. Das

Blasendach bietet den besten Schutz vor Infektionen. Wenn überhaupt, dann größere, unter Spannung stehende Blasen nur dann anstechen, wenn sie oberflächlich sind und auch nur dann, wenn die Nadel desinfiziert ist. Gut desinfiziert werden muss die gesamte Stelle, nachdem die Blasenflüssigkeit abgeflossen ist. Dann mit einem Pflaster abkleben. Nach der Wanderung ist das Pflaster abzunehmen, um Luft an die wunde Stelle zu lassen und so den Heilungsprozess zu fördern.

VERSTAUCHUNGEN

Verstauchungen geschehen durch Umknicken des Fußes beim Gehen über unebenen Boden. Sie sind eine typische Verletzung auf Wanderungen. Zum Glück verlaufen sie in der Regel unkompliziert. Bei einer Verstauchung werden die Bänder eines Gelenks – in der Regel ist beim Wandern das Fußgelenk betroffen – überdehnt. Der Arzt spricht von einer Distorsion. Das Gelenk schwillt an und verursacht vor allem unter Belastung Schmerzen. Die können so stark werden, dass man die Wanderung nicht mehr fortsetzen kann und Hilfe holen muss.

Wenn man noch gehen kann, sollte man sich an die REH-Regel halten: Ruhe, Eis, Hochlagern. Früher wurde die PECH-Regel empfohlen: Pause, Eis, Compression, Hochlagern. Kompression empfehlen Notfallmediziner nicht mehr uneingeschränkt; sie sollte nur durch Fachpersonal vorgenommen werden. Eine Pause muss auf jeden Fall sein. Eis wird man auf Tour keines dabeihaben, aber eine Trinkflasche. Eine Zeitlang in einen Bach gestellt, kann sie zur Kühlung dienen. Oder ein nasses Tuch. Am besten sind Kühlpäckchen, die man in der Rucksackapotheke haben sollte. Es handelt sich um Kunststoffsäckchen, die getrennt voneinander chemische Substanzen und Wasser enthalten. Knickt man die Säckchen, vermischt sich der Inhalt und wird innerhalb weniger Sekunden lang anhaltend eiskalt. Solche Kühlpäckchen sind einmalig verwendbar und eignen sich auch für die Behandlung von Prellungen, Quetschungen und Zerrungen.

Zu Hause angekommen, hilft bei einer Verstauchung Hochlagern. Das reduziert die Schwellung. Je nach Schwere wird man eine Zeit lang mit dem Wandern aussetzen müssen.

ÜBERHITZUNG, SONNENBRAND UND SONNENSTICH

Der Mensch verfügt mit der Fähigkeit zum Schwitzen über ein einzigartiges und hocheffizientes Kühlsystem bei hohen Temperaturen. Die Transpiration wird über das vegetative Nervensystem gesteuert. Steigt die Außentemperatur zu sehr an oder beginnt der Körper aufgrund von Bewegung warm zu werden, bekommen spezielle Drüsen auf unserer Haut den Befehl, Schweiß zu produzieren. 200 bis 700 Milliliter dieses salzigen Sekrets produziert der Körper an einem Tag, es kann aber bei Bedarf auch ein Liter oder mehr sein. Der Schweiß verdunstet auf der Haut. Dadurch entsteht ein Abkühlungseffekt, durch den die Körpertemperatur im Normalmaß bleibt.

Dieses thermodynamische Prinzip kann an sehr warmen Tagen ausgehebelt werden. Dabei kommt es auch auf das Verhältnis von Lufttemperatur und Luftfeuchtigkeit an. Die Einheit, mit der dieses Verhältnis gemessen wird, ist die sogenannte Feuchtkugeltemperatur (engl. *wet bulb temperature*). Bei 100 Prozent Luftfeuchtigkeit sind Feuchtkugeltemperatur und Normaltemperatur gleich. Liegt die Luftfeuchtigkeit unter 100 Prozent, zeigt das Feuchtkugelthermometer immer einen geringeren Wert als den der Umgebungstemperatur. Ab einer Feuchtkugeltemperatur von 35 Grad besteht Lebensgefahr. Durch den Klimawandel wird diese Zahl durchaus schon erreicht oder überschritten, in Indien beispielsweise.[38] Doch auch bei uns könnten derartige Feuchtkugeltemperaturen in Zukunft erreicht werden. Für Wanderer heißt das, dass sie sich bei extrem hohen Temperaturen in Verbindung mit großer Schwüle besser nicht auf den Weg machen sollten. Das Problem ist, dass durch die hohe Luftfeuchtigkeit nicht mehr so viel Schweiß von der Haut verdunsten kann. Der Körper überhitzt. Bei Feuchtkugeltemperaturen von 28 Grad starben in Europa schon 2003 rund 70.000 Menschen.[39]

Ein hochroter Kopf, Kopfschmerzen, Übelkeit und Erbrechen, Schwindel und gegebenenfalls Nackensteifigkeit bei normaler Körpertemperatur deuten auf einen Sonnenstich hin. Ursache ist zu lange und starke Sonneneinstrahlung auf den unbedeckten Kopf. Dadurch werden die Hirnhäute gereizt. Die betroffene Person sollte in diesem Fall im Schatten mit leicht erhöhtem Oberkörper gelagert werden, überflüssige

Kleidung ist auszuziehen. Der Kopf ist mit feuchten Tüchern zu kühlen. Betreuung und Beobachtung ist notwendig, eventuell muss der Rettungsdienst verständigt werden.

Eine Hitzeerschöpfung entsteht durch sehr starkes Schwitzen und den dadurch entstehenden Wasserverlust. Der Betroffene ist blass, seine Haut schweißnass, er hat einen schnellen und schwachen Puls. Bewusstseinsstörungen und Muskelkrämpfe können hinzutreten. Trinken und Ruhe sind jetzt wichtig. Die Betroffenen sollten so gelagert werden, wie es ihnen angenehm ist. Nach einer Hitzeerschöpfung sollte man sich mindestens drei Tage Ruhe gönnen, damit sich der Körper regenerieren kann.

Der Hitzschlag ist der gefährlichste medizinische Hitzeschaden und ein medizinischer Notfall! Ihm kann eine Hitzeerschöpfung vorausgehen. Oft sind körperliche Anstrengungen bei hoher Luftfeuchtigkeit die Ursache. Weil der Körper die Schweißbildung einstellt, überhitzt er, es kommt zu hohem Fieber. Der Rettungsdienst muss sofort alarmiert werden. Bis dahin den Körper kühlen und zu trinken geben.

Eine der häufigsten Verletzungen bei Wanderungen ist der Sonnenbrand. Wenn die Sommer heißer werden und die Sonne länger von einem wolkenlosen Himmel scheint, wird sich das Problem Sonnenbrand verschärfen. Begünstigende Faktoren sind Hauttyp, Meereshöhe, Sonneneinfallswinkel, Bewölkung und Untergrund (zum Beispiel Schnee). Zwischen 11 und 13 Uhr, wenn die Sonne hoch am Himmel steht, ist die Gefahr eines Sonnenbrands am größten. Mit jeweils 1.000 Höhenmetern nimmt die Sonnenintensität um rund ein Achtel zu. Auf 3.000 Meter Höhe ist sie also um 50 Prozent höher als auf Meeresniveau.

Ein sonnenverbranntes Gesicht zeichnet einen Wanderer alles andere als cool oder markant aus, sondern ist eher ein Ausdruck von Inkompetenz. Medizinisch gesehen, ist ein Sonnenbrand eine Beschädigung der Haut durch ultraviolette Strahlung. Mit jedem Sonnenbrand steigt das Hautkrebsrisiko. Das gilt insbesondere für Kinder, deren Haut noch nicht über die Schutzmechanismen von Erwachsenen verfügt. Je nach Schweregrad wird ein Sonnenbrand ähnlich wie eine Verbrennung behandelt: Kühlung durch feuchte Umschläge und geeignete Sprays oder Cremes. After-Sun-Produkte helfen bei einem Sonnenbrand nicht mehr.

Allemal besser ist Vorbeugung: Bei starker Sonnenstrahlung sollte von vorneherein eine Tour gewählt werden, die eher durch Wald oder auf der Schattenseite von Tälern entlangführt. Den besten Schutz bietet Kleidung, die die sonnenexponierten Hautpartien abdeckt. Alles, was dicht gewebt ist und kein sichtbares Licht durchlässt, hält auch die UV-Strahlung ab. Kopf und Gesicht kann man am besten mit einem Sonnenhut schützen. Die breite Krempe beschattet auch Nacken und Ohren. Vor die Augen gehört eine Sonnenbrille und auf die Hautstellen, die man nicht bedecken kann, eine wasser- und schweißfeste Sonnencreme mit möglichst hohem Lichtschutzfaktor. Diese muss allerdings rechtzeitig, also eine halbe Stunde vor der Tour, aufgetragen werden.

ZECKENSTICH

Mittlerweile gilt fast die Hälfte aller Stadt- und Landkreise in Deutschland als Zeckenrisikogebiete. Die meisten davon liegen in Süd- und Mitteldeutschland, aber es gibt auch in anderen Bundesländern Schwerpunktgebiete. Betroffen sind auch viele beliebte Wanderregionen. Problematisch ist vor allem die von Zecken übertragene Frühsommer-Meningoenzephalitis (FSME). 2021 gab es in Deutschland sogar 23 FSME-Fälle außerhalb der ausgewiesenen Risikogebiete.[40]

Eine weitere verbreitete Gefahr bei einem Zeckenstich ist neben der FSME die Borreliose. Die kleinen Blutsauger sind allein in Deutschland schuld an jährlich 60.000 bis 80.000 Borreliose-Erkrankungen. Borreliose kann zur Zerstörung von Gewebe und Nerven führen. Der Begriff „Zeckenbiss" ist übrigens nicht korrekt, da Zecken einen Stechapparat und keinen Beißapparat besitzen. Während die Borreliose eine durch Bakterien ausgelöste Infektionskrankheit ist, die mit Antibiotika behandelt werden kann, gibt es gegen FSME keine Medikamente, aber eine Schutzimpfung. Bei einer FSME können sich Hirnhäute und das Gehirn entzünden. Folgen können dauerhafte Schäden wie Lähmungen, Schluck- und Sprechstörungen und sogar der Tod sein. Eine Impfung ist der beste Schutz vor einer Erkrankung. Im Grunde genommen sollte sich laut Empfehlung der Ständigen Impfkommission (STIKO) jeder, der sich im Grünen aufhält, über eine FSME-Impfung beraten lassen. Eine

Auffrischungsimpfung wird nach drei bis fünf Jahren empfohlen. Die Impfung erfolgt durch den Haus- oder Kinderarzt meist in den seitlichen Oberarm, bei Kleinkindern in den Oberschenkel. Der Impfstoff gilt als in der Regel gut verträglich.

Der Klimawandel fördert die Ausbreitung der heimischen Zecken – und neue Arten kommen hinzu. Wo die Zeckengefahr in Deutschland am größten ist, erfährt man auf der Karte des Robert-Koch-Instituts und unter www.zecken.de

Zecken werden im Frühling ab einer Temperatur von etwa zehn Grad aktiv. In der Regel finden sich die Tiere von April bis Oktober an Gräsern und Büschen. Mai und Juni sowie September und Oktober sind die Monate mit der größten Zeckenaktivität. Sie fallen weder von Bäumen noch springen sie ihr Opfer direkt an. Wanderer, die auf ihren Touren Abschnitte mit höherem Gras oder Gestrüpp durchstreifen, bewegen sich indes direkt im Lebensraum der kleinen Blutsauger. Zecken sitzen auf Grashalmen.

Ihre potenziellen Opfer erkennen sie durch Erschütterungen, Duftstoffe und anhand von Körperwärme. Berührt ein Wanderer einen Grashalm, auf dem sie lauern, werden sie durch Beine und Hosen abgestreift und landen so auf dem Körper oder der Kleidung ihres Wirts. Haben sie einmal die Haut erreicht, können sie sich zu jeder nur erdenklichen Körperstelle bewegen, gern auch auf dem Rücken oder in den Lendenbereich. Hat die Zecke einen geeigneten Platz gefunden, spritzt sie über ihren Speichel einen schmerzstillenden Stoff in die Haut, sodass man den Stich zunächst nicht bemerkt. Nun saugt sie sich langsam mit Blut voll.

Am besten ist es, wenn die Zecke erst gar nicht direkt auf die Haut gelangt. Dazu müsste der Wanderer den Kontakt mit Gräsern und Sträuchern meiden, was praktisch ausgeschlossen ist. Lange Hosen und hoch reichende Socken sind deshalb der beste Schutz gegen Zecken. Auf heller Kleidung sind die dunklen Spinnentiere übrigens gut zu erkennen. Nützlich sein können auch Zeckensprays, die man vor der Wanderung und zwischendurch bei Pausen aufträgt. In jedem Fall sollte man nach jeder Wanderung den gesamten Körper sorgfältig nach Zecken absuchen. Das gilt auch für den Haaransatz, die Ohren, den

Hals, die Achseln, die Ellenbeugen, den Bereich um den Bauchnabel, den Genitalbereich, die Kniekehlen und das Handgelenk unter dem Uhrarmband.

Entdeckt man eine Zecke, muss sie so schnell wie möglich entfernt werden. Dafür gibt es spezielle Zeckenzangen, mit denen man das Tier greift. 60 Sekunden lang festhalten, oft lösen die Zecken ihren Klammerapparat dann selbst aus der Haut. Dann zieht man sie heraus. Die Einstichstelle sollte man desinfizieren. Bewährt haben sich Zeckenkarten aus Plastik, die eine kleine Einkerbung besitzen. Parallel zur Haut schiebt man die Einkerbung um den Kopf der Zecke und hebt sie dann gerade heraus.

Schlimmstenfalls bleibt der Stachel zurück; er wird in den folgenden Tagen von selbst abgestoßen. Fachleute raten davon ab, ihn mit einer Nadel aus der Wunde zu entfernen – die Gefahr einer Entzündung ist zu groß. Da Zecken weder in Venen noch in Arterien stechen, ist es sehr unwahrscheinlich, dass der Stachel in den Blutgefäßen verschwindet und dort, wie manche befürchten, eine Thrombose auslöst. Abgeraten wird auch von Hausmitteln zur Zeckenentfernung wie Alkohol, Klebstoff oder Öle. Die können die Zecke zu einem größeren Speichelfluss anregen, sodass mehr Bakterien und Viren in den Körper gelangen. Eine Zecke atmet nur achtmal am Tag, sie wird also kaum an Klebstoff oder Öl ersticken. Außerdem können diese Mittel die Haut reizen.

Gefährlich ist es, wenn man einen rötlichen Ring um die Einstichstelle entdeckt; das deutet auf eine Infektion hin. Dann ist sofort ein Arzt aufzusuchen! Fieber, Kopfschmerzen, Schweißausbrüche, entzündete Nerven in Gesicht und Gelenken sowie Bluthochdruck oder Grippesymptome sind typische Anzeichen für eine Infektion mit Borreliose-Erregern und sollten ärztlich rasch abgeklärt werden.

INSEKTENSTICHE

Insekten mit Giftstachel wie Bienen oder Wespen können durch ihren Stich unangenehme örtliche Hautreaktionen auslösen. Der menschliche Körper reagiert auf den Speichel oder das Gift der Insekten: Die Einstichstelle schwillt an, rötet sich, brennt und juckt. Normalerweise sind Insektenstiche in unseren Breitengraden zwar lästig und schmerzhaft, aber nicht weiter gefährlich. Oft reicht es aus, den Bereich um die Einstichstelle zu kühlen und eine Salbe gegen den Juckreiz aufzutragen, damit man sie nicht aufkratzt – denn dann kann sich die Stelle entzünden.

Bei einem Bienenstich sollte der in der Haut sitzende Stachel mit einer Pinzette vorsichtig entfernt werden, damit er nicht noch länger Gift abgeben kann. Schwillt der betroffene Bereich stark an, sollte ein Arzt aufgesucht werden. Es kann auch sein, dass Bienen- und Wespenstiche im menschlichen Körper eine allgemeine heftige Reaktion auslösen, den anaphylaktischen Schock. Dabei treten starke Symptome wie bei einer Allergie auf, durch die ganze Organe in Mitleidenschaft gezogen werden können: Übelkeit, Erbrechen, Durchfall, Krämpfe, Herzrasen, Blutdruck und Atemnot bis zum Atemstillstand sind die Symptome. Da sie einzeln oder zusammen, sofort oder erst zeitversetzt auftreten können, ist ein anaphylaktischer Schock für den Laien schwer zu erkennen. Weil er lebensbedrohlich ist, ist der Rettungsdienst in jedem Fall zu alarmieren.

DEHYDRIERUNG

Wenn starke körperliche Anstrengung beim Wandern mit hohen Temperaturen und starker Sonneneinstrahlung zusammenkommt, besteht die Gefahr des Dehydrierens. Wer dann nicht rechtzeitig und ausreichend trinkt, dem droht innerer Wassermangel – das ist mit dem Begriff „Dehydrierung“ in der Medizin gemeint, der eigentlich aus der Chemie kommt und die Wasserstoffabspaltung in einer chemischen Verbindung beschreibt. Symptome einer Dehydrierung sind starker Durst, ausgetrockneter Mund, Kopfschmerzen, Schwindel, Übelkeit, Erbrechen.

In diesem Fall muss man sofort eine Pause einlegen und ausreichend Flüssigkeit zu sich nehmen – und zwar in kleinen und schonenden Schlucken. Die verloren gegangene Flüssigkeit kann nur durch längeres, kontinuierliches Trinken ersetzt werden. Wer zu schnell zu viel Wasser herunterstürzt, regt die Schweißproduktion eher noch weiter an. Damit das Schwitzen aufhört, sind zu warme Kleidungsstücke auszuziehen.

UNTERKÜHLUNG

Unterkühlung kommt auf Wanderungen häufig vor. Ursachen sind eine zu große Wärmeabstrahlung des Körpers, kalter Wind und nasse Kleidung.

Symptome einer Unterkühlung sind Frösteln und Zittern, eine schnelle Atmung, blasse Haut und blaue Lippen, erhöhter Puls und Blutdruck. Wird keine Abhilfe geschaffen, tritt erst Schläfrigkeit und Teilnahmslosigkeit, dann Verwirrung auf. Es kann zur Muskelstarre kommen, der Betroffene kann bewusstlos werden.

Erste Maßnahme ist das Zudecken mit der Rettungsdecke, die einen sehr guten Wärmeerhalt bietet. Allerdings sollte sie nicht direkt auf der Haut aufliegen, da die Wärmereflexion dann geringer ist. Sind zusätzliche Kleidungsstücke oder eine Decke vorhanden, erst diese um den Betroffenen legen und darauf die Rettungsdecke. Mit welcher Seite man den Betroffenen zudeckt, die silberne oder die goldene, ist egal. Anschließend warme und gezuckerte Getränke reichen. Wie schnell jemand auskühlt, hängt stark von einer ausreichenden Nahrungs- und Flüssigkeitszufuhr ab. Ein kleiner Vorrat an energiereichen Snacks über den Bedarf der eigentlichen Tour hinaus zahlt sich jetzt womöglich als lebensrettend aus.

Wenn die betroffene Person teilnahmslos und verwirrt wirkt, sollte sie weder aktiv (durch Bewegung oder Umherlaufen) noch passiv (durch Massieren der Extremitäten) erwärmt werden.

Im Extremfall führen Unterkühlungen zu Erfrierungen. Am häufigsten betroffen sind Finger, Zehen, Ohren und die Nase. Erfrierungen kommen gelegentlich bei Bergsteigern vor, die in extreme Höhen aufsteigen, normalerweise aber nicht bei Wanderern. Maßnahmen sind bei Erfrierungen dieselben wie bei Unterkühlungen. Erfrorene Körperpartien müssen möglichst keimarm abgedeckt werden.

UNTERZUCKERUNG

Bei Diabetikern und auch bei gesunden Menschen kann es auf einer Wanderung zu einer Unterzuckerung kommen. Ein flaues Gefühl in der Magengegend, Müdigkeit, verminderte Konzentrationsfähigkeit und

Heißhunger sind erste Symptome. Man sollte unbedingt auf diese Warnsignale reagieren, bevor Übelkeit, Herzrasen, Blässe, Zittern, Schweißausbrüche, Kopfschmerzen, Sehstörungen oder Schwindelgefühle hinzukommen. Gesundheitlich kritisch wird es, wenn der Blutzuckerspiegel zu weit abfällt. Dann sind das Gehirn und andere Organe nicht ausreichend mit Glukose versorgt. Ein solcher hypoglykämischer Schock kann lebensgefährlich sein, wenn die Glukosespeicher nicht schnell wieder aufgefüllt werden.

Oft hilft es schon, der betroffenen Person bei den genannten Symptomen etwas Traubenzucker zu geben. Es hat sich bewährt, ein Päckchen Traubenzucker in der Rucksackapotheke dabeizuhaben. Alternativ kann man auch zu zuckerhaltigen Süßgetränken wie Säften oder Limonaden, Keksen oder Schokolade greifen. Light- oder Zero-Getränke sind nicht geeignet. Um den Blutzuckerspiegel zu stabilisieren, sollten Betroffene danach andere kohlenhydratreiche Lebensmittel – zum Beispiel ein belegtes Brot – essen. Kommt es zu Bewusstseinsstörungen, ist umgehend der Rettungsdienst zu benachrichtigen.

VERHALTEN BEI NOTFÄLLEN

Das Verhalten bei Notfällen auf Wanderungen hängt ganz davon ab, wo man sich befindet. Über die europaweite Notrufnummer 112 bekommt man übers Mobiltelefon praktisch überall Hilfe. In Österreich wählt man den alpinen Notruf 140 oder den allgemeinen Notruf 144. Man erreicht über diese Nummer eine Rettungsleitstelle, die alles Weitere veranlasst.

Wenn das Handy keinen Empfang im eigenen Netz hat, Handy ausschalten und noch mal einschalten, statt der PIN aber die Nummer 112 eingeben – damit ist ein Notruf auch von einem fremden Mobiltelefon aus möglich. Das Handy wählt sich dann in das stärkste vorhandene Netz ein und stellt eine Verbindung her. Ohne SIM-Karte ist allerdings kein Notruf möglich. Es empfiehlt sich, vor der Tour wichtige Nummern einzuspeichern, beispielsweise die Hütten, die aufgesucht werden sollen.

Wenn die Verbindung zustande gekommen ist, müssen der Rettungsleitstelle die wichtigsten Informationen durchgegeben werden. Dies geschieht am besten nach der Fünf-W-Fragen-Regel:

- **Wo** ist der Unfall passiert? Genaue Angabe des Unfallorts, gegebenenfalls Koordinaten (Name der Gemeinde oder des Stadtteils, Straßen- oder Wanderwegname, Besonderheiten in der Nähe usw).
- **Wer** ruft an? Den eigenen Namen nennen, Standort und Telefonnummer für Rückfragen.
- **Was** ist geschehen? Beschreibung des Notfalls.
- **Welcher** Art sind die Verletzungen/Beschwerden? Zahl der Betroffenen, bei Kindern das (geschätzte) Alter.
- **W**arten auf Rückfragen. Die Einsatzkräfte benötigen vielleicht noch weitere Informationen. Das Gespräch wird durch den Disponenten am anderen Ende der Leitung beendet.

Das Wo steht deshalb ganz am Anfang der Meldung, damit die Leitstelle diese Information als Allererstes hat. Sie ist am wichtigsten. Sollte danach die Leitung zusammenbrechen, kann der Disponent dennoch einen Rettungswagen oder einen Hubschrauber losschicken, auch wenn er nicht mehr mitbekommen hat, was eigentlich passiert ist. Hauptsache, die Retter setzen sich in Bewegung und sind baldmöglichst am Unfallort.

Mit dem Wo ist es aber so eine Sache. Wenn mir oder einem anderen Wanderer mitten im Wald etwas passiert, wie kann ich dann meinen Standort genau angeben? Die Rettungsleitstelle kann seit 2018 ein Handy mittels einer Technik namens „Advanced Mobile Location“ orten – sogar bis zu drei Meter genau. Sie darf es allerdings nicht ohne Zustimmung des Handybesitzers. Wenn also die Leitstelle fragt, ob sie einen orten darf, sollte man besser mit Ja antworten. Weitere Eingaben seitens des Wanderers sind dann nicht nötig. Mit Eingabe der Notrufnummer 112 schalten sich ohnehin alle Ortungsdienste des Handys ein, auch wenn sie vorher deaktiviert wurden.

Sollte die automatische Ortung aus irgendwelchen Gründen nicht möglich sein, haben manche Leitstellen die Möglichkeit, über WhatsApp den Standort des Anrufers zu erfahren. Wenn diese Möglichkeit besteht, wird der Disponent den Anrufer entsprechend anleiten, damit sein Handy die Standortkoordinaten sendet. Eine andere Möglichkeit ist die kostenlose App „Hilfe im Wald“, die die Koordinaten anzeigt. Diese App ist insofern hilfreich, weil sie auch die in der Nähe befind-

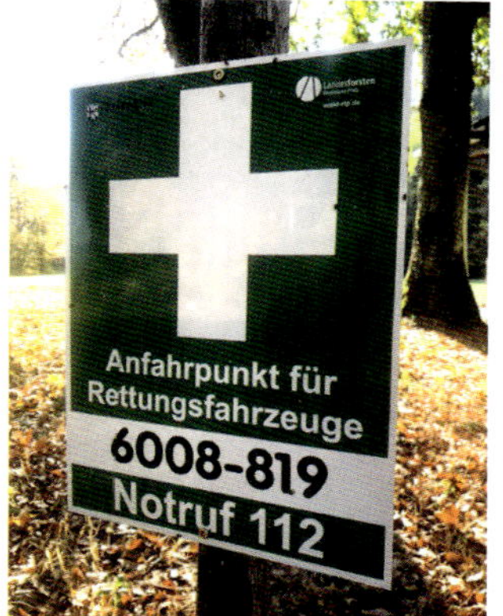

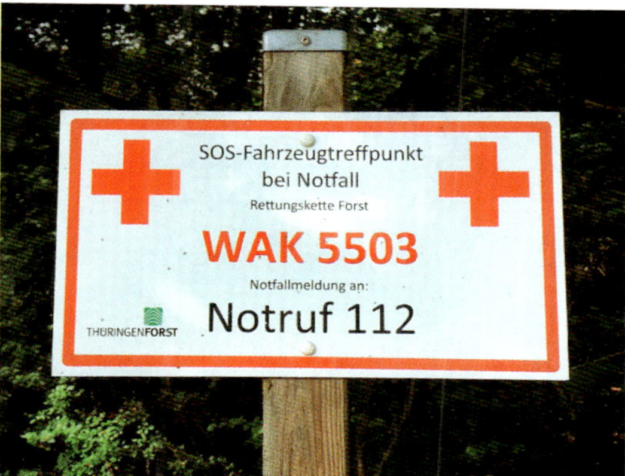

Die Schilder für Rettungspunkte sehen von Bundesland zu Bundesland unterschiedlich aus. Hier Beispiele aus Rheinland-Pfalz (Eifel) und Thüringen (Wartburgkreis).

lichen Rettungspunkte anzeigt. Wir haben diese Rettungspunkte bereits im Kapitel 8 als Hilfe bei der Orientierung kennengelernt. Im einem Notfall erfüllen sie ihren eigentlichen Zweck: Rettungskräften eine schnelle Anfahrt zu ermöglichen.

Deutschland ist vor allem in Waldgebieten mit einem Netz von solchen Rettungspunkten überzogen. Angestrebt wird, dass von jeder Stelle im Wald innerhalb von zehn Minuten ein Rettungspunkt erreicht werden soll. Sie befinden sich an für Rettungsfahrzeuge zugänglichen Stellen, und in ihrer Umgebung gibt es Handyempfang. Das Aussehen der Rettungspunkt-Schilder ist nicht einheitlich geregelt, sie haben von Bundesland zu Bundesland ein unterschiedliches Design, aber sie weisen immer eine Nummer aus. Wenn man diese Nummer telefonisch an die Leitstelle durchgibt, weiß der Disponent sofort, wo man ist. Es empfiehlt sich, sich die Nummer einzuprägen, wenn man an einem Rettungspunkt vorbeikommt. Hat man sich in der Nähe eines Rettungspunkts verletzt und ist außerstande, dorthin zu gehen, sollte man für alle Fälle immer eine Trillerpfeife bei sich haben, um auf sich aufmerksam zu machen, wenn man den Rettungswagen hört.

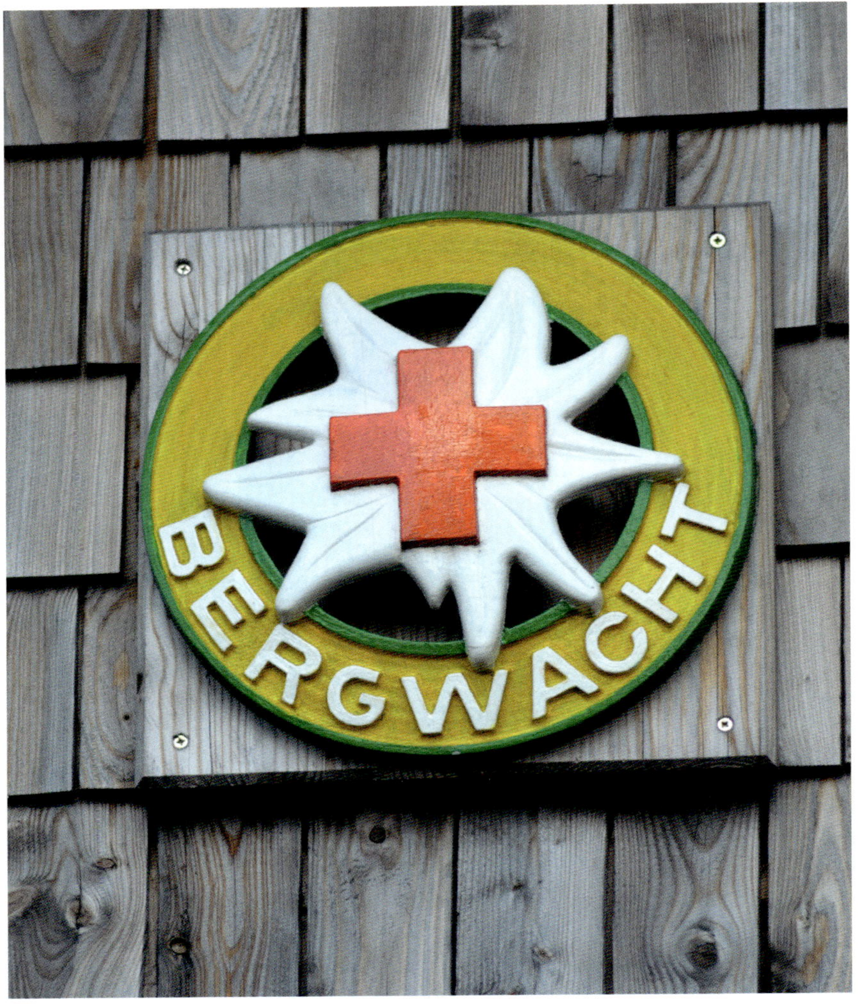

Die Bergwacht des Deutschen Roten Kreuzes ist im Alpenraum tätig, aber auch in manchen Mittelgebirgen, zum Beispiel im Bayerischen Wald.

Ist man in den Alpen unterwegs, kann im Falle eines Falles das alpine Notsignal helfen: sechs kurze Licht- oder Schallsignale in einer Minute, danach eine Minute Pause. Und wieder von vorn, bis man gesehen oder gehört wurde. Die Bestätigung dieses Signals durch den Empfänger erfolgt durch drei Licht- oder Schallsignale in der Minute. Der Empfänger alarmiert den Rettungsdienst. Die Bestätigung zeigt dem Notrufer, dass er entdeckt wurde und Hilfe unterwegs ist. Als Signalgeber eignen sich die Signalpfeife, die man immer dabeihaben sollte, eine Stirn- oder Taschenlampe oder eine reflektierende Folie.

Im Flachland und den meisten Mittelgebirgen kommen als bodengebundene Rettungsmittel Fahrzeuge zum Einsatz. In manchen Mittelgebirgen und in den Alpen gibt es auch die Bergwacht des Deutschen Roten Kreuzes mit ihren speziell ausgebildeten Rettungskräften, die auch an schwer zugängliche Stellen herankommen. Der Rettungshubschrauber kann die Zeit zur Bergung eines Verletzten entscheidend verkürzen. Er kommt immer dann zum Einsatz, wenn lebensbedrohliche Erkrankungen oder Verletzungen vorliegen, die besonders rasches Handeln erfordern.

Wenn sich der Rettungshubschrauber nähert, muss man dem Piloten zunächst einmal zu verstehen geben, dass man überhaupt gemeint ist. Dies geschieht durch international übliche Handzeichen:

Beide Arme schräg nach oben bedeutet: „Yes, wir brauchen Hilfe." Der rechte Arm oben, der linke unten bedeutet: „No, wir brauchen keine Hilfe / Wir sind nicht gemeint." Zur Not kann man auch kräftig ein Kleidungsstück schwingen, um auf sich aufmerksam zu machen. Der Pilot wird den Notfallort zunächst überfliegen, um sich ein Bild vom möglichen Landeplatz zu machen und Gefahren abschätzen zu können. Dieses Verfahren nennt man *High Reconning* (Erkundungsflug). Eventuell ist aufgrund der Bodenbeschaffenheit oder Hindernissen keine Landung möglich. Dann kann es sein, dass eine Tau- oder Windenbergung in Erwägung gezogen wird. Dabei bleibt der Hubschrauber in der Luft stehen, ein Retter gleitet an einem Seil zu Boden und lässt sich und den Verletzten nach der Bergung mit speziellen Vorrichtungen an Bord ziehen.

Ist der Hubschrauber am richtigen Ort und ist eine Landung möglich, braucht der Pilot eine Landefläche von mindestens fünf mal fünf Meter

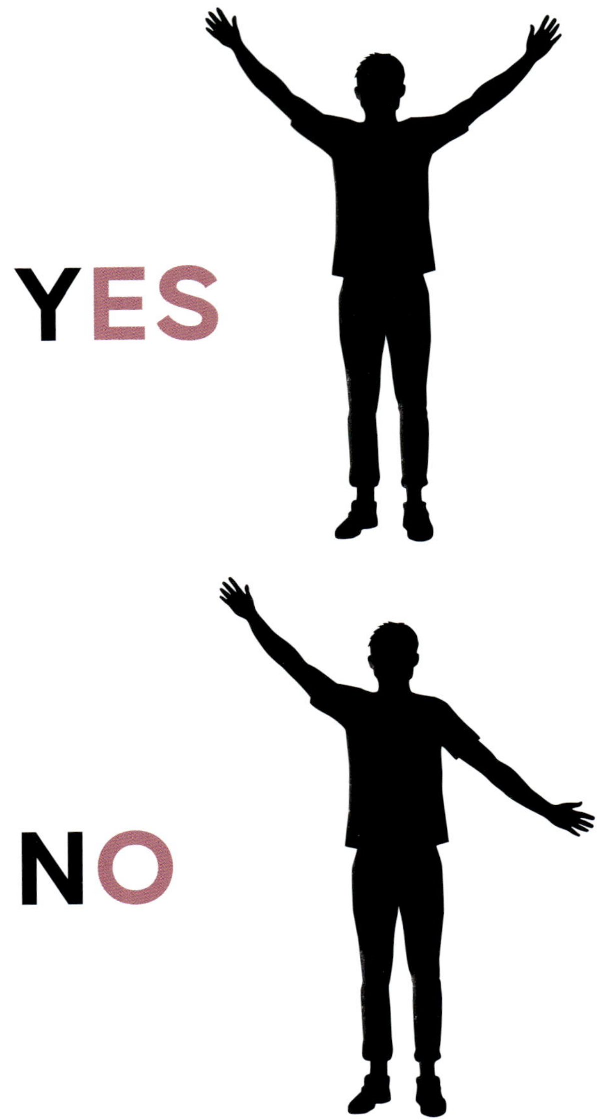

International übliche Zeichen beim Nahen eines Rettungshubschraubers (YES bedeutet, dass Hilfe benötigt wird; NO zeigt, dass keine Hilfe notwendig ist)

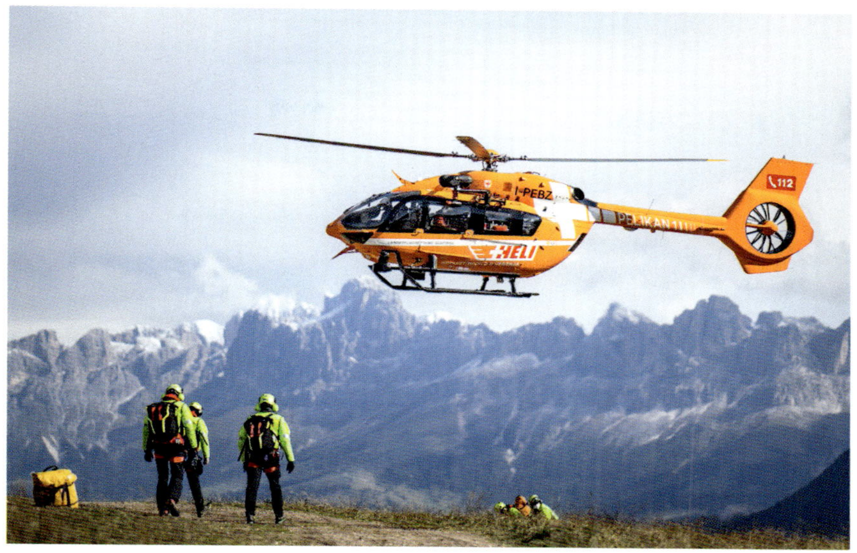

Wenn schnelles Handeln gefragt ist, kommen häufig Rettungshubschrauber zum Einsatz.

Größe, die frei zugänglich sein muss, umgeben von weiteren 20 mal 20 Metern ohne Hindernisse. Dort und in der Umgebung dürfen keine losen Gegenstände wie Äste, Jacken oder Wanderstöcke herumliegen, die aufgewirbelt werden können. Wenn der Hubschrauber gelandet ist, Blickkontakt zum Piloten halten und sich nur nach Aufforderung (!) gebückt, von vorn und von der Talseite nähern. Kommen wir von der Bergseite, kann es sein, dass wir von den Rotoren tödlich getroffen werden.

Auch in ländlichen Regionen außerhalb der Alpen kommt immer öfter der Rettungshubschrauber, weil die Anfahrt mit dem Rettungswagen zu lange dauern würde. Die Leitstelle entscheidet über seinen Einsatz. Die in Deutschland eingesetzten Helikopter haben einen Einsatzradius von 50 bis 70 Kilometern. Rettungshubschrauber können außer bei Nebel und Gewitter fast immer fliegen und sind ein unersetzliches und zuverlässiges Mittel bei Notfällen.

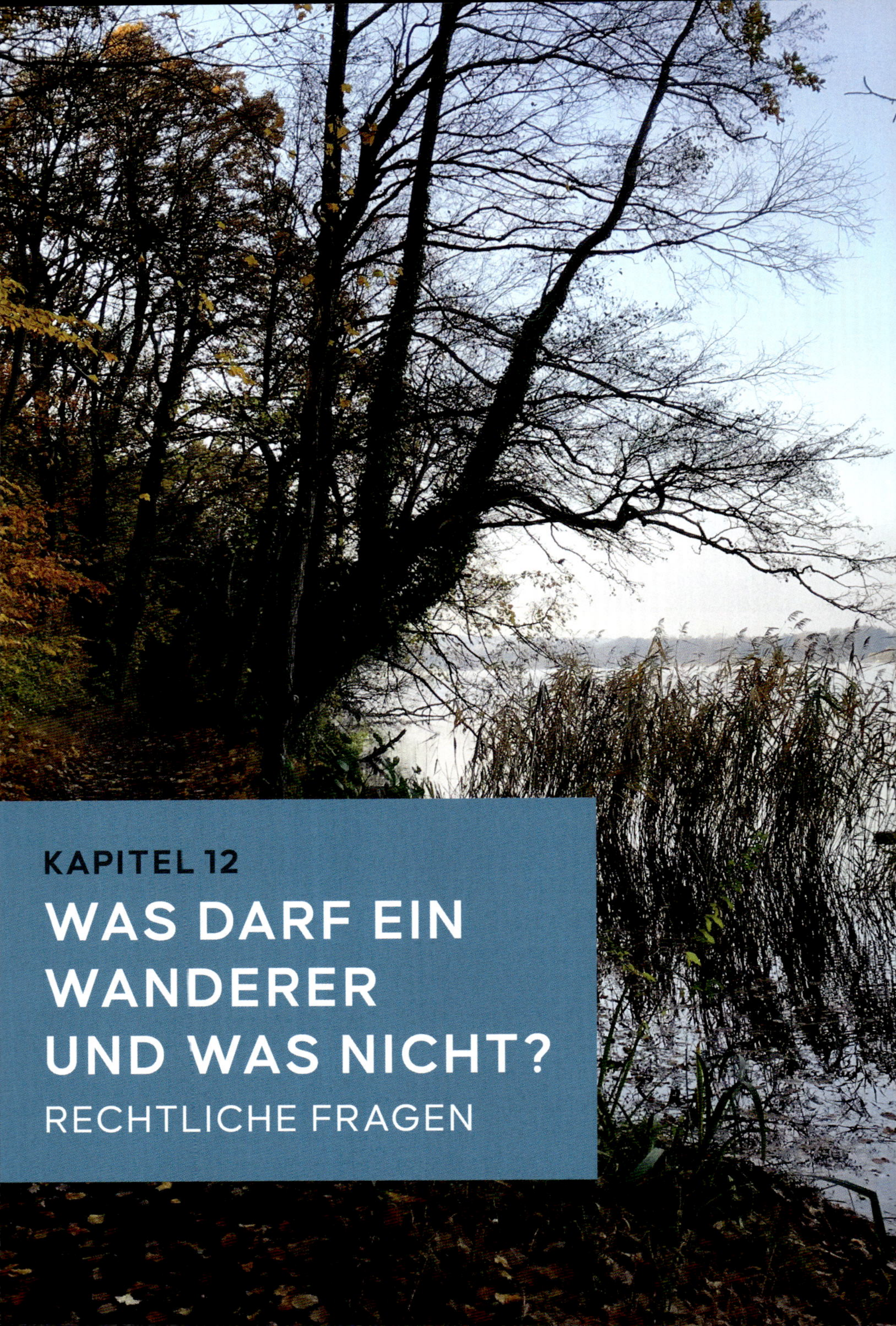

KAPITEL 12

WAS DARF EIN WANDERER UND WAS NICHT?

RECHTLICHE FRAGEN

GUT ZU WISSEN

Rechtlich gesehen sind Wanderer Fußgänger. Sie haben dieselben Pflichten wie diese – ohne besondere Rechte. Auch für Wanderer gelten die Bestimmungen der Straßenverkehrsordnung. Ihr Tun erfordert ständige Vorsicht und gegenseitige Rücksichtnahme. Wie jeder andere Verkehrsteilnehmer hat sich ein Wanderer so zu verhalten, dass kein anderer geschädigt, gefährdet oder mehr als nach den Umständen unvermeidbar behindert oder belästigt wird.

Speziell über Fußgänger sagt die Straßenverkehrsordnung, dass sie Gehwege benutzen müssen. Auf einer Fahrbahn darf nur gegangen werden, wenn die Straße weder einen Gehweg noch einen Seitenstreifen hat. Außerhalb geschlossener Ortschaften gehen Wanderer also, wenn sie überhaupt Straßen benutzen müssen, auf der linken Seite, um entgegenkommenden Verkehr zu sehen und sich auf ihn einstellen zu können. Mitglieder einer Wandergruppe gehen einzeln hintereinander, nicht nebeneinander, und lassen Abstand zum Vordermann. Fahrbahnen sollten zügig und auf dem kürzesten Weg überquert werden. Sind Fußgängerüberwege und Ampeln vorhanden, so gilt es, diese zu benutzen. Bei Wandergruppen darf bei der Überquerung einer Straße der Verkehr nicht angehalten werden.

WALDBETRETUNGSRECHT

Deutschland hat ein liberales Naturbetretungsrecht. Hierzulande hat jedermann das Recht auf Erholung in der freien Landschaft. Aus diesem Grund ist das Betreten des Waldes in Deutschland erlaubt, egal wem der Wald gehört. So banal diese Tatsache ist, so wenig selbstverständlich ist sie. Das althergebrachte, großzügige deutsche Waldbetretungsrecht leitet sich aus der Sozialpflichtigkeit des Eigentums ab. Der Eigentümer hat Wanderer in seinem Wald zu dulden. Das bedeutet, dass jedermann das Recht hat, in einem Wald zum Zwecke der Erholung zu spazieren, zu wandern, zu joggen, zu radeln, zu spielen usw. Gebietsweise ist auch das Reiten erlaubt. Grundsätzlich darf man also zu jeder Tages- und Nachtzeit im Wald kreuz und quer herumlaufen.

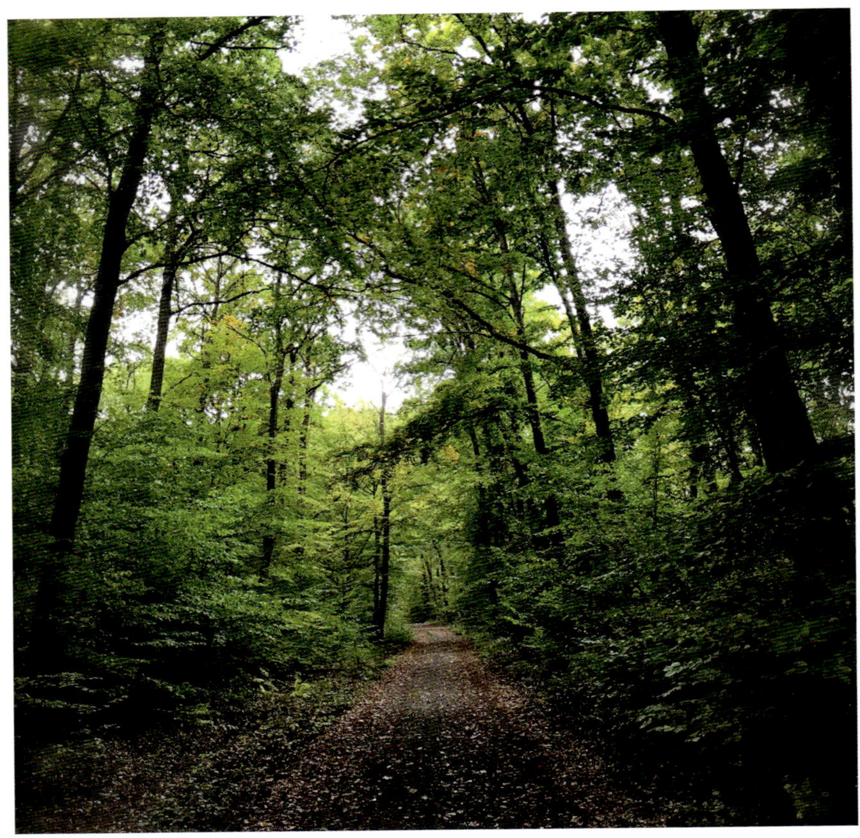

In Deutschland gilt ein großzügiges Waldbetretungsrecht. Solche Waldwege stehen grundsätzlich allen Menschen zum Zwecke der Erholung offen.

Wir Wanderer sollten diese wundervolle Regelung in Deutschland als ein Privileg schätzen. Sie gilt in ähnlicher Form auch in Österreich und der Schweiz. Aber Achtung: Den Wald betreten geschieht auf eigene Gefahr.

Versuche, eindeutige rechtliche Regelungen zur Verkehrssicherungspflicht in der Natur zu schaffen, sind bislang fehlgeschlagen. Klar ist nur, dass ein Waldbesitzer nicht für gefährliche Stellen wie herunterhängende Äste, Wurzeln, Schlaglöcher, matschige oder vereiste Wege, ordnungsgemäß gelagerte Holzpolter oder von Laub bedeckte Steine haftet. Juristen nennen dies natur- oder waldtypische Gefahren. Es handelt sich dabei um Gefahren, die sich aus der Natur und aus typischen Gegebenheiten bei der Bewirtschaftung (oder auch Nichtbewirtschaftung) des Waldes ergeben. Jeder, der sich in der freien Natur bewegt, geht wissentlich das Risiko ein, diesen Gefahren zu begegnen. Eine Haftung ist grundsätzlich ausgeschlossen. Der Wanderer handelt im Wald eigenverantwortlich und auf eigenes Risiko. Aus dem allgemeinen Betretungsrecht und der damit verbundenen Duldungspflicht entstehen dem Eigentümer keinerlei zusätzliche Sorgfaltsmaßnahmen oder Verkehrssicherungspflichten – auch nicht bei Wanderwegen, nicht einmal bei zertifizierten und intensiv beworbenen Wanderwegen. Kurz gesagt: Für waldtypische Gefahren besteht auf Waldwegen keine Verkehrssicherungspflicht.

Den typischen Gefahren stehen rechtlich die atypischen Gefahren gegenüber. Mit ihnen muss ein Wanderer nicht rechnen, weil sie sich nicht aus der Natur des Waldes ergeben. Hier ist der Eigentümer in der Pflicht. Dazu gehören beispielsweise nicht abgesperrte Baugruben oder Abbruchkanten eines Steinbruchs. Der Verursacher muss hier für eine fachgerechte Sicherung sorgen. Auch sogenannte Kunstbauten fallen darunter – Sitzbänke, Geländer, Brücken oder Stege. Der Nutzer darf an sie den Anspruch stellen, dass sie, wenn sie schon vorhanden sind, auch ohne Gefahr genutzt werden können. Derjenige, der sie errichtet, ist verpflichtet, sie regelmäßig zu kontrollieren und gegebenenfalls zu reparieren. Wird diese Sorgfaltspflicht nicht erfüllt, so haftet neben demjenigen, der diese Kunstbauten errichtet hat, auch der Grundeigentümer. Das gilt zugleich für Ruhebänke, Rastplätze, Schutzhütten, Brücken, Aussichtstürme, Baumwipfelpfade, Stege, Wegweiser oder Kinderspielplätze. Hier sind vom Eigentümer auch die umstehenden Bäume zu beobachten, die beispielsweise nach Stürmen oder Frostperioden eine Gefahrenquelle darstellen können. Eine klassische atypische Gefahrenquelle ist eine Treppe aus Holzbohlen mit eingeschlagenen Eisennägeln. Das Holz vermodert über die Jahre, übrig bleiben die Eisennägel als gefährliche Stolperfallen. Ein Hinweis auf eine Gefahr, etwa ein Schild, ändert nichts an der Haftung. Ist eine atypische Gefahr erkannt, muss sie beseitigt werden.

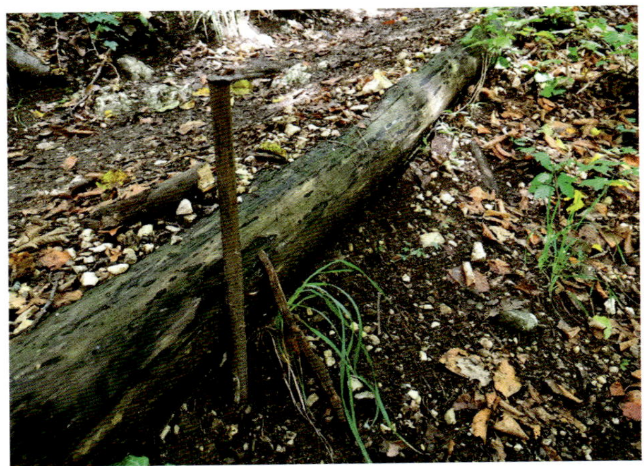

Eisennägel, die hölzerne Wegbegrenzungen oder Stufen halten sollen, können gefährliche Stolperfallen werden, wenn die Holzbauteile vermodert sind. Manchmal, so wie in diesem Fall, stellen sie auch schon vorher eine erhebliche Verletzungsgefahr dar. Als atypische Gefahr müsste dieser Eisennagel beseitigt werden.

Ein besonderer atypischer Gefahrentyp ist der „Megabaum", der Bestandteil eines Waldes sein kann, mit dem der Wanderer aber üblicherweise nicht rechnen muss: Es handelt sich um einen Baum, der – etwa nach einem Sturm – stark geschädigt aussieht, entwurzelt ist und in Richtung Wanderweg umzustürzen droht. Der Eigentümer ist zwar nicht verpflichtet, regelmäßig und systematisch nach solchen Megabäumen zu suchen. Aber er muss sie beseitigen, sobald er Kenntnis davon erhalten hat. Megabäume an frequentierten Wegen sollten gefällt oder so gekürzt werden, dass von ihnen keine (Lebens-)Gefahr mehr ausgeht.

Grundsätzlich gilt alles, was im Wald gilt, auch in der offenen Landschaft. Typische Gefahren wie glitschige Stellen bei Regenwetter muss der Wanderer einkalkulieren. Atypische Gefahren wie lose Treppenstufen können hingegen zu Haftungsansprüchen führen. In der offenen Landschaft gibt es allerdings auch einige Sonderregelungen. Nicht erlaubt ist das Betreten der Flur abseits der Wege in der Vegetationszeit, von Baumkulturen (egal ob eingezäunt oder nicht) sowie von abgesperrten Flächen – etwa bei Baumfällarbeiten oder nach Windbruch. In den meisten Naturschutzgebieten müssen Besucher auf den Wegen bleiben. Hinweise auf Schildern wie „Betreten auf eigene Gefahr" zum Bei-

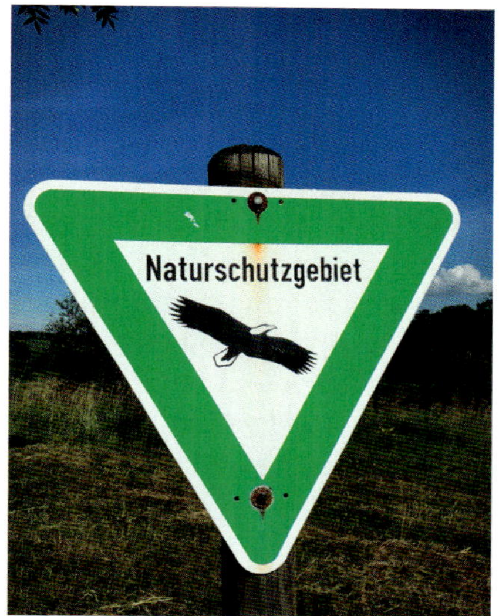

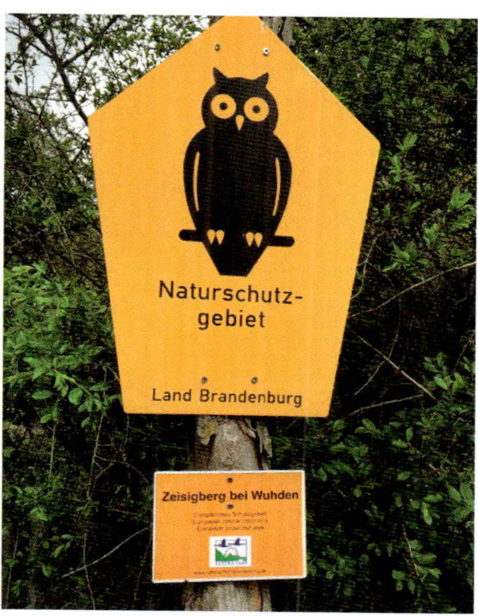

Die Schilder für Naturschutzgebiete sind in West- und Ostdeutschland unterschiedlich, sollen aber nach und nach angeglichen werden. Im Westen Deutschlands steht der Weißkopfseeadler für ein Naturschutzgebiet – eine Art, die es in unseren Breiten gar nicht gibt. Im Osten Deutschlands ist es die Eule.

spiel am Eingang von Schluchten oder einer Klamm sind rechtlich unwirksam. Vorsicht ist aber allemal angebracht. Für Radfahrer gilt übrigens im gesamten Wald das Wegegebot.

Tiere oder Teile von Tieren, etwa Geweihe, dürfen ohne Berechtigung nicht mitgenommen werden, das wäre Wilderei. Findet man totes Wild, sollte man den Waldbesitzer, Förster, Jäger oder die Polizei verständigen.

Wanderwege darf übrigens nicht jeder ausweisen. Wer Wege markiert, muss kennzeichnungsbefugt sein. Die Wandervereine, Tourismusorganisationen und Kommunen, die in Deutschland in der Regel Wanderwege ausweisen, besitzen üblicherweise das Recht dazu. Andererseits haben die Grundeigentümer, über die ein Wanderweg führt, die bereits erwähnte Duldungspflicht; das heißt, sie müssen die Markierung von Wegen hinnehmen, sofern dafür gewisse Regeln eingehalten werden. Zu beachten ist, dass ein Wanderverein, wenn er einen Wanderweg ausweist, damit keine Verkehrssicherungspflicht übernimmt. Diese verbleibt beim jeweiligen Eigentümer, über dessen Grundstück der Wanderweg führt. Allerdings erhöht sich die Verkehrssicherungspflicht im Zusammenhang mit den typischen Gefahren für den Eigentümer auch nicht, wenn sich auf seinem Grundstück ein Wanderweg befindet.

Das Waldbetretungsrecht ist nicht selbstverständlich. In den romanischen Ländern gibt es das so nicht, ebenso wenig in den USA, England und Wales. In Schottland darf man sich zumindest auf unkultiviertem Land frei bewegen. Doch es gibt auch Länder mit noch größerer Freiheit als Deutschland: In Norwegen, Schweden und Finnland darf man unter bestimmten Voraussetzungen im Wald zelten, Feuer machen und angeln. Das ist in Deutschland so einfach nicht möglich.

FREMDE GRUNDSTÜCKE

Das deutsche Recht unterscheidet beim Thema „draußen" zwischen Wald und landwirtschaftlichen Flächen. Im Gegensatz zum Wald darf die freie Landschaft nicht auf der ganzen Fläche, sondern nur auf Straßen und Wegen – öffentlichen wie privaten – sowie auf ungenutzten Grundflächen betreten werden. Ungenutzte Flächen sind Ödlandflächen, aber auch Stoppelfelder nach der Ernte und vor der erneuten Bestellung. Äcker dürfen zwischen Saat und Ernte nicht betreten werden, Grünland – also Wiesen und Weiden – sind in der Zeit des Aufwuchses und der Beweidung tabu, also ab dem Einsetzen der Vegetation im Frühjahr bis zur Winterruhe im Herbst. Für Sonderkulturen wie Obst oder Reben gilt ein ganzjähriges Betretungsverbot. Es spielt dabei keine Rolle, ob der Landwirt seine Fläche eingezäunt hat oder nicht. Wer als Fahrradfahrer oder Mountainbiker oder auch als Reiter landwirtschaftliche Flächen entgegen der Verbote betritt, begeht eine Ordnungswidrigkeit – und die kann teuer werden: Es drohen Strafen bis zu 15.000 Euro. Auch zu Schadenersatzansprüchen des Landwirts kann es kommen. Hundebesitzer, die ihren Vierbeiner sein Geschäft auf landwirtschaftlich genutzten Flächen verrichten lassen, droht ein Bußgeld bis 50 Euro, denn Hundekot gilt als Abfall, und der muss ordnungsgemäß entsorgt werden.

CAMPEN IM FREIEN

Das Waldbetretungsrecht von Wanderern in Deutschland ist beschränkt auf die Fortbewegung zu Fuß einschließlich kürzerer Ruhepausen. Was in diesem Fall „kürzer" heißt, ist umstritten. Es umfasst grundsätzlich jedenfalls nicht die Erlaubnis zum Zelten. Wer das vorhat, muss den jeweiligen Grundstückbesitzer vorher um Erlaubnis fragen. In Naturschutzgebieten ist das Zelten von vorneherein ausgeschlossen.

Während das Wildcampen also problematisch ist, spricht außerhalb von Schutzgebieten nichts dagegen, eine Hängematte zwischen zwei Bäumen aufzuspannen und sich hineinzulegen und den Nachthimmel zu beobachten. Ebenso ist es erlaubt, sich auf einer Isomatte in einem Schlafsack auf den Boden zu legen. Sogar ein Tarp, eine Schutzplane, darf man in vielen Bundesländern aufziehen. Dabei handelt es sich nach deutschem Recht nicht um campen, sondern um biwakieren – und das ist auch außerhalb von Campingplätzen zumindest nicht ausdrücklich verboten. Zu beachten sind auf jeden Fall die Bestimmungen in den einzelnen Bundesländern; sie können von dieser allgemeinen Regelung abweichen. Das Ganze ist rechtlich vielerorts eine Grauzone. Wege und Flächen, die offensichtlich landwirtschaftlich genutzt werden, sind beim Biwakieren zu meiden, sonst könnte es zu unangenehmen Begegnungen mit Traktoren, anderem Gerät oder schlecht gelaunten Bauern kommen.

Bislang wenig verbreitet, aber im Kommen sind in Deutschland Naturlager- oder Trekkingplätze, wie sie aus Skandinavien bekannt sind. Dabei handelt es sich um kleinere freie Flächen für wenige Zelte, die meist nur zu Fuß oder mit dem Rad zu erreichen sind. Sie können für einen kleinen Betrag vorab gebucht werden und bieten eine einfache Komposttoilette sowie Feuer- und Kochstellen.

FEUERMACHEN

Offenes Feuer ist nicht überall erlaubt. Zu beachten sind die jeweiligen Gesetze der Bundesländer. Um Ärger und ein Bußgeld bis zu 5.000 Euro zu vermeiden, sollte man sich vorher unbedingt informieren. Auch die

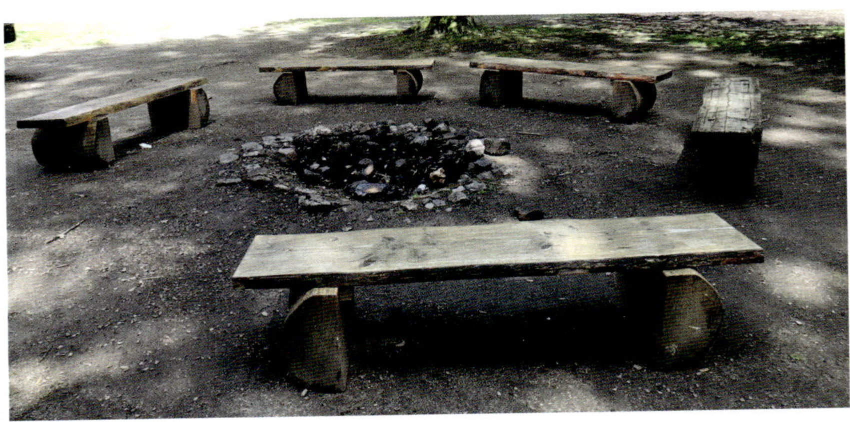

An solchen Feuerplätzen ist ein Lagerfeuer erlaubt.

Waldbrandgefahr ist zu beachten. Löst ein illegales Feuer einen Waldbrand aus, stehen darauf bis zu zehn Jahre Gefängnis. Das gilt übrigens auch für das Rauchen im Wald – es ist verboten. Generell verboten ist Feuer auch in Naturschutz- und Jagdgebieten, in Sichtweite von Häusern, auf landwirtschaftlichen Flächen und näher als hundert Meter am Wald. Besondere Bedeutung kommt zudem dem Begriff „offenes Feuer" zu, denn darunter wird nicht nur das klassische Lagerfeuer verstanden, sondern auch Kerzen, Fackeln, Laternen und Gaskocher sind gemeint.

Kein Problem ist das Feuermachen an gekennzeichneten Plätzen in der Natur, zum Beispiel an manchen Schutzhütten. Auf einem Schild an diesen Stellen ist meist detailliert aufgelistet, was dort erlaubt ist und was nicht. In manchen Bundesländern muss selbst für diese Plätze eine Genehmigung eingeholt werden, wenn man sie tatsächlich für ein Lagerfeuer nutzen möchte. Als Brennmaterial darf nur totes Holz verwendet werden, das in der Umgebung gesammelt wird. Achtung: Wer für sein Brennholz einen Baum fällt, begeht unter Umständen Hausfriedensbruch und Sachbeschädigung. Je nach Schwere droht hier eine Freiheitsstrafe bis zu zwei Jahren.

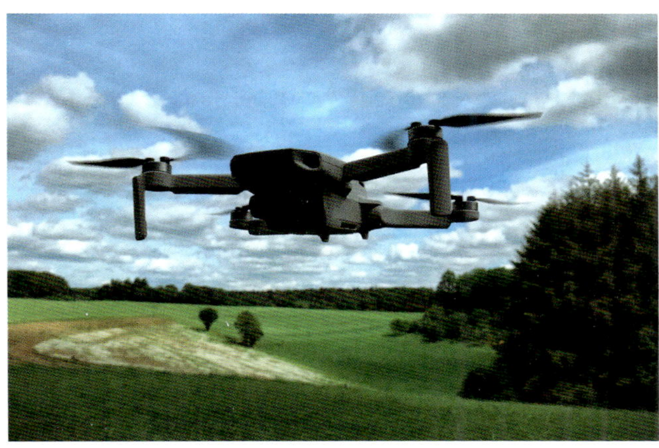

Mithilfe von Drohnen lassen sich fantastische Naturaufnahmen machen. Doch nicht überall darf man sie fliegen lassen.

DROHNEN

Fotografieren und Wandern gehören zusammen. Seitdem Drohnen immer kleiner und billiger werden, sind sie auch bei Wanderern beliebt. Man kann mit ihnen fantastisch schöne Fotos aus der Vogelperspektive machen. Doch wo darf man eine Drohne in der Natur für Foto- und Filmaufnahmen fliegen lassen?

Die gesetzlichen Bestimmungen zum Gebrauch von Drohnen unterliegen einer großen Dynamik. Dieses Rechtsfeld hat sich in den zurückliegenden Jahren rasant entwickelt. Zunächst war es ein rechtsfreier Raum, heute gibt es eine Vielzahl von Bestimmungen, die ein Drohnenbesitzer im Rahmen des Erwerbs eines Drohnenführerscheins lernen muss. Vom Gewicht einer Drohne hängt ab, was erlaubt ist und was nicht. Der Grenzwert liegt bei 249 Gramm. Darunter sind die Bestimmungen recht locker, darüber streng – bis hin zu einer Registrierung beim Luftfahrtbundesamt und einem Kennzeichen.

Allgemein gilt: Ein Flugverbot herrscht in Naturschutzgebieten, über Wohngrundstücken, wenn der Eigentümer nicht ausdrücklich eine Genehmigung erteilt hat, und in der Nähe von Flugplätzen. Bei Fotos von Menschen, die von Drohnen aus gemacht werden, sind die Regeln des Persönlichkeitsrechts zu beachten.

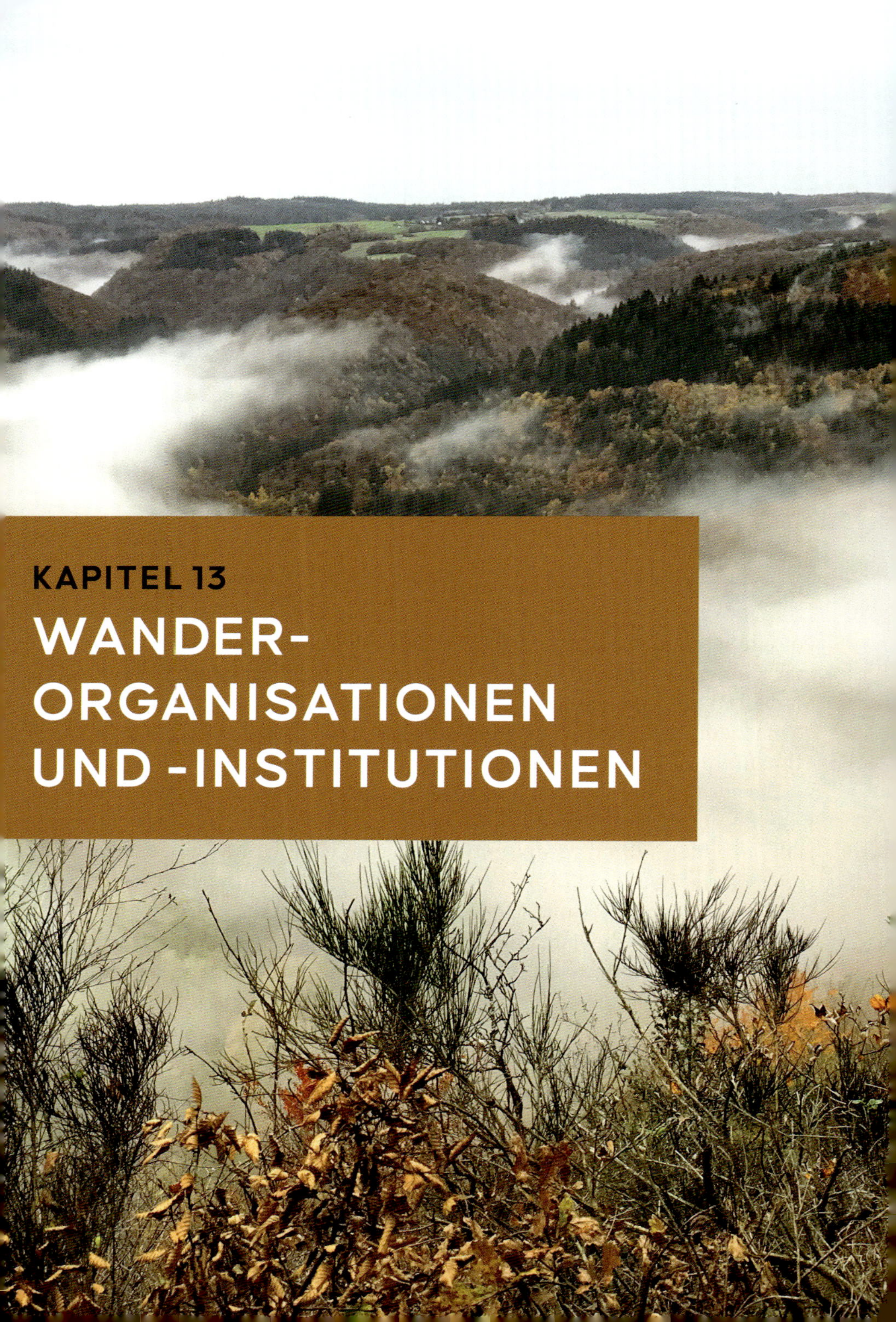

KAPITEL 13

WANDER-ORGANISATIONEN UND -INSTITUTIONEN

ORGANISATIONEN UND INSTITUTIONEN

EUROPÄISCHE WANDERVEREINIGUNG

Die Europäische Wandervereinigung (EWV, engl. *European Ramblers Association*) ist die Dachorganisation von 66 Wanderverbänden aus 35 europäischen Staaten.

Die EWV betreut über ihre Mitgliedsorganisationen die Europäischen Fernwanderwege und veranstaltet regelmäßig europäische Wandertreffen.

DEUTSCHER WANDERVERBAND

Im Deutschen Wanderverband (DWV) mit Sitz in Kassel haben sich die deutschen Gebirgs- und Wandervereine zusammengeschlossen. Er versteht sich als Fachverband für Wandern, Wege und Naturschutz sowie als Koordinierungsinstanz und Lobbygruppe für alle übergeordneten Fragen rund ums Wandern. Zugleich vertritt er die Interessen seiner Mitglieder gegenüber Politik und Verwaltung.

Ein Schwerpunkt der Verbandsarbeit ist die Einrichtung von kulturell interessanten und umweltverträglichen Qualitätswanderwegen. Als Hauptveranstaltung des Verbands wird seit 1912 jährlich der Deutsche Wandertag organisiert. Darüber hinaus gibt es seit 2016 den bundesweit stattfindenden „Tag des Wanderns“ (14. Mai).

DEUTSCHE WANDERJUGEND

Die Jugendorganisation des Deutschen Wanderverbands umfasst als Dachverband 57 Mitgliedsorganisationen und vertritt rund 100.000 Kinder, Jugendliche und junge Erwachsene bis zum Alter von 26 Jahren beim Thema Wandern und Outdoor. Sie ist politisch und konfessionell unabhängig.

GEBIRGS- UND WANDERVEREINE

Als organisierte Form des Wanderns haben sich 58 Gebirgs- und Wandervereine zum Deutschen Wanderverband (DWV) zusammengeschlossen. Die 3.000 Ortsgruppen dieser Vereine verfügen etwa über 500.000 Einzelmitglieder.

Die regionalen Vereine pflegen Wanderwege, Schutzhütten und Naturlehrpfade, geben Wanderkarten und Wanderliteratur heraus, pflegen das kulturelle Brauchtum, erforschen die Geschichte ihrer Region und engagieren sich im Umwelt- und Naturschutz.

WANDERAKADEMIEN

In Deutschland gibt es einige Wanderakademien, die sich als Bildungspartner rund ums Thema Wandern verstehen. Im Mittelpunkt ihrer Arbeit steht die Aus- und Weiterbildung der durch den Deutschen Wanderverband zertifizierten Wanderführer und Gesundheitswanderführer.

DEUTSCHES WANDERINSTITUT

Das Deutsche Wanderinstitut führt Befragungen von Wanderern durch und untersucht die physischen, psychischen, sozialen, wirtschaftlichen und naturräumlichen Bedingungen und Wirkungen des Wanderns. Zudem ist das Institut an der Entwicklung und Realisierung von nachhaltigen Konzepten zum naturschutzorientierten Wandern beteiligt. Die Premiumwanderwege, die es in vielen Teilen Deutschlands gibt, gehen auf das Deutsche Wanderinstitut zurück, das diesen Titel nach einer Zertifizierung verleiht.

BUNDESWEITER ARBEITSKREIS DER STAATLICH GETRAGENEN BILDUNGSSTÄTTEN IM NATUR- UND UMWELTSCHUTZ (BANU)

Der Zusammenschluss von elf deutschen Landesumweltbildungsstätten hat sich der Förderung der Umweltbildung verschrieben – von Artenschutz bis Nachhaltigkeit. Die zentrale Geschäftsstelle befindet sich in der Naturschutzakademie in Wetzlar. Unter dem Dach des Bundesweiten Arbeitskreises der staatlich getragenen Bildungsstätten im Natur- und Umweltschutz (BANU) finden jährlich mehr als 2.000 Seminare, Kongresse, Symposien, Workshops und Exkursionen statt.

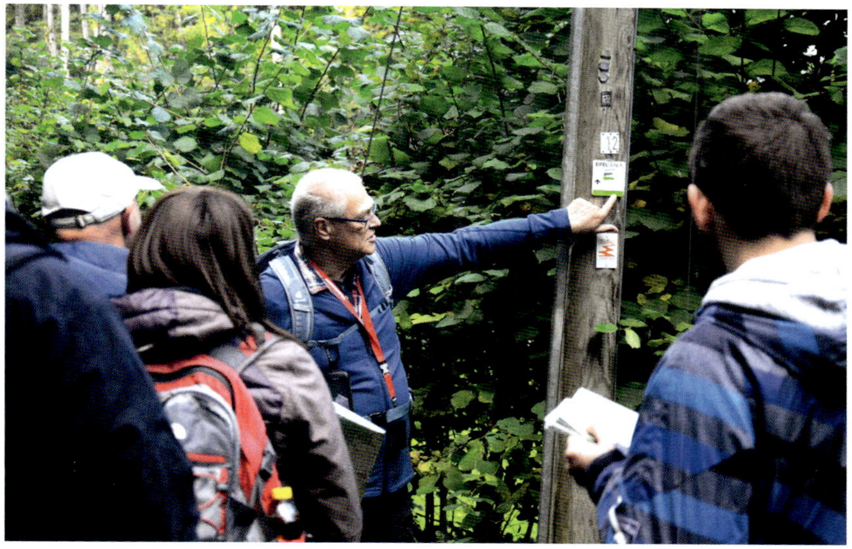

Praktische Ausbildung zum Wanderführer im Eifelverein:
Erklärung von Markierungen.

DEUTSCHES WANDERABZEICHEN

Seit 2010 verleiht der Deutsche Wanderverband das Wanderabzeichen in Bronze, Silber und Gold. Besonders jüngere Wanderer lassen sich so zum Sammeln von Wanderkilometern motivieren.

AUSBILDUNG ZUM WANDERFÜHRER

Wanderführer sind gefragt – in den Wandervereinen, bei Tourismusorganisationen sowie in immer mehr Hotels und Rehakliniken in Wandergebieten. Wer viel wandert und sich ein fundiertes Wissen zum Thema aneignen und dieses auf Wanderführungen weitergeben möchte, für den kommt eine Wanderführer-Ausbildung infrage. Die Wanderakademien und ausbildenden Vereine bieten seit 1996 entsprechende Lehrgänge an.

CHECKLISTEN FÜR DIE PERFEKTE WANDERUNG

ALPINES NOTSIGNAL

- Hör- oder sichtbares Zeichen/ Rufen sechsmal innerhalb einer Minute
- Signal jeweils nach einer Minute Pause wiederholen
- Antwortzeichen erfolgt dreimal pro Minute

CHECKLISTE RUCKSACKAPOTHEKE

- Persönliche Medikamente
- Insekten-/Sonnenbrandcreme
- Paracetamol-/Ibuprofen-Schmerztabletten
- Zwei Paar Gummihandschuhe
- Hautpflaster
- Blasenpflaster
- Verbandpäckchen
- Sterile Wundauflage/-kompresse
- Fixierbinde
- Elastische Binde
- Zeckenzange/Zeckenkarte
- Pinzette
- Dreieckstuch
- Alurettungsdecke
- Schere
- Notfall-Beatmungsmaske
- Kühlpäckchen
- Traubenzucker

CHECKLISTE RUCKSACKPACKEN (TAGESWANDERUNG)

Deckelfach:

- Wanderkarte
- Rucksackapotheke
- Handy
- Taschenmesser
- Bargeld
- Schlüssel
- Taschentuch/Schweißtuch
- ggf. persönliche Medikamente

Vorne:

- Rucksackverpflegung
- Trinkflasche
- Sonnenschutz: Sonnencreme, Lippencreme, Brille, Kappe
- Müllbeutel

Mitte/Hinten:

- Biwacksack
- Handschuhe und Mütze
- Stirnlampe
- Notfallausrüstung (siehe Checkliste Notfallausrüstung)

Unten:

- Wechsel-T-Shirt
- Regenjacke
- Regenhose
- Fleecejacke

CHECKLISTE NOTFALLAUSRÜSTUNG

- Ausreichend Flüssigkeit
- Kohlenhydrat-Reserve (Snack)
- Ersatzkleidung
- Rucksackapotheke (Checkliste siehe dort)
- Signalpfeife
- Bindfaden
- Sicherheitsnadel
- Rucksackschaufel
- Taschenmesser
- Stirnlampe
- Handy
- Powerbank mit Anschlusskabel
- Feuerzeug
- Notizblock und Bleistift

CHECKLISTE WANDERSCHUHKAUF

- Schuhe nachmittags kaufen
- Außenmaterial Leder oder Kunstfaser
- Nähte – je weniger, desto besser
- Zwischensohle vorhanden
- Griffige, rutschfeste Laufsohle
- Guter, bequemer Sitz
- Schuhe auf Teststrecke erproben
- Zehen sollten 1 cm Bewegungsfreiheit haben und auch beim Abwärtsgehen nicht an die Schuhkappen anstoßen
- Schuhe nach dem Kauf zunächst bei längeren Spaziergängen und im Alltag einlaufen

CHECKLISTE BEKLEIDUNG

Erste Schicht (Basisschicht)

- Unterwäsche aus atmungsaktiven Materialien
- ggf. lange Unterhose
- Funktionssocken

Zweite Schicht (Isolationsschicht)

- Langarmshirt aus Funktionsmaterialien
- ggf. Fleecejacke
- Wanderhose aus Funktionsmaterial
- Kappe/Mütze

Dritte Schicht (Wetterschutz)

- Windbreakerjacke – je nach Wetter Softshell oder Hardshell (wasserabweisend oder wasserdicht, atmungsaktiv)
- ggf. Regenhose
- ggf. Gamaschen

CHECKLISTE SONSTIGES

- Eigene Medikamente
- Sonnencreme
- Sonnenbrille
- Ersatzbrille
- Lippenschutzcreme
- Bandana

NÜTZLICHE INTERNETADRESSEN

Bundesamt für Naturschutz
www.bfn.de

Deutsche Wanderjugend
www.wanderjugend.de

Deutscher Alpenverein
www.alpenverein.de

Deutsches Jugendherbergswerk
www.jugendherberge.de

Deutsches Wanderinstitut
www.wanderinstitut.de

Deutscher Wanderverband
www.wanderverband.de

Ernährung
www.bergwelten.com/a/fit-fuers-wandern-4-tipps-fuer-die-ernaehrung

www.wanderdoerfer.at/so-schoen-ist-kulinarik/richtige-und-gesunde-ernaehrung-beim-wandern/

Fern- und Weitwanderwege
www.nordsüdtrail.de

FSME-Risikogebiete
www.zecken.de

www.rki.de

Geocaching
www.geocaching.com

www.opencaching.de

Gesundheitswandern
www.wanderverband.de/wandern/gesundheitswandern/dwv-gesundheitswandern

Gewitter
www.wegwandern.ch/verhalten-bei-gewitter/

www.alpenverein.at/portal/news/aktuelle_news/2018/2018_06_08_richtiges-verhalten-bei-gewittern-in-den-bergen.php

www.bergwelten.com/a/berg-know-how-gewitter-am-berg

Hundert-Kilometer-Marsch
www.mammutmarsch.de

www.megamarsch.de

Jagdzeiten
www.schonzeiten.de

Nacktwandern
www.naturistenweg.de

Naturfreunde
www.naturfreunde.de

Naturlagerplätze
www.trekking-eifel.de

www.wildes-sh.de

www.trekking-pfalz.de

www.forststeig.sachsen.de/walduebernachtung.html

www.trekking-bayern.de

Pilgern/Jakobsweg
www.jakobsweg.de

Rechtliches
www.wanderbares-schleswig-holstein.de/wandern/wandern-und-recht/

www.geo.de/natur/21349-rtkl-wandern-der-natur-betreten-verboten-warum-der-wald-uns-allen-offen-steht

Sonnenuntergang/Tageslänge
www.timeanddate.de

Übernachtung
www.diejugendherbergen.de
www.jugendherberge.de
www.naturfreunde.de/naturfreunde
haeuser
www.nf-int.org/en/themen/nature
friends-houses
www.alpenverein.de

Wanderakademien
www.wanderakademie.de
www.sgv-wanderakademie.de
www.wanderverband-bayern.de
www.tgwthueringen.de

Wanderforschung
www.wanderforschung.de

Wandertouren-Portale
www.komoot.de
www.outdooractive.com

Wetterinformationen
www.14-tage-wettervorhersage.de/
wetter/sport/wanderwetter/
www.wetteronline.de
www.wetter.com
www.donnerwetter.de
www.dwd.de
www.zamg.ac.at
www.meteoschweiz.admin.ch

(Stand: Frühjahr 2024)

ANMERKUNGEN

1 Alle genannten Zahlen stammen aus: Bundesministerium für Wirtschaft und Technologie (Hg.): Grundlagenuntersuchung Freizeit- und Urlaubsmarkt Wandern – Langfassung (Forschungsbericht Nr. 591), Berlin 2010, S. 27 f.
2 Vgl. https://adipositas-gesellschaft.de/ueber-adipositas/praevalenz/
3 Vgl. https://www.bergfreunde.de/kalorienverbrauch-sport-rechner/
4 Kahn, H.: The relationship of reported coronary heart disease mortality to physical activity of work, in: American journal of public health and the nation's health 1963, 53 (7), S. 1058–67.
5 Vgl. https://www.ardalpha.de/wissen/gesundheit/gesund-leben/10000-schritte-zaehlen-gesundheit-fitness-gesundheit-100.html?utm_source=pocket-newtab-global-de-DE
6 https://www.rbb-online.de/rbbpraxis/rbb_praxis_service/gesundes-wissen/wie-gehen-uns-gesund-haelt-.html
7 Vgl. Müller-Wohlfahrt, Hans-Wilhelm: Bewegung. Das Lebenselixier für unsere Gesundheit, Berlin 2022, S. 65 f.
8 Vgl. https://www.ardalpha.de/wissen/gesundheit/gesund-leben/10000-schritte-zaehlen-gesundheit-fitness-gesundheit-100.html?utm_source=pocket-newtab-global-de-DE
9 Vgl. https://adipositas-gesellschaft.de/wp-content/uploads/2022/05/2022-05-31_DAG-EKFZ_forsa-Umfrage_Ergebnispraesentation_final.pdf
10 Deutscher-Wanderverband, Factsheet Wandern und Gesundheit.
11 https://www.wanderverband.de/wandern/gesundheitswandern/wandern-und-gesundheit sowie https://www.wanderinstitut.de/deutsches-wanderinstitut/forschung/wandern-und-gesundheit/
12 https://www.wanderforschung.de/files/gesundstudwan1220020910.pdf
13 Bundesministerium für Wirtschaft und Technologie, Grundlagenuntersuchung Freizeit- und Urlaubsmarkt Wandern, Forschungsbericht Nr. 591.
14 Bundesministerium für Wirtschaft und Technologie (Hg.) in Zusammenarbeit mit dem Deutschen Wanderverband (DWV): Grundlagenuntersuchung Freizeit- und Urlaubsmarkt Wandern (Langfassung), Berlin 2010, S. 34. (im Folgenden: Wanderstudie)
15 Vgl. ebd., S. 26.
16 https://www.science.org/doi/10.1126/science.6143402
17 Vgl. Wanderstudie, a. a. O., S. 37.
18 Bundesministerium für Wirtschaft und Technologie (Hg.): Grundlagenuntersuchung Freizeit- und Urlaubsmarkt Wandern – Langfassung (Forschungsbericht Nr. 591), Berlin 2021. (im Folgenden: Wanderstudie)
19 Wanderstudie, S. 23.
20 Vgl. Seifert-Rösing, Ingo: Wanderlexikon. Alles, was Wanderer wissen müssen von A–Z, Stuttgart 2020, S. 218.
21 Wanderstudie, S. 20.
22 Vgl. Ursula Bartelsheim/Stefan Ebenfeld: Wandern fahren. Die gegenseitige Entdeckung von Eisenbahn und Wanderern, in: Germanisches Nationalmuseum Nürnberg (Hg.): Wanderland. Eine Reise durch die Geschichte des Wanderns. Katalog zur gleichnamigen Ausstellung im Germanischen Nationalmuseum Nürnberg, Nürnberg 2018, S. 119.
23 Vgl. ebd., S. 120.

24 Zit. nach Renate Weber, Ein wandernder Bundespräsident, in: Bohl, Paul u. a. (Hg. im Auftrag des Deutschen Wanderverbands): 125 Jahre Wandern und mehr, Petersberg 2008, S. 167.
25 Bundesministerium für Wirtschaft und Technologie (Hg.) in Zusammenarbeit mit dem Deutschen Wanderverband (DWV): Grundlagenuntersuchung Freizeit- und Urlaubsmarkt Wandern (Langfassung), Berlin 2010, S. 136.
26 Ebd., S. 136.
27 Bundesministerium für Wirtschaft und Technologie (Hg.): Grundlagenuntersuchung Freizeit- und Urlaubsmarkt Wandern – Langfassung (Forschungsbericht Nr. 591), Berlin 20210, S. 27 f.
28 Bundesministerium für Wirtschaft und Technologie (Hg.): Grundlagenuntersuchung Freizeit- und Urlaubsmarkt Wandern – Langfassung (Forschungsbericht Nr. 591), Berlin 2021, S. 26.
29 Vgl. ebd., S. 53.
30 Bundesministerium für Wirtschaft und Technologie (Hg.): Grundlagenuntersuchung Freizeit- und Urlaubsmarkt Wandern – Langfassung (Forschungsbericht Nr. 591), Berlin 2021, S. 27.
31 Deutscher Wanderverband: Stellungnahme zu Knotenpunktsystemen beim Wandern, 4. Dezember 2022.
32 Vgl. Herrmann, Joachim: Welcher Stern ist das? Sterne und Planeten erkennen und beobachten, Stuttgart 2019, S. 10 f.
33 Vgl. für das Folgende Tonelli, Guido: Chronos. Eine physikalische Reise zu den Ursprüngen der Zeit, München 2022, S. 75.
34 Ebd., S. 75.
35 Vgl. https://www.br.de/nachrichten/bayern/bergwacht-bilanz-hoechst stand-an-toedlichen-wanderunfaellen, T541bYB
36 Vgl. https://ergo-reiseblog.de/reisevorbereitung/sicher-in-den-bergen-5-tipps
37 Vgl. https://www.herzstiftung.de/ihre-herzgesundheit/gesund-bleiben/sport-und-bewegungsmangel/wandern
38 Vgl. Probst, Maximilian: „Wenn Schweiß nicht mehr kühlt", in: „Die Zeit" 11.08.2022.
39 Ebd.
40 Vgl. https://www.zecken.de/de/fsmerisikogebiete-deutschland

LITERATURVERZEICHNIS

Andrack, Manuel: Das neue Wandern. Unterwegs auf der Suche nach dem Glück, Berlin 2011.

Burger, Josef u. a.: Erste Hilfe am Berg. Unfälle und Notfälle beim Wandern, Bergsteigen und Klettern, Berlin 2021.

Dick, Andreas/Hohenester, Georg: 101 Dinge, die ein Wanderer wissen muss, München 2019.

Ekelund, Torbjørn: Gehen. Eine Wiederentdeckung, München 2021.

Germanisches Nationalmuseum (Hg.): Wanderland. Eine Reise durch die Geschichte des Wanderns, Nürnberg 2018.

Grober, Ulrich: Vom Wandern. Neue Wege zu einer alten Kunst, Hamburg 2011/2015.

Hauser, Uli: Geht doch! Wie ein paar Schritte mehr unser Leben besser machen, München 2018.

Hennemann, Michael: GPS. Grundlagen, Tourenplanung, Navigation, Welver 2017.

Herrmann, Joachim: Welcher Stern ist das? Sterne und Planeten erkennen und beobachten, Stuttgart 2019.

Hlade, Christian: Wanderwissen kompakt, Wien 2021.

Kagge, Erling: Gehen – Weitergehen. Eine Anleitung, Berlin 2018.

Kaiser, Andreas Paul: Glücksformel Wandern. Wie Schritt für Schritt gute Gefühle entstehen, Stuttgart 2020.

Kaiser, Andreas Paul: Navigation mit Smartphone & Co. Der ultimative Pocket-Guide für Outdoor-Touren, Stuttgart 2019.

Kieling, Andreas: Kielings kleine Waldschule. Vom Leben in der Natur, München 2020.

Kerkeling, Hape: Ich bin dann mal weg. Meine Reise auf dem Jakobsweg, München 2006 und 2021.

Kitzler, Albert: Vom Glück des Wanderns. Eine philosophische Wegbegleitung, München 2019.

Knoll, Gabriele M.: Handbuch Wandertourismus, Konstanz/München 2016.

Krauß, Martin: Der Träger war immer schon vorher da. Die Geschichte des Wanderns und Bergsteigens in den Alpen, München 2013.

Lapp, Volker: Wie helfe ich mir draußen. Touren- und Expeditionsratgeber, Stuttgart 2023.

Larbig, Manuel: Waldwandern. Von der Sehnsucht nach Wildnis und Nächten unter freiem Himmel, München 2020.

O'Mara, Shane: Das Glück des Gehens. Was die Wissenschaft darüber weiß und warum es uns so guttut, Hamburg 2020.

Outdoor-Wissen. Alles über Reisen, Wandern, Abenteuer, Stuttgart 2011.

Reng, Ronald: Warum wir laufen, München 2018.

Schümer, Dirk: Eine kurze Geschichte des Wanderns, München 2012.

Seifert-Rösing: Wanderlexikon. Alles, was Wanderer wissen müssen von A–Z, Stuttgart 2020.

Tesson, Sylvain: Auf versunkenen Wegen, München 2017.

Thürmer, Christine: Weite Wege wandern. Erfahrungen und Tipps von 45.000 Kilometern zu Fuß, München 2020.

Uzulis, André: Fitnesswandern. Wie Du beim Wandern effektiv in Form kommst, Stuttgart 2021.

Wanderbares Deutschland. Genusswandern auf über 7.000 km der faszinierenden Qualitätswanderwege, Innsbruck 2020.

ZUM AUTOR

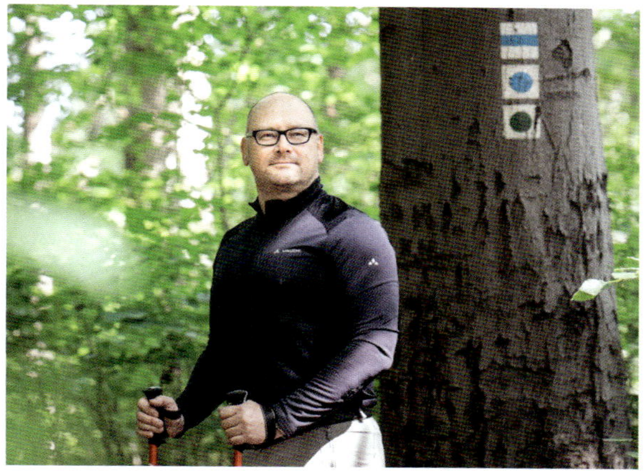

André Uzulis wurde 1965 in Hannover geboren. Er ist promovierter Historiker und arbeitet als Journalist und Sachbuchautor. In seiner Wahlheimat, der Eifel, ist er als Wanderführer, Gesundheitswanderführer, Natur- und Landschaftsführer sowie Natur- und Geoparkführer Vulkaneifel unterwegs. Darüber hinaus ist er in allen deutschen und vielen anderen Wanderrevieren zu Hause. Im Eifelverein engagiert er sich als Hauptwegewart. Uzulis ist Autor des Buchs „Fitnesswandern – Wie Du beim Wandern effektiv in Form kommst“. Zuletzt erschienen von ihm eine Biografie des Literaturnobelpreisträgers Hermann Hesse und die erste zusammenhängende Geschichte des Bundeswehreinsatzes in Afghanistan.

www.wanderfitness.de

BILDNACHWEIS

Cover: unsplash.com / Daniel Seßler
S. 2: picture alliance/dpa | Patrick Pleul
S. 4, 8, 12, 19, 22: André Uzulis privat
S. 25: picture alliance / Wagner Ulrich Wagner
S. 27: picture alliance / Zoonar | Rudolf Bindig
S. 30, 33: André Uzulis privat
S. 34: Unsplash | Daniel Seßler
S. 37: picture alliance / imageBROKER | Karol Kozlowski
S. 38: picture alliance/dpa | Uwe Zucchi
S. 39: picture alliance / Westend61 | Westend61 / Hans Huber
S. 42: picture alliance / Rolf Vennenbernd/ dpa | Rolf Vennenbernd
S. 49: picture alliance / Zoonar | Günter Gegenheimer
S. 51: Imago
S. 54: Imago
S. 55: picture alliance/United Archives | Jakob Volk
S. 57: picture alliance / ullstein bild | Conrad Huenich
S. 59: Imago
S. 60: picture alliance / Tobias Steinmaurer / picturedesk.com | Tobias Steinmaurer
S. 65: Archiv Deutscher Wanderverband
S. 68, 70, 72, 73, 76, 77, 79: André Uzulis privat
S. 81: Deutsche Wanderjugend
S. 82: picture alliance / christian kudler/ Shotshop | christian kudler
S. 84, 92, 97, 99, 105, 106, 108, 111, 112, 111: André Uzulis privat
S. 112, 113: Sarah Winter
S. 115, 116 oben, 116 mitte, 125, 130, 132, 135, 136, 137, 139, 141, 143, 144, 149, 150, 152, 160: André Uzulis privat
S. 116 unten: picture alliance / Zoonar | Manfred Ruckszio
S. 151: Eifelverein e.V.
S. 154, 155, 156: Eifelverein e.V.
S. 159: André Uzulis privat/Eifelverein e.V.
S. 161: Eifelverein e.V.
S. 164, 165: Sarah Winter
S. 167, 168, 172, 174: André Uzulis privat
S. 169: Eifelverein e.V./Bearbeitung: André Uzulis
S. 176: picture alliance / blickwinkel/ F. Hecker | Frank Hecker
S. 177: picture alliance / johapress | Joachim Hahne
S. 180, 182: André Uzulis privat
S. 188: oben picture alliance / imageBROKER | Helmut Meyer zur Capellen
S. 188: mittig, unten André Uzulis privat
S. 189: oben picture alliance / imageBROKER | Sylvio Dittrich
S. 189: mittig picture alliance/dpa | Arne Dedert
S. 189: unten André Uzulis privat
S. 191, 197, 200, 203: André Uzulis privat
S. 204: picture alliance / CHROMORANGE | KHSPR
S. 205: picture alliance/dpa | Wolfram Steinberg
S. 206: picture alliance / empics | Jacob King
S. 210: André Uzulis privat
S. 214: freepik
S. 227, 228: André Uzulis privat
S. 230: Sarah Winter
S. 231: picture alliance / Foto Huebner | Foto Huebner
S. 232, 234, 236, 237, 240, 241, 242, 245: André Uzulis privat
S. 253: Stephan Pramme
Rückseite: picture alliance / blickwinkel/ F. Hecker | Frank Hecker

IMPRESSUM

Ein Gesamtverzeichnis der lieferbaren Titel schicken wir Ihnen gerne zu. Bitte senden Sie eine E-Mail mit Ihrer Adresse an vertrieb@koehler-books.de
Sie finden uns auch im Internet unter www.koehler-mittler-shop.de

Bibliografische Information der Deutschen Nationalbibliothek
Die Deutsche Nationalbibliothek verzeichnet diese Publikation in der Deutschen Nationalbibliografie; detaillierte bibliografische Daten sind im Internet über http://portal.dnb.de abrufbar.

ISBN 978-3-7822-1386-8

Text: André Uzulis
Cover- und Buchgestaltung: Sarah Winter
Druck und Bindung: GRASPO CZ, a.s.,
Pod Šternberkem 324, 763 02 Zlín,
Czech Republic
Printed in Czech Republic

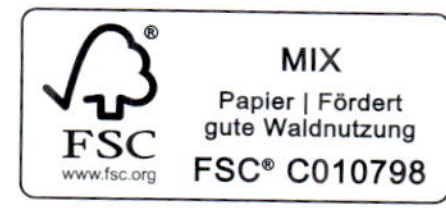